www.ingramcontent.com/pod-product-compliance
Lightning Source LLC
Chambersburg PA
CBHW081149130726
47996CB00009B/3059

ספר
עץ חיים
לרבינו
חיים ויטאל ז"ל
שקיבל ממרן האר"י זלה"ה
שער העקודים
שער ו' פרק ה'
דכ"ו ע"ד – דכ"ז ע"ד
תש"פ
SimchatChaim.com
בהוצאת
שמחת חיים

בס"ד

הקדמה

ירפא המאציל **ויושיע ה**בורא את כל חולי בני ישראל, וישלח להם רפואה שלימה, רפואת הנפש ורפואת הגוף, בכל אבריהם ובכל גידיהם לעבודתו יתברך.

בי"ב במנחם אב תשס"ה, הובהלתי לבית החולים, הרופאים לא נתנו לי סיכוי לחיות יותר מכמה שעות בגלל מספר תסבוכות. עם כל זאת בזכות התפילות של בני ישראל הקדושים, ברחמיו הרבים, ריחם עלי הקדוש ברוך הוא, ונשארתי בחיים.

עם כל זאת, הובחנה אצלי מחלה קשה בכליות, ונאמר לי שהצטרך למכונת דיאליזה. בשבילי זה היה שוק!!! אף פעם לא הייתי אצל רופא, או בבית חולים. כך בעל כרחי התחברתי למכונת דיאליזה, ומכונה זאת הייתה[1] קשורה בי ככלב במשך שמונים חודשים בדיוק, כמנין **יסוד**, במשך 10-12 שעות ביום.

בשבת פרשת **ויחי יעקב** י"ב טבת תשע"ב, בזכות בני ישראל, שכולם אהובים כולם ברורים כולם גיבורים כולם קדושים... וכולם פותחים את פיהם באהבה שלוש פעמים ביום, ואומרים - **ברוך אתה... רופא חולי עמו ישראל**, וכללותם כל האברכים, תלמידי הישיבות, רבנים וחכמים, חסידים, מקובלים עם תינוקות של בית רבן, זקנים עם נערים, בחורים וגם בתולות, בארץ הקודש ובעולם. ומצד שני בנות ישראל היקרות מפז, שהתפללו וקבלו עליהם כל מיני קבלות, מהפרשת חלה עד צניעות וכיסוי הראש, עם הרבנים, המנהלים, המורים, המורות **והתלמידות של בית יעקב דטורונטו** שכל יום התפללו, וכללו בתפילתם שבקעה את כל הרקיעים אותי, ונושעתי אני הקטן. הושתלה בי כליה. והתנתקתי ממכונת הדיאליזה.

אמר המלך דוד - לולי[2] תורתך שעשעי אז אבדתי בעני. מה שנתן לי לחיות היא התורה הקדושה, בשעות הרבות שהייתי מחובר למכונת הדיאליזה (כ-12 שעות ביום), ערכתי סדרתי וכתבתי במחשב את הקונטרסים שלמדתי במשך שנים. וקונטרסים אלו הפכו לחיבור, ואחרי התלבטויות ובקשות מבני גילי, החלטתי בעזרתו יתברך להדפיס קונטרסים אלו.

ידוע הוא כי כל דברי האר"י זלל"ה ותלמידו נאמן ביתו, רבינו חיים ויטאל הם סתומים וחתומים באלפי שרשראות ומנעולים, והרב ז"ל גלה טפח וכיסה אלפים אמה, וכלל דבריהם הוא משלים, עם כל זאת העוסק במשל פועל בעלמות העליונים בנמשל. לכן צריך זהירות גדולה לא להגשים את המשלים, בסוד המבואר בספר הזוהר הקדוש **ועלייהו אתמר** ועליהם נאמר - **ארור האיש אשר יעשה פסל ומסכה וגומר, ושם בסתר, מאי בסתר** מהו בסתר - **בסתרו דעלמא** בסתר העולם. **ובגין דא אמר קודשא בריך הוא לא תעשון אתי** ומפני זה אמר הקדוש ברוך הוא לא תעשון אתי **אלה"י כסף ואלה"י זהב, והכי אוקמוה חבריא לא תעשון אתי כדמות שמשי שמשמשין אותי** וכך העמידוהו החברים לא תעשון אתי כדמות שמשי שמשמשים אותי **במרום, לצייירא בסתר דילי שום ציור או דמיון** לצייר בסתר שלי שום ציור או דמיון, **דכל מאן דציייר לעיל לקודשא בריך הוא** שכל מי שמצייר למעלה לקדוש ברוך הוא, **בסתר** (**דאיהי שכינתיה, כלילא מעשר**

גמרא סוטה ד"ג ע"ב - גמרא סוטה ד"ג ע"ב – רבי אלעזר אומר, **קשורה בו ככלב**, שנאמר - ולא שמע אליה לשכב אצלה להיות. עמה לשכב אצלה בעולם הזה. להיות עמה לעולם הבא.

תהלים קי"ט צ"ב

ספיראן שהיא שכינתו, כלולה מעשר ספירות**(, שום ציור, וצלם, ודמות, כגוונא דמצייריך בשמשיך דיליה** שמציירים בשמשים שלו, **נשמתיה אתלבשא בההוא צלמא** נשמתו מתלבשת באותו צלם....

וכן הוא בסוף ענף ד' דשער א' בספר עץ חיים שער ההקדמות, וז"ל הטהור - ואמנם דבר גלוי הוא כי אין למעלה גוף ולא כח גוף חלילה. וכל הדמיונות והציורים אלו לא מפני שהם כך חס ושלום. אמנם **לשכך את האוזן** לכשיוכל האדם להבין הדברים העליונים, הרוחניים, בלתי נתפסים, ונרשמים בשכל האנושי. לכן ניתן רשות לדבר בבחינת ציורים ודמיונים, כאשר הוא פשוט בכל ספרי הזוהר. וגם בפסוקי התורה עצמה כולם כאחד עונים ואומרים בדבר הזה, כמו שאמר הכתוב עיני הוי"ה המה משוטטים בכל הארץ. עיני הוי"ה אל צדיקים. וישמע הוי"ה. וירח הוי"ה. וידבר הוי"ה. וכאלה רבות. וגדולה מכולם מה שאמר הכתוב - ויברא אלהי"ם את האדם בצלמו בצלם אלהי"ם ברא אותו זכר ונקבה וגו'. **ואם התורה עצמה דברה כך** גם אנחנו נוכל לדבר כלשון הזה, עם היות שפשוטו הוא למעלה אלא שאין שם למעלה אלא אורות דקים בתכלית הרוחניות, בלתי נתפשים שם כלל, וכמו שאמר הכתוב - כי לא ראיתם כל תמונה, וכאלה רבות. ואמנם יש עוד דרך אחרת כדי להמשיך ולצייר בה הדברים העליונים, והם בחינת כתיבת צורת אותיות, כי כל אות ואות מורה על אור פרטי עליון, וגם תמונת זו דבר פשוט הוא כי אין למעלה לא אות ולא נקודה, **וגם זה דרך משל וציור לשכך את האוזן** כנזכר......

ולכן כל המבואר כאן בחיבור זה הוא כדי **לשכך את האוזן**. והתרשימים שבסוף החיבור הם כדי **לשבר את העין**, לכן אין שום ביאור והסבר שלם, ואין שום תרשים שלם בתכלית השלמות.

ידוע כי[3] דברי תורה עניים במקומן ועשירים במקום אחר, **ועל אחת כמה וכמה** בדברי הרב ז"ל, שכל סוגיה חסרה[4] במקומה, וחלקיה מפוזרים במקומות אחרים. **זאת ועוד** הרב ז"ל מערבב בדרוש אחד כמה וכמה סוגיות, כאשר בפשטות דבריו נראה שכל הדרוש הוא דרוש אחד, ולא מחולק לסוגיות שונות, ושמועות שונות, **ביאור** דברי הרב ז"ל כאן הם **בעומק, והוא בעצם ליקוט** עד איפה שידי הקצרה הגיעה, מכל חלקי ספר עץ חיים, ושמונה השערים המצוינים לרב ז"ל, מבוא שערים ושאר ספרי הרב ז"ל, והוא גם על פי הקדמת רחובות הנהר למרן הרש"ש, דרושי פנימיות וחיצוניות, דרוש הדעת, סוגיות ערכין, סוגיות דכללות והתכללות, פרטות וכללות, וסוגיות עובי ואורך, ועל פי ביאור גדולי רבותינו חכמי המקובלים לדורותם זלה"ה זי"ע.

ידוע כי[5] אין בר בלי תבן, כך אין ספר בלי טעויות, ועוד יודע אני כי דל ועני אני, **ואין**[6] **עני אלא בדעה**. לכן מבקש אני בכל לשון של בקשה אם יש לכל אחד שאלות, הערות, הארות, תיקונים, נא לשלוח ל - book@simchatchaim.com והשתדל לענות, ולתקן את הצריך תיקון.

בברכה והצלחה בלימוד התורה הקדושה

ובעיקר בפנימיות התורה, תורת האר"י הח"י.

ורפואה שלימה לכל חולי ישראל.

אח"י

3

גמרא ירושלמי, ראש השנה פ"ג הלכה ה' די"ז ע"א – דברי תורה עניים במקומן, ועשירים במקום אחר.

4

תורת חכם דע"ב ע"ב – חסר לשון הוא, כמו שיראה המעיין.

5

גמרא ברכות נ"ה א' - מה לתבן את הבר נאם ה', וכי מה ענין בר ותבן אצל חלום, אלא אמר ר' יוחנן משום ר' שמעון בן יוחאי ,כשם שאי אפשר לבר בלא תבן, כך אי אפשר לחלום בלא דברים בטלים.

6

גמרא נדרים מ"א ע"א – אין עני אלא בדעה .

ב"ה

הקדמה קצרה לחיוב לימוד תורת הקבלה

ישמחו **ה**שמים **ו**תגל **ה**ארץ ירעם הים ומלאו. שזכינו בדור שלנו שפנימיות התורה, שהיא היא תורת הקבלה, מתפשטת לכל, וכל מקום בעולם היום לומדים בתורת הח"ן. הדור שלנו יש הרבה התעוררות ללמוד סתרי התורה הקדושה, הנקראת חכמת הקבלה. בירושלים של המאה ה-18 בישיבת **בית אל** היו בקושי מנין של מקובלים, והיום תורת הקבלה מופצת בכל מקום בארץ ובעולם. לעניות דעתי אחת הסיבות העיקריות לשינוי זה הוא רצונם של בני התורה, החוזרים בתשובה ועמך לדעת את סוד החיים, למה ברא הקדוש ברוך הוא את העולם, ואת טעמי המצות, ר"ל אי אפשר היום בדור שלנו, להסביר על פי הפשט את הסיבה מדוע אסור לאכול בשר וחלב, מדוע צריך להניח תפילין, למה לשמור דווקא שבת ולא יום שלישי, אי אפשר להגיד כל הזמן **זאת גזרת הכתוב, כך רוצה הקדוש ברוך הוא,** האנשים מחפשים הסברים למצות, לסיפורי התנ"ך, לגלגולי נשמות, ועוד. ורק על ידי עסק בפנימיות התורה, אדם מסיג את ההסברים לקושיות שיש לו. **זאת ועוד** חיים אנחנו בדור של חומריות, והאנשים מחפשים את הרוחניות שבחיים, אז מה עושים, נוסעים למזרח, להודו, סין, תאילנד למצוא רוחניות, ולא יודעים **ששורש כל הרוחניות בעולם נמצאת בתורה הקדושה,** עם כל זאת כאשר הלומד את פשט התורה, **הוא לא מכיר** את הקדוש ברוך הוא, והוא בלי יראת שמים ושמחה אמתית. כותב הרב המקובל האלוה"י רבינו יהודה פתייה בפרושו הנפלא על עץ חיים - כי לימוד עץ חיים הוא עמוק מאד מאד, כי הוא **מים שאין להם סוף,** והוא קשה מאד גם לחכמים ההוגים בו תמיד, וכל שכן למתחילים. כי הוא חזק מצור, וקשה מברזל, שאי אפשר לחצוב ממנו מאומה, אם לא על ידי כלי מחצב חזקים כציפורן שמיר. וכל המתחיל בלימוד עץ חיים, אם לא יהיה לו רב, או לפחות איזה מפרש המפרש לו כוונת הפרק ההוא לפי פשוטו, נבול יבול, ואינו יכול לעמוד על הפרק כי אם לאחר יגיעה רבה, ושקידה עצומה, וכולי האי ואולי. כי הרבה פעמים יסבור המעיין שהבין הענין ההוא כראוי, ואחר שילמוד עוד איזה פרקים אחרים, ירגיש כעצמו שלא הבין את פרקים הקודמים, והניסיון יעיד על זה, עד כאן דברי קודשו. עם כל זאת חייב כל אדם לעסוק בתורת החיים.

צדיק אתה הוי"ה וישר משפטיך. כתב הרב רבינו חיים ויטאל ז"ל בהקדמה לשער ההקדמות - והנה מה שכתב בתחילת דבריו, ואפילו כל אינון דמשתדלי באורייתא כל חסד דעבדי לגרמייהו וכו', עם היות שפשטו מבואר ובפרט בזמנינו זה, בעוונותינו היום אשר התורה נעשית קרדום לחתוך בה אצל קצת בעלי תורה, אשר עסקם בתורה על מנת לקבל פרס, והספקות יתירות, וגם להיותם מכלל ראשי ישיבות, ודיני סנהדראות, להיות שמם וריחם נודף בכל הארץ, **ודומים במעשיהם לאנשי דור הפלגה הבונים מגדל וראשו בשמים,** ועיקר סיבת מעשיהם היא מה שנאמר אחר כך הכתוב - **ונעשה לנו שם...** והנה על הכת הזאת אמרו בגמרא כל העוסק בתורה שלא לשמה, נוח לו שנהפכה שליתו על פניו, ולא יצא לאויר העולם. ואמנם האנשים האלה מראים תימה וענוה באמרם כי כל עסקם בתורה הוא לשמה. והנה החכם הגדול התנא רבי מאיר ע"ה העיד עליהם שלא כך הוא, באומרו לשון כללות - כל העוסק בתורה לשמה זוכה לדברים הרבה וכו', **ומגלים לו רזי תורה, ונעשה כנהר שאינו פוסק,** והולך

וכמעיין המתגבר מאליו, בלתי הצטרכו לטרוח ולעיין בה, ולהוציא טיפין טיפין של מימי התורה מן הסלע, הנה זה יורה שאינו עוסק בתורה לשמה כהלכתה, ומי זה האיש אשר לא יזלו עיניו דמעות בראותו המשנה הזאת, **ורואה חסרונו ופחיתותו**, עד כאן לשונו. לכן כל אחד צריך לטעום מעץ החיים.

חצות לילה אקום להודות לך על משפטי צדקך. כתב רבינו אליהו מני זצ"ל רבו של הרי"ח הטוב, בספרו הקדוש כסא אליהו שער ד' וז"ל - ואם זיכך הוי"ה ללמוד בחכמת האמת, הנה עצה היעוצה היא שכל סדר הלימוד בנגלה תתנהג בו ביום דווקא. **אבל בלילה תלמוד בחכמת האמת, והעיקר הלימוד אחר חצות**, כי זה הלימוד צריך ישוב דעת הרבה, וכשיקוץ האדם אז דעתו מיושבת עליו יותר. גם גה הלימוד צריך הסתר והצנע, **וכל דבר שיהיה בלילה ובפרט אחר חצות יהיה נסתר יותר מן היום**. ותעשה ועד עם החברים בבית המדרש אם הוא צנוע, **או בביתך ותלמדו בכל לילה**, עד כאן לשונו. וישב ללמוד בלילה תחת עץ החיים.

קראתי בכל לב עניני הוי"ה[7] חקיך אצרה. בהקדמה לשער ההקדמות מבאר הרב ז"ל - ואמנם אל יאמר אדם אלכה לי ואעסוק בחכמת הקבלה, מקודם שיעסוק בתורה במשנה ובתלמוד, כי כבר אמרו רבינו ז"ל - אל יכנס אדם לפרדס **אלא אם כן מלא כריסו בבשר ויין**, והרי זה דומה לנשמה בלתי גוף, שאין לה שכר ומעשה וחשבון, עד היותה מתקשרת בתוך הגוף, בהיותו שלם מתוקן במצות התורה בתרי"ג מצות. **וכן בהפך** בהיותו עוסק בחכמת המשנה והתלמוד בבלי, ולא ייתן חלק גם אל סודות התורה וסתריה, כי **הרי זה דומה לגוף היושב בחושך**, בלתי נשמת אדם נר הוי"ה המאירה בתוכה, **באופן שהגוף יבש בלתי שואף ממקור חיים**, אשר זהו ענין אומרו במקום אחר ההוא הנזכר לעיל וז"ל - דאילין אינון דעבדי לאורייתא יבשה, ולא בעאן לאשתדלא בחכמת הקבלה וכו'. באופן כי התלמידי חכמים העוסקים בתורה לשמה, ולא לשמו, לעשות לו שם. צריך שיעסוק בתחילה בחכמת המקרא, והמשנה, והתלמוד, כפי מה שיוכל שכלו לסבול. ואחר כך יעסוק לדעת את קונו בחכמת האמת, וכמו שציוה דוד המלך ע"ה את שלמה בנו - דע את אלה"י אביך ועבדהו. ואם האיש הזה יהיה כבד וקשה בענין העיון בתלמוד, מוטב לו שיניח את ידו ממנו, אחר שבחן מזלו בחכמה זאת, ויעסוק בחכמת האמת. וזה שמבואר כל תלמיד חכם שאינו רואה סימן יפה בתלמוד בחמשה שנים, שוב אינו רואה, עד כאן דברי קודשו. ומזה כל אחד ואחד חייב להדבק במקור החיים.

חסדך הוי"ה מלאה הארץ חקיך למדני. בשער הגלגולים, בקדמה ט"ז כתב הרב ז"ל - עוד צריך שתדע, כי האדם צריך לקיים כל התרי"ג מצות, במעשה, ובדבור, ובמחשבה. וכמו שאמרו ז"ל על פסוק - זאת התורה לעולה ולמנחה וכו', כל העוסק בפרשת עולה, כאלו הקריב עולה וכו'. וכוונו בזה שהאדם מחוייב לקיים כל התרי"ג מצות בדבור, וכן על דרך זה במחשבה. ואם לא קיים כל התרי"ג בשלשה בחינות הנזכרות, מחוייב להתגלגל עד שישלים אותם. **עוד דע**, כי האדם מחויב לעסוק בתורה בארבעה מדרגות, **שסימנם פרד"ס**, והם, פשט, רמז, דרוש, סוד וצריך שיתגלגל עד שישלים אותם. ובהקדמה י"ז כותב הרב ז"ל, וז"ל - שהאדם **מחוייב לעסוק בתורה בארבעה מדרגות שבה**, והיא זאת, דע, כי כללות כל הנשמות

ע"ח ד"א ע"ד.

הם ששים רבוא ולא יותר. והנה התורה היא שרש נשמות ישראל, כי ממנה חוצבו, ובה נשרשו. ולכן יש בתורה ששים רבוא פירושים, וכלם כפי הפשט. וששים רבוא ברמז. וששים רבוא בדרש. **וששים רבוא בסוד**. ונמצא, כי מכל פירוש מן הששים רבוא פרושים, ממנו נתהווה נשמה אחת של ישראל, ולעתיד לבא כל אחד ואחד מישראל, ישיג לדעת כל התורה כפי אותו הפירוש המכוון עם שרש נשמתו, אשר על ידי הפירוש ההוא נברא ונתהווה כנזכר. וכן בגן עדן אחר פטירת האדם, ישיג כל זה. וכן בכל לילה כאשר האדם יישן, ומפקיד נשמתו ויוצאה ועולה למעלה, הנה מי שזוכה לעלות למעלה, מלמדים לו שם אותו הפירוש, שבו תלוי שרש נשמתו. ואמנם הכל כפי מעשיו ביום ההוא, כך באותה הלילה ילמדוהו, פסוק אחד, או פרשה פלונית, כי אז מאיר בו יותר פסוק ההוא משאר הימים. ובלילה האחרת יאיר בנשמתו פסוק אחר, כפי מעשיו של אותו היום, וכולם על דרך הפירוש ההוא אשר תלויה בו שרש נשמתו כנזכר, עד כאן דברי קודשו. ור"ל שכל יהודי ויהודי חייב להשיג את שורש נשמתו, וללמוד את סוד החיים.

יבאוני רחמיך ואחיה כי תורתך שעשעי. מבואר במדרש משלי - אמר רבי ישמעאל, בוא וראה כמה קשה יום הדין שעתיד הקדוש ברוך הוא לדון את כל העולם כולו בעמק יהושפט. בזמן שתלמידי חכמים באים לפניו, אומר לכל אחד מהם - כלום עסקת בתורה, אמר לו הן, אומר לו הקדוש ברוך הוא הואיל הוא והודית, אמור לפני מה שקרית, ומה ששנית בישיבה, ומה ששמעת בישיבה. מכאן אמרו - כל מה שקרא אדם יהא תפוש בידו, שלא תשיגהו בושה ליום הדין. מכאן היה רבי ישמעאל אומר - אוי הלה לאותה בושה, אוי לה לאותה כלימה, ועל זה ביקש דוד מלך ישראל בתפילה ובתחנונים לפני המקום ואמר - הוי"ה בוקר תשמע קולי בוקר אערך לך ואצפה. בא לפניו מי שיש בידו מקרא ואין בידו משנה, הקדוש ברוך הוא הופך את פניו ממנו, ושרי גיהנם מתגברים בו כזאבי ערב, ונוטלין אותו ומשליכין אותו לתוכה. בא לפניו מי שיש בידו שני סדרים או שלושה, אז הקדוש ברוך הוא אומר לו - בני, כל ההלכות למה לא שנית אותם, ואם אומר הקדוש ברוך הוא הניחוהו, מוטב, ואם לאו עושין לו כמידת הראשון. בא לפניו מי שיש בידו הלכות, הקדוש ברוך הוא אומר לו - בני, תורת כהנים למה לא שנית, שיש בה טומאה וטהרה, וטומאת שרצים וטהרת שרצים, טומאת נגעים וטהרת נגעים, טומאת נתקים ובתים וטהרת נתקים ובתים, טומאת זבים ולידה וטהרת זבים ולידה, טומאת מצורע וטהרתו, סדר ווידוי יום הכיפורים, וגזירות שוות, ודיני ערכים, וכל דין שדנו ישראל לא דנו אלא אלא מתוכו. בא לפניו מי שיש בידו תורת כהנים, אומר לו הקדוש ברוך הוא - בני, חמישה חומשי תורה למה לא שנית, שיש בהם קריאת שמע, ותפילין, ומזוזה. בא לפניו מי שיש בידו חמישה חומשי תורה, אומר לו - בני, למה לא למדת הגדה, ולא שנית, שבשעה שהחכם יושב ודורש, אני מוחל ומכפר עוונותיהם של ישראל, ולא עוד אלא בשעה שעונין אמן יהא שמיה רבה מברך, אפילו נחתם גזר דינם אני מוחל ומכפר להם עוונותיהם. בא לפניו מי שיש בידו הגדה, אומר לו הקדוש ברוך הוא - בני, תלמוד למה לא שנית, שנאמר - כל הנחלים הולכים אל הים והים איננו מלא, זה התלמוד, שיש בו חכמות הרבה. בא מי שיש בידו תלמוד, הקדוש ברוך הוא אומר לו - בני, הואיל ונתעסקת בתלמוד, **צפית במרכבה, צפית בגאוה**, שאין הנייה בעולמי, אלא בשעה שתלמידי חכמים יושבים ועוסקים בתורה, מציצין ומביטין ורואין והוגין המון התלמוד הזה - **כסא כבודי היאך הוא עומד. רגל הראשונה במה היא משמשת, שנייה במה היא משמשת, שלישית במה היא משמשת, רביעית במה היא משמשת, חשמל היאך הוא עומד, ובכמה פנים הוא מתהפך בשעה**

אחת, לאי זה רוח הוא משמש, הברק היאך הוא עומד, כמה פנים של זוהר נראין בין כתפיו, לאיזה רוח משמש, כרוב היאך הוא עומד, לאי זה רוח הוא משמש. גדולה מכולם עיון כיסא הכבוד, היאך הוא עומד, עגול הוא כמין מלבן, ומתוקן הוא, כמה גשרים יש בו, כמה הפסק בין גשר לגשר, וכשאני עובר באיזה גשר אני עובר, ובאי זה גשר האופנים עוברים, ובאיזה גשר הגלגלים עוברים. גדולה מכולם מצפורני ועד קודקודי, היאך אני עומד, כמה שיעור בפיסת ידי, וכמה שיעור אצבעות רגלי. גדולה מכולם כיסא כבודי, היאך הוא עומד, לאיזה רוח הוא משמש, באחד בשבת לאיזה רוח הוא משמש, בשני בשבת לאיזה רוח הוא משמש, בשלישי בשבת לאיזה רוח הוא משמש, ברביעי בשבת, בחמישי בשבת, בשישי בשבת לאיזה רוח משמשין, וכי לא זהו הדרי, זהו גדולתי, זהו הדר יופי, שבני מכירין את כבודי במידה הזאת. ועליו אמר דוד - מה רבו מעשיך הוי"ה, כולם בחכמה עשית, מלאה הארץ קנייניך. עד כאן לשון המדרש. ממדרש זה לומדים על חובת כל אחד ואחד מישראל את לימוד כל חלקי הפרד"ס, ובעיקר את בחינת הסוד שבתורה, הנקרא[8] מעשה מרכבה, ובמעשה בראשית. ומבאר הרב בית לחם יהודה על השינוי שיש בפסוקים במעמד הר סיני, בפסוק אחד כתוב - ויחן שם **ישראל** תחת ההר. ומספר פסוקים יותר מאוחר כתוב וירא **העם** וינועו מרחק. וידוע כי כאשר כתוב בתורה **ישראל**, מדובר **בבני ישראל**, וכאשר כתוב **העם**, מדובר על **הערב רב**. וז"ל הרב בית לחם יהודה - ובזוהר בהעלותך דף קנ"ב ע"א קרי להעוסקים בחכמת האמת, אינון דהוי קיימי בטורא דסיני. וז"ל - חכימין עבדי דמלכא עלאה אינון דקיימו בטורא דסיני, לא מסתכלי אלא בנשמתא, דאיהי עיקרא דכלא אורייתא ממש וכו'. ונראה בעיני אם מותר, משמע אותם שאינן יודעים סודות התורה לא עמדו על הר סיני, עד כאן לשונו. ונראה לי בביאור כי בתחלה כשיצאו ישראל לקראת האלהי"ם, היו מתייצבים בתחתית ההר, ואחר כך נאמר וירא העם וינועו ויעמדו מרחוק, כי היו יראים פן תאכלם האש הגדולה הזאת וימיתו. והיה מקצת מהעם שהיו ששים ושמחים לקראת השכינה, ולא רצו לזוז ממקומם הראשון, ולעמוד מרחוק, אפילו אם ימיתו ממש. ועליהם הוא מה שכתב בזוהר הנזכר - אינון דקיימו בטורא דסיני, כלומר ולא נעו ועמדו מרחוק, אלא עמדו בטורא דסיני מתחלה ועד סוף, ולכן הם זוכים לחכמת האמת. ואותם הנשמות אשר נעו עם העם ועמדו מרחוק, כן הם עושים גם עתה, שנסים ועומדים מרחוק לחכמת האמת מיראתם, פן תאכלם האש הגדולה הזאת. ולכן על כל אחד ואחד מבני ישראל הקדושים מחויב לעמוד תחת עץ החיים.

יראיך יראוני וישמחו כי לדברך יחלתי. בספר הזוהר הקדוש מבואר מדוע התפילות של בני ישראל לא נענות, וז"ל תיקוני הזוהר תיקון מ"ג - **בראשית תמן את"ר יב"ש** במלת בראשית יש אותיות את"ר יב"ש, **ודא איהו ונהר יחרב ויבש** היסוד הנקרא נהר יחרב ויבש ממי השפע, ואין לו מה להשפיע למלכות, **בההוא זמנא דאיהו יבש** באותו הזמן שהיסוד הוא יבש, **ואיהי יבשה** המלכות הנקראת יבשה, היא יבשה כי לא מקבלת שפע מהיסוד, אז כאשר **צווחין בניין לתתא** מתפללים וצועקים בני ישראל, **ביחודא ואמרין** וביחוד שאומרים בני ישראל **שמע ישראל** שיבא ז"א הנקרא ישראל להתיחד עם נוקבא בשעת התפילה דעמידה, עם כל זאת **ואין קול** של התפילה או הקריאת שמע שעוזרים לזיווג דזו"ן **ואין עונה** ואין מי שיענה וימלא את הבקשות בתפילתם. **הדא הוא דכתיב** וזהו שכתוב - **אז בני ישראל יקראונני**

גמרא חגיגה די"א ע"ב

בני ישראל בעת צרתם בקריאת שמע ובתפילה, **ולא אענה** ואני לא אענה אותם בתפלתם, מפני שלא לומדים ומתעסקים בפנימיות התורה. **והכי מאן דגרים דאסתלק** וכל מי שגורם הסלקות פנימיות תורת הקבלה **וחכמתא מאורייתא דבעל פה ומאורייתא דבכתב** מהתורה שבעל פה והתורה שבכתב, **וגרים דלא ישתדלון בהון** וגורמים גם לאחרים שלא יתעסקו וילמדו את חכמת הקבלה, **ואמרין דלא אית אלא פשט באורייתא ובתלמודא** ואומרים שאין בתורה ובתלמוד אלא פשט התורה, בלי פנימיות הסוד, **בודאי כאלו הוא יסלק נביעו מההוא נהר** בודאי נחשב לו כאילו הוא מסתלק את נביעת שפע החכמה והבינה מן היסוד, **ומההוא גן** ומן הנוקבא הנקראת גן, **ווי ליה** לאותו יהודי **טב ליה דלא אתברי בעלמא** טוב לו שלא היה נברא, **ולא יוליף ההיא אורייתא דבכתב ואורייתא דבעל פה** ולא היה לומד תורה שבכתב ותורה שבעל פה, כי דינו כעם הארץ שלא למד כלל, ועוד **דאתחשב ליה כאלו אחזר עלמא לתהו ובהו** שנחשב לו כאילו החזיר את העולם לתהו ובהו, ר"ל לסוד שבירת הכלים לפי שמגביר הקליפות כאשר הנהר והגן יבשים, **וגרים עניותא בעלמא ואורך גלותא** וגורם עניות בעולם ומאריך את הגלות השכינה וביאת המשיח. עד כאן דברי הזוהר הקדוש. וכותב רב חיים ויטאל זלה"ה בהקדמה וז"ל - אמנם שעשועות של הקדוש ברוך הוא בתורה, והיותו בורא בה את העולמו, היתה בהיותו עוסק בתורה בבחינת הנשמה הפנימית שבה, הנקרא - רזי תורה, הנקרא מעשה מרכבה, **היא חכמת הקבלה** כנודע אל היודעים, וטעם הדבר הוא להיותו עולם האצילות העליון מאד, טוב ולא רע, דלא יכיל להתערבא עמיה קליפה, ועליה אתמר - וכבודי לאחר לא אתן, כנזכר בספר התיקונין דף ס"ו תיקון י"ח, וכן בספר הזוהר בפרשת בראשית דף כ"ח ע"א עיין שם. ולכן גם התורה אשר שם]**אח**"**י** - בעולם האצילות[איננה רק מופשטת מכל לבושי הגופנים, מה שאין כן למטה בעולם היצירה, עולם דמטטרו"ן, הנקרא עבד טוב, והוא הנקרא עץ הדעת טוב מסטרא, ומסטרא דסמא"ל שהוא קליפין דיליה, **נקרא עבד רע**, כי התורה אשר שם, הם שית סדרי משנה **הנקראים שפחה** כנזכר לעיל, וכנזכר בפרשת בראשית שם דף כ"ז ע"א. ולכן נקראת משנה, לפי ששם יש שינויים הפוכים **טוב מסטרא דעבד טוב**, היתר, כשר, טהור. **רע מסטרא דעבד רע**, איסור, טמא, פסול. גם הוא מלשון כי מרדכי היהודי משנה למלך, שהיה שפחה הנקרא עבד מלך, מלך גם נקרא מלשון שינה, כנזכר בפרשת פינחס דף רמ"ד ע"ב - קם זמנא תנינא ואמר, מארי מתניתין נשמתין ורוחין ונפשין דילכון אתערו כען ואעברו שינתא מניכון דאיהו, ודאי משנה אורח פשט, דהאי עלמא ואנא לא אתערנא בכו, אלא ברזין עילאין דעלמא דאתי דאתון בהון, לא ינום ולא יישן. וזה יובן במה שמבואר יותר למעלה שם - **ורבנן דמתניתין ואמוראי, כל תלמודא דלהון על רזין דאורייתא סדרו ליה**. ונמצא כי המשנה והש"ס הם הנקרא גופי תורה. והנה דבריהם כחלום בלי פתרון, **ורזיה וסתריה הפנימים הנקרא בנשמת התורה, הם הם פתרון החלום הנפתר בהקיץ**, בסוד - אני ישנה ולבי ער, וכמו[9] שאמרו חכמים ז"ל - **במחשכים הושיבני כמתי עולם, זה תלמוד בבלי**, אשר איננו מאיר אלא על ידי ספר הזוהר, **הם הם רזי תורה וסתריה** אשר עליהם נאמר - ותורה אור. ואין ספק כי כמו שהיצר נקראת עבד ושפחה בערך האצילות, ונקרא קליפין ולבושין דחול, כנזכר בהקדמת ספר התיקונין ד"ג ע"ב וז"ל - וביומי דחול לביש עשר כתות דמלאכיא דמשמשי לעשר ספירות דבריאה. ואם כן לתמוה כי התורה אשר שם שהיא המשנה, תהיה נקרא שפחה וקליפין דתורה דאצילות, וזה סוד כל הבשר חציר הנזכר

סנהדרין דכ"ד ע"א.

לעיל במאמר הראשון, כי כמו שהחטה שהיא בגימטריא כמנין כ"ב אותיות התורה, הגנוזה תוך
כמה קליפין ולבושין שהם הסובין והמורסן והתבן והקש והעשב, הנקרא חציר, כן המשנה אצל
סודות התורה נקרא חציר, וזה נרמז בספר הזוהר פרשת כי תצא ברעיא מהמנא דף רע"ה ע"ב
- **אצל רבנן ווי לאינון דאכלין תבן דאורייתא, ולא ידעי בסתרי אורייתא, אלא קלין
וחמורין דאורייתא, קלין אינון תבן דאורייתא, וחמורין אינון חטה דאורייתא, ח"ט ה'
אלנא דטוב ורע וכו'**. ואלו באתי להרחיב דרוש זה לא יספיקו מאה קונטרסין בלי ספק בלי
שום גוזמא, האמנם החכם עיניו בראשו כי דברי אמת אני אומר, ואל יתמה האדם בראותו ספר
הזוהר איך קורא אל המשנה שפחה וקליפין, כי עסק המשנה כפי פשטיה, **אין ספק שהם
לבושין וקליפין חיצונים בתכלית אצל סודות התורה הנגנזים**, ונרמזים בפנימיותה כי כל
פשטיה הם בעלם הזה בדברים חומרים תחתונים..... על כן על כל בני ישראל לאכול מעץ
החיים.

מה אהבתי תורתך כל היום היא שיחתי. ומבאר הרב ז"ל בהקדמה לשער המצות, כי עסק
לימוד פנימיות התורה הוא חלק בלתי נפרד מתלמוד תורה, וז"ל - גם בענין עסק התורה שהיא
אחת מרמ"ח מצות עשה, אם לא השלים אותה, **שהוא ענין עסקו בפרד"ס התורה**, שהוא
ראשי תיבות **פשט רמז דרש סוד**, בכל בחינה מהם כפי אשר יוכל להשיג, **עד מקום שידו
מגעת**, לטרוח ולעשות לו רב שילמדנו. ואם לא עשה כן, הרי חסר מצוה אחת של תלמוד
תורה, שהיא גדולה ושקולה ככל המצות, וצריך **להתגלגל** עד שיטרח הארבעה בחינות של
פרד"ס כנזכר. וכן מבאר הרב בית לחם יהודה בהקדמתו הקדושה, וז"ל - ומה מאד נמלצו
[אח"י - מלשון מליצה] בזה דברי הנביא ירמיה)סימן כ"ב(באומרו - אל תבכו למת וכו'.
שהוא מדבר עם הציבור המתקבצים להספיד על איזה צדיק הנפטר רח"ל, על שנחסר צדיק
אחד מהדור שהיה מנין בזכותו עליהם. וקאמר להו הנביא אל תבכו וכו', **לפי שרובם של
צדיקים אינם זוכים לעסוק בכל ארבעה חלקי הפרד"ס, ואם כן מוכרחים הם לחזור ולבוא
בגלגול כדי להשלים לימודם בארבעה חלקים**, כי אפילו הוא עסק בשלוש חלקי הפרד"ס, לא
יצא ידי חובתו, ועליו נאמר הן כל אלה יפעל א"ל פעמים שלש עם גבר, להחזירו בגלגול. ואם
כן הויא פסידא דהדרא. ואפשר שבו ביום שנפטר הוא חוזר ומתגלגל, כנזכר בזוהר ריש פרשת
אמור, יעו"ש. ואם כן אין לכם פסידא כל כך. אמנם בכו בכו להלך, לאותו צדיק שכבר עסק
בארבעה חלקי הפרד"ס. כי תיבת להלך היא חסר ו', ואם תחשוב תיבת להלך ארבעה פעמים
עם ארבעה הכוללים, שהם כנגד ארבעה חלקי הפרד"ס, הם בגימטריא פרד"ס. **שזה הצדיק
לא ישוב עוד וראה את ארץ מולדתו, כי על ארבעה לא אשיבנו**. שזהו פסידא דלא הדרא
באמת, ונחסר לגמרי מן העולם הזה, עד כאן לשונו. ולכן חובה על כל אדם לעסוק בכל חלקי
הפרד"ס, ובפרט בחלק הסוד, הנקרא פנימיות התורה, כמבואר בזוהר הקדוש כמובא בזוהר
הקדוש פרשת נשא דף קכ"ד - **בהאי חבורא דילך דאיהו ספר הזוהר יפקון ביה מן גלותא
ברחמי**, בזכות הלימוד בספר הזוהר הקדוש, יצאו בני ישראל מהגלות **ברחמים**. ועוד כל מי
שחשקה נפשו ללמוד, אסור למנוע זאת ממנו, בסוד הפסוק[10] - אל תמנע טוב מבעליו, ועל כל
אדם להיכנס לפרד"ס החיים.

משלי ג' כ"ז – אל תמנע טוב מבעליו בהיות לאל ידך לעשות.

אשרי האיש אשר לא הלך בעצת רשעים ובדרך חטאים לא עמד ובמושב לצים לא ישב. דע כי יהיו הרבה אנשים רשעים, שינסו למנוע מבני ישראל הקדושים ללמוד בכללות תורה, ובפרט את תורת הקבלה, מכל מיני סיבות ומניעות, והשטן מדבר מגרונם של אלו הרשעים. ואלו דברי קודשו של בעל שבט מוסר רבינו אליהו הכהן האתמרי זצלה"ה - ובהביטך בן אדם מה שעבר על אחרים למה תרדוף אתה אחר כל אלה הדברים הזרים, להשביע נפש מרורים ולמוסרה ביד צרים המה המקטרגים הצוררים, ולמה לא תחמול על נפשך ועל נועם תבנית צלם גופך למוסרו בידן ולהשליכו בתוך גחלי רתמים בטיט היון של גיהנם, להשחירו ולהתיכו כאשר ניתך הזפת בפני האש, אשר על כן תן עצה אתה בנפשך **לברור בדרך החיים בעסק התורה והמצות,** וגם להצטער עצמך זמן קצוב הם חיי עולם הזה, כדי שתתענג זמן רב בלתי סוף ותכלית, ואל יעלה על דעתך כאשר עלה על דעת הרבה שנאבדו בידם באומרם כיון שמכיר אני בעצמי שאין בדעתי להבין ולהשכיל, איני עוסק בתורה, טועה הוא בדבר, שהרי הוא מחוייב לעשות מה שנצטוה לעשות, ואם יבין יבין, **שהרי והגית בו יומם ולילה כתיב** ולא כתיב ותבין בו, וכן תמצא בדברי התנא אם למדת תורה הרבה נותנין לך שכר הרבה, ואינו אומר אם הבנת הרבה, אלא למדת אמרו, ותשתדל להבין ואם תבין תבין, ואם לא שכר לימודך בידך, וכמאמר התנא לפום צערא אגרא, ומה גם שאמרו האדם איני לומד מפני שאיני מבין, **הוא פיתוי היצר,** יתמיד בלימודו וסוף הבינה לבא, שבראות קדוש ברוך הוא **חשקו בתורתו ודבקותו בה, פותח לו מעייני החכמה,** דכתיב - כי הוי"ה יתן חכמה מפיו דעת ותבונה. והנני מוסר לך דבר אשר תרדוף אחריה, ויהיה חיים לנפשך וענקים לגרגרותיך, **לעולם יהיה עיקר לימודך בדבר של תורה שליבך חפץ יותר,** אם בגמרא גמרא, ואם בדרוש דרוש, ואם ברמז רמז, **ואם בקבלה קבלה,** ורמז לדבר כי אם בתורת הוי"ה חפצו, כלומר תורת הוי"ה תלויה בדבר שלבו חפץ לעסוק, וכמו שמבאר האר"י זלה"ה בספר דרושי הנשמות והגלגולים פרק שלישי, וז"ל - יש בני אדם שכל חפצם ועסקם בפשטי התורה, ויש שעסקם בדרוש, ויש ברמז, ויש גם כן בגימטריות, **ויש בדרך האמת,** הכל כפי מה שעליו נתגלגל בפעם ההוא, כיון שהשלים פעם אחרת בשאר העניינים, אין צורך לו שבכל גלגול יעסוק בכולם, עד כאן לשונו. **ואל תביט ותשגיח לדברי המתנגדים על מה שחשקת לעסוק בתורה** בגמרא או בפשט או בדרוש וכו', באומרם לך למה אתה מוציא כל ימיך בפרט זה של תורה ולא בפרט זה, משום שעל מה שחשקת ללמוד, על דבר זה באת לעולם, ואם תשים דעתך לדבריהם, יכריחוך להתגלגל בזה העולם פעם אחרת ולעבור נפשך בחרב חדה של מלאך המות ולטעום טעם מיתה, ולכן לא תשמע לדברי המשחית נפשך, **כי דע שהשטן מתלבש באלו האנשים לדאוג ולהצטער ולהכאיב נפש הלומד ועוסק בתורה,** בחלק שֶׁאָתָּה נפשו לעסוק, כדי להבדילו משם שלא ישלים נפשו, על מה שבא להשלימה, ולהכריחו גלגולים אחרים, וכשם שבדבר שחושק יותר האדם ללמוד, משם יבין שעל דבר זה נתגלגל להשלים, כך צריך האדם שידע שורש נשמתו ומהיכן נמשך ועל מה בא לתקן ולהשלים, כמו שאמר בזוהר שיר השירים על הגידה לי את שאהבה נפשי וכו'. **וכדי שיבין יראה באיזה מצוה תקיף יצרו יותר לבטלה יתחזק בה לקיימה, כי בוודאי על מצוה זו נתגלגל,** וכדי שלא ישלים חוקו מנגדו יצרו לבטלה להוציאו מן העולם בידיים ריקניות... ולכן לא תשמע לדברי רשעים אלו, אלא תשמע לדברי חיים.

חבר אני לכל אשר יראוך ולשמרי פקודיך. בסוף[11] עץ חיים מובא מספר כללים למהרח"ו, וז"ל - להאר"י זלה"ה. הרמב"ן וחביריו ודברי ראשונים כמו רבי נחוניא בן הקנה לא הזכירו רק עשר ספירות, ולא גילו עניני פרצוף כלל. **ודע שהרמב"ן והראשונים היו יודעים בפרצוף**, אלא שדברו בהעלם גדול, לרוב הגלות שלא ניתן רשות לגלות, ולהתפשט האורות הגדולים, מאחר שגברו הקליפות, וכל זר לא יאכל קדש. **אמנם בעקבות משיחא כמו בדורינו זה התחילו האורות להתפשט להיות כבראשונה**, כמו שהיה בזמן העולם מתוקן ולהתתקן מעט. ומתחלה היו האורות סתומים, היה העולם מקולקל, וכל מה שנתקלקל נסתם בגלות, ולא היו משיגין אלא עשר ספירות בסתום, בסוד הנקודות, כל אחד כלול מעשר, ובעניין הפרצופים לא נתגלה להם כלל, לפי שמצאו בדברי הראשונים סתומים, ולא ידעו עומק הדברים, וחשבו שכך הוא ודברו בעשר ספירות כל אחד כלול מעשר ובחינות הרבה, ולפי שראיתי מי שחולק על דברים אלו לאמור שלא מצינו אלא עשר ספירות, ומהיכן יש לשלוט כח לאמור כמה פרצופים שנמצא יותר מעשר ספירות, ומספר רב והלא הראשונים כתבו בספר יצירה - עשר ולא תשע, עשר ולא י"א, לזה באתי לפתוח לך כחודא דמחטא, אולי תזכה להבין מקצת, וכולו לא תשורנו עין, וזהו. ובהקדמתו[12] הקדושה כותב הרב ז"ל - והנה אין בכל דור ודור שלא נמצאו בו אנשים יחידי סגולה ששרתה עליהם רוח הקודש, והיה אליהו הנביא ז"ל נגלה עליהם, **ומלמד אותם סתרי החכמה הזאת**, וכמו שנמצא כתוב בספרי המקובלים, גם בעל ספר הרקנטי כתב בפרשת נשא בפרשת ברכת כהנים..... ואנשי לבב שמעו לי, אל יהרסו אל הוי"ה, **לראות בספרי האחרונים הבנויים על פי השכל האנושי**, ושומע לי ישכון בטח ושאנן מפחד רעה. ולכן אני הכותב הצעיר חיים וויטאל, רציתי לזכות את הרבים **בהעלם נמרץ והמשכילים יבינו**, וקראתי שם החבור הזה על שמי **ספר עץ חיים**, וגם על שם החכמה הזאת העצומה, חכמת הזוהר, הנקרא עץ חיים, ולא עץ הדעת כנזכר לעיל, בעבור כי בחכמה הזאת טועמיה חיים זכו, ויזכו לארצות החיים הנצחיים, **ומעץ החיים הזה ממנו תאכל, ואכל וחי לעולם**. ואשכילך ואורך דרך זו תלך דע מן היום אשר מורי זלה"ה החל לגלות זאת החכמה, **לא זזה ידי מתוך ידו אפילו רגע אחד**, וכל אשר תמצא כתוב באיזה קונטריסים על שמו ז"ל, ויהיה מנגד מה שכתבתי בספר הזה, **טעות גמור הוא, כי לא הבינו דבריו, ואם יש בהם איזה תוספות שאינו חולק עם ספרינו זה, אל תשית לבך בקבע אליו, כי שום אחד מהשומעים את דברי קדשו, לא ירדו לעומק דבריו וכוונתו, ולא הבינום**, בלי שום ספק. ואם יעלה בדעתך לחשוב שתוכל לברור הטוב ולהניח הרע, אל בינתך אל תשען, כי אין הדברים האלו מסורים אל לב האדם כפי שכל אנושי, והסברא בהם סכנה עצומה, ויחשב בכלל קוצץ בנטיעות חס ושלום, לכן הזהרתיך ואל תסתכל בשום קונטרסים הנכתבים בשם מורי זלה"ה, זולתי במה שכתבנו לך בספר הזה, **ודי לך בהתראה זאת**, אלו הם דברי קדשו. ועלינו ללמוד אך ורק בתורת מורינו חיים.

אני קראתיך כי תענני אל הט אזנך לי שמע אמרתי. עוד כתב הרב ז"ל בהקדמתו תנאים כדי לזכות לחכמה הקדושה הזאת, וז"ל - אני הכותב משביע בשמו הגדול יתברך, לכל מי שיפלו

---

[11] ע"ח ח"ב דקי"ט ע"א.

[12] ע"ח ד"ד ע"ב.

הקונרטסים אלו לידו, שיקרא הקדמה זאת, ואם אותה נפשו לבוא בחדרת החכמה זאת, יקבל עליו לגמור ולקיים כל מה שאכתוב ויעיד עליו יוצר בראשית, שלא יבוא אליו היזק בגופו ונפשו, ובכל אשר לו, ולא לאחרים. תחת רודפו טוב והבא לטהר ולקרב. **ראשית הכל יראת הוי"ה, להשיג יראת העונש, כי יראת הרוממות, שהוא יראה הפנימית, לא ישיגוהו רק מתוך גדלות החכמה**, ועיקר מגמתו בידיעה הזה יהיה לבער קוצים מן הכרם, כי לכן נקראים העוסקים בחכמה הזאת מחצדי חקלא. **ובודאי שיתעוררו הקליפות נגדו לפתותו ולהחטיאו, לכן יזהר שלא לבוא לידי חטא אפילו שוגג**, שלא יהיה להם שייכות בו, לכן צריך ליזהר מהקלות, כי הקדוש ברוך הוא מדרדק עם הצדיקים כחוט השערה, לכן צריך לפרוש עצמו מבשר ויין כל ימות השבוע, **וצריך הזהרת סור מרע ועשה טוב**, ובקש שלום. בקש שלום צריך להיות רודף שלום, ולא להקפיד בביתו על דבר קטן וגדול, וכל שכן שלא יכעוס ח"ו.

וצריך להתרחק בתכלית הריחוק סור מרע.

א. ליזהר בכל דקדוקי מצות, ואפילו בדברי חכמים, שהם בכלל לא תסור.

ב. לתקן המעוות קודם שיבא לעולם הבא.

ג. יזהר מהכעס, אפילו בשעה שמוכיח את בניו, לא יכעוס כלל ועיקר.

ד. גם צריך ליזהר מהגאוה, ובפרט בענין הלכה, כי גדול כחה והגאוה, בזה עון פלילי.

ה. בכל צער שיבא לו, יפשפש במעשיו וישוב אל הוי"ה.

ו. גם יטבול בעת הצורך לו.

ז. גם יקדש את עצמו בתשמיש המטה שלא יהנה.

ח. שלא יעבור כל לילה ויחשוב בכל לילה מה שעשה ביום, ויתודה.

ט. גם ימעט בעסקיו ואם אין לו פרנסה כי אם על ידי משא ומתן, יכין יום שלישי ויום רביעי, מחצי היום ואילך, ובכוונה שהוא לעבודת קונו.

י. כל דבור שאינו של מצוה והכרחי, יהיה זהיר ממנו, ואפילו דבר מצוה ימנע בשעת התפלה.

ועשה טוב

א. לקום בחצי הלילה, ולעשות הסדר בשק ואפר ובכי גדול, ובכוונה כל אשר יוציא בשפתיו. ואחר כך יעסוק בתורה כל זמן שיוכל להיות בלי שינה, ובלבד שחצי שעה קודם עלות השחר יתעורר לעסוק בתורה.

ב. ילך לבית הכנסת קודם עלות השחר, קודם חיוב טלית ותפילין, להיזהר שיהיה מעשרה ראשונים.

ג. קודם שיכנס, ישים אל לבו מצות עשה ואהבת לרעך כמוך, ואחר כך יכנס.

ד. להשלים רמז צדיק בכל יום. שהוא צ' אמנים, ד' קדושות, י' קדישים, ק' ברכות.

ה. שלא להסיח דעתו מהתפילין בעת התפילה, זולת בעת העמידה ועסק התורה.

ו. צריך שיהיה עוסק בתורה, מעוטף בטלית ותפילין.

ז. לכוין בתפלה הכוונות, כמו שנבאר בע"ה.

ח. שישים תמיד נגד עיניו שם בן ארבעה אותיות הוי"ה, ויזדעזע ממנו, כמו שכתוב - שויתי הוי"ה לנגדי תמיד.

ט. שיכוין בכל הברכות, בפרט בברכת הנהנין.

י. צריך שיהיה עמל בתורה פרד"ס, שנאמר או יחזיק במעוזי, ואל יחשוב שיגלו לו רזי התורה בהיותו ריק, כדכתיב - יהב חכמתא לחכימין, וצריך ליזהר שלא יוציא בשפתיו בחכמה זו, מה שלא שמע מאדם שראוי לסמוך עליו, וכאזהרת רשב"י וחבריו. השגת החכמה תנאי הראשון, צריך למעט דבורו, ולשתוק, כל מה שיוכל כדי שלא להוציא שיחה בטילה, כמאמר רז"ל - סייג לחכמה שתיקה. גם תנאי אחר, על כל דבר תורה שלא תבינהו, תבכה עליו כל מה שתוכל. גם עלית הנשמה בלילה לעולם העליון, שלא תשוט בהבלי העולם, תלוי שתישן בבכיה. ומרת עצבות מגונה עד מאוד, ובפרט להשיג חכמה, והשגה אין לך דבר מונע השגה יותר מזה. גם בענין השגת האדם, אין לך דבר שמועיל כמו הטהרה והטבילה, שיהיה האדם טהור, בכל עת ומורי זלה"ה עם היות שהיה לו חולי השבר שהקרור מזיק לו, עם כל זה לא היה מונע מלטבול בכל עת, עד כאן דברי קודשו. ועלינו לקיים את בקשת הרב ז"ל את הבחינות של[13] סור מרע ועשה טוב, כדי לטפס בעץ החיים.

מרן הרש"ש מעיד[14] על עצמו, וז"ל - וראיתי מה שכתבו מעלת כבוד תורתם, על ענין עבודת הוי"ה שקצרתי במקום שהיה ראוי להרחיב מעט הדיבור, אמת הוא כי לכתחילה קצרתי בו, **יען ראיתי כמה מהנזק יצא ממה שכתבו בזה המקובלים שקדמו, כי רבים חללים הפילו, וחלול כבוד הוי"ה, וכבוד התורה. הוי"ה יכפר בעדם,** כי כל דבריהם לא על פי התורה הם, ואינם מיוסדים על האמת, ומהם יצאו אבות, ומאבות תולדות הריסת יסודי התורה ח"ו, הוי"ה יכפר. **וכל זה לא שלמדתי בדבריהם ח"ו,** אלא שפעם אחת הוכרחתי בעל כרחי לעיין בדף אחד שכתוב בו קצור מה שכתבו בענין זה, **וכמעט שקרעתי בגדי לראות דברים אשר לא כן על הוי"ה.** הוי"ה יכפר, וכבר מילתי אמורה להם, **כי עידי בשמים כי כל עסקי ולמודי, אינו רק בדברי האר"י זלה"ה, ותלמידו מהרח"ו ז"ל לבדם, ובלעדם אין לי עסק בשום ספר מספרי המקובלים ראשונים ואחרונים, ואפילו בדברי שאר תלמידי האר"י ז"ל לא למדתי, וכשיזדמן לפני דבר מדבריהם, אני מדלגו.** כי על כן איני כמזהיר, אלא כמזכיר, למען הוי"ה אל יהי לכם מגע יד בדבריהם, ובפרט בענין זה, השמרו לכם פן יפתה לבבכם, **אלא כל לימודם לא יהיה אלא בעץ חיים ובספר מבוא שערים ובשמונה שערים המפורסמים,** שכולם דברי אלהי"ם חיים. ואני קצרתי בענין זה כל מה שאפשר, כי יראתי פן יפלו דפים אלו ביד מי שעדיין לא למד דברי האר"י ז"ל כראוי, **ויחשידני שלמדתי בספרים אחרים, ולא כן הוא כאמור,** ולכן קצרתי בו, ופיזרתי בהקדמה, עד כאן דברי קודשו של מרן הרש"ש. ואנחנו תפילה שיתגלה משיח צדיקנו במהרה בימינו, ומלאה[15] הארץ דעה את הוי"ה כמים לים מכסים, דעת תורת החיים.

<hr>

[13]
תהלים ל"ד ט"ו – סור מרע ועשה טוב בקש שלום ורדפהו.
[14]

נהר שלום דף ל"ד ע"א.
[15]

ישעיהו י"א ט' – לא ירעו ולא ישחיתו בכל הר קדשי כי מלאה הארץ דעה את הוי"ה כמים לים מכסים.

כתב רבינו גאון הקבלה רבי אליהו מני, רבו של הרי"ח הטוב, רבי יוסף חיים בעל הספר "בן איש חי", בספרו הקדוש **כסא אליהו** כי על הלומד ללמוד כל מאמר ומאמר ארבעה חמשה פעמים בלי המפרשים, וינסה להבין את המאמר בעצמו. ואחר כך ילך לראות אם כיוון לדעת המפרשים.

וכן אני הקטן מבקש בכל לשון של בקשה, ללמוד את הדרוש כמו שהוא מובא בספר עץ חיים, ארבעה חמישה פעמים, כדי לנסות להבין את הדרוש. וכל דרוש מובא בתחילת הספר במלואו.

אחר כך יכנס ללמוד את הדרוש עם ביאור הדברים, עוד ארבעה חמישה פעמים, ואחר כך יראה את המקורות להגהות, ודברי רבותינו הקדושים, עם התרשימים וטבלאות.

ואז יעלה ויצליח בלימוד תורת האר"י הח"י.

כתב רבינו **השד"ה** רבי שאול דוויק הכהן, בהקדמת ספרו איפה שלימה, על אוצרות חיים וז"ל - וכדי שיוכל לעלות לימודו למעלה, ריח ניחוח לה'. קודם כל לימוד ימסור עצמו על קדושת ה', כי זה מועיל מאוד, כמו שכתוב בשער הכוונות דף כ"ד ע"ב, כי עתה בזמנינו בעונותינו הרבים אין יכולת לעשות זווג כתיקונו למעלה, ולסיבה זו הקץ מתארך וכו'. אמנם עם כל זה יש קצת תיקון במה שנמסור נפשינו על קידוש ה' בכל הלב, כי על ידי כן אפילו אין בנו שום מעשים טובים, והרשענו עד להפליא. הנה על ידי מסירת נפשינו להריגה, מתכפרים עונותינו כולם, ויש בנו יכולת לעלות עד אימא עילאה, כמו שאמרו חז"ל - גדולה תשובה שמגעת עד כסא הכבוד, שנאמר - שובה ישראל עד ה' וכו', עד כאן דבריו.

וזה הסדר

יקבל עליו ארבע מיתות בית דין, מארבעה אותיות הוי"ה וארבעה אותיות אדנ"י, וליחדם על ידי ארבעה אותיות אהי"ה ועל ידי עסמ"ב

סקילה י **א**	וליחדם על ידי **א**	יוד ה'י ויו ה'י
שרפה ה **ד**	וליחדם על ידי **ה**	יוד ה'י ואו ה'י
הרג ו **נֵ**	וליחדם על ידי י	יוד ה'א ואו ה'א
וחנק ה י	וליחדם על ידי **ה**	יוד ה'ה וו ה'ה

לְשֵׁם יִחוּד

קֻדְשָׁא בְּרִיךְ הוּא וּשְׁכִינְתֵּהּ

יאהדונהי

בִּדְחִילוּ וּרְחִימוּ   וּרְחִימוּ וּדְחִילוּ

יאההויהה   איההיוהה

לְיַחֲדָא אוֹתִיוֹת י"ה בּו"ה, בְּיִחוּדָא שְׁלִים

יהו"ה

בְּשֵׁם כָּל יִשְׂרָאֵל, לְאַקְמָא שְׁכִינְתָּא מֵעַפְרָא, הָרֵינִי לוֹמֵד בְּסֵפֶר קַבָּלָה פְּלוֹנִי שֶׁהוּא כְּנֶגֶד תִּפְאֶרֶת דֹז"א בְּעוֹלָם הָאֲצִילוּת שֶׁבּוֹ שֵׁם מ"ה כָּזֶה יוֹ"ד הֵ"א וָא"ו הֵ"א לַעֲשׂוֹת מֶרְכָּבָה. וִיהִי רָצוֹן מִלְּפָנֶיךָ ה' אֱלֹהֵינוּ וֵאלֹהֵי אֲבוֹתֵינוּ שֶׁתּוֹכַךְ רוּחֵנוּ וְנַפְשֵׁינוּ שֶׁיִּהִי רְאוּיִם לְעוֹרֵר מַיִן תַּתָּאִין עַל יְדֵי קְרִיאַת סֵפֶר הַקַּבָּלָה הַזֹּאת. וִיהִי נֹעַם יְהֹוָה אֱלֹהֵינוּ עָלֵינוּ וּמַעֲשֵׂה יָדֵינוּ כּוֹנְנָה עָלֵינוּ וּמַעֲשֵׂה יָדֵינוּ כּוֹנְנֵהוּ.

בָּרוּךְ ה' לְעוֹלָם אָמֵן וְאָמֵן, נֶצַח, סֶלָה, וָעֶד.

שער ו' פרק ה'

ונבאר עתה ענין חזרתם והסתלקותם למעלה איך עי"כ נעשו הכלים והענין הוא כי כאשר נתעלו האורות למעלה נשאר למטה האור העב והגס שהוא בחי' הכלי כנ"ל והנה יש בטבע האורות להשאיר רושם שלהם למטה במקום שהיו שם בראשונה ולכן כל האורות האלו בעת עלותם הניחו רשימו למטה במקום שהיו שם בראשונה כיצד הנה הכתר הניח רשימו להאיר אל החכמה וכן חכמה לבינה ובינה לז"א וז"א לנוקבא כי לעולם בטבע העליון להאיר לתחתון ויש לו חשק להאיר בו כמו חשק אמא לבנים ולכן מניח ומשאיר רשימו בו נמצא שכולם מניחין רשימו חוץ מן המלכות כי אין ספי' אחרת תחתיה להאיר בה ולכן אין המלכות משארת רשימו למטה.

ונתחיל לבארם מן היסוד שהוא אחרון מן המניחים רשימו ונאמר כי בעת עליתו)נ"א עלות(מן היסוד אל מקום ההוד עד למעלה מניח רשימו במקום שהיה היסוד לצורך המלכות ואותו הרשימו אינו מסתלק לעולם משם אפי' כאשר המלכות חוזרת ועולה להמאציל וכן עושין כל שאר הספי' חוץ מן המלכות כנ"ל. והנה זה הרשימו הוא מן האור הראשון שהיה יורד דרך יושר ואור הבא ביושר הוא רחמים והאור הבא בדרך חזרה הוא אור חוזר והוא דין והנה הרשימו זה הוא דרך יושר והוא רחמים. והנה נודע כי כשבאו הספי' של העקודים היו פניהם למטה כי כוונת ביאתן היה להאיר למטה לכן פניהם היו דרך המקבלים אבל בחזרתן לעלות למעלה אז הפכו פניהם למעלה נגד המאציל ואחוריהם למטה והנה בעלות הכתר אל המאציל אין ספק כי לעולם אין אור המאציל נפסק אפי' רגע א' מן המקבלים הנאצלים רק ההפרש הוא כי בעת ההיא אשר הכתר היה עולה אז האור ההוא היורד מהמאציל יורד ממנו אל הספי')נ"א האחרת והיה בא(דרך אחוריו שהרי הוא הפך פניו למעלה ואחוריו לנאצלים והי' דינין כנ"ל)נ"א וא"כ אותו האור הבא אל הספי' הוא בא דרך אחורי הכתר והוא דין(ועד"ז בשאר ספי' בעת שהיו חוזרין ועולין. אמנם יש הפרש א' ביניהן והוא כי החכמה אינם מקבלת אלא מאחוריים אחד דהיינו מן הכתר לבד והבינה מקבלת מב' אחוריים דהיינו דכתר ודחכמה והוא יותר דין ועד"ז עד המל' נמצא שהמלכות קבלה מט' אחוריים. ועוד יש הפרש א' כי מלבד חילוק תוס' ריבוי או מיעוט בחי' אחוריים יש בהם עוד שינוי והוא כי הנה הת"ת מקבל מן אחוריים דגבורה שהם אחוריים קשים עד מאד אמנם הספי' שלמעלה ממנו אינו באופן זה וכפי הבחינות כן היה שינוי באותו אור הנמשך להם או דין גמור או ממוצע או חלוש ואין כח בקולמס להרחיב בפרטות חלקים אלו כי הם רבים והמ"י.

נמצא שיש כאן ג' מיני אורות א' האור הא' שבכולם והוא נקרא עקודים כנ"ל ב' הוא הרשימו שנשאר מזה האור שבא דרך יושר והוא רחמים ג' הוא האור הבא אליו דרך עליית הספי' שאז הוא דרך אחוריים שהוא דין והנה בבא אור הג' שהוא דין פוגע באור הרשימו הנשאר שהוא רחמים ואז מכים ומבטשים זה בזה משום שהם ב' הפכים זה אור ישר והוא רחמים וזה אור חוזר והוא דין וזה חפץ לעלות אל מקורו והוא אור הרשימו אע"פ שאינו עולה ממש עולה עכ"ז

חשקו וחפצו הוא להדבק ולקבל ממנו והאור הוא חפץ לירד נמצא ששניהם אינם שום
בטבעם לכן מכים זה בזה כנודע כי כל בחי' הכאות ובטישות אורות זב"ז הוא כאשר אינן שוין
ואז נופלין ניצוצין מאור היורד שהוא דין והוא גרוע מאור הרשימו וזהו אור רביעי והרי
הוא ד' בחי' אור והם סוד ד' בחי' טנת"א כנ"ל שהיו כולם נכללין כאן בענין העקודים וזה פרטן
אור א' טעמים אור אחוריים נקודות כי הנקודות הם לעולם דין ואור רשימו תגין ואור של
ניצוצין הנופלין ע"י הכאות האורות זה בזה כנ"ל הוא אותיות אשר מהם נעשה בחי' הכלים
והרי נתבאר איך נעשו בחי' הכלים והוא מהכאות ובטישת האורות כנ"ל ונלע"ד ששמעתי
ממורי זלה"ה כי כבר היו בחי' כלים בעולם העקודים רק שאלו הניצוצין הנ"ל נתערבו עמהן
והוא בדוגמת הרפ"ח נצוצין שנשארו בכלים של עולם הנקודים כמ"ש במקומו בע"ה וראיה
לזה כי הרי נתבאר למעלה כי כשהיה האור חוזר ועולה למעלה היה נשאר הכלי בבחי' אור עב
וגס.

ונתחיל לפרש הענין הנה אור המלכות לא השאיר רשימו וכל בחי' נסתלקה כולה ועלתה וזה
הטעם שנק' מלכות אספקלריא שאינה מאירה דלית לה מגרמה כלום כי לא השאיר בה שום
רושם אך מן הרשימו שנשאר ביסוד לבדו מאיר ג"כ אליה. עוד יש טעם אחר אל הנזכר והוא
מש"ל כי כאשר חזרו האורות לירד נשאר כתר דבוק במאציל ולא ירד כלל נמצא שהחכמה
חזרה למקום הכתר כו' ומלכות במקום היסוד ונשאר כלי של המלכות בלתי אור כלל ולכן
נקרא כלי של מלכות אספקלריא דלא נהרא וכבר נתבאר זה במ"א באורך בדרוש עקודים והנה
כשעלתה המלכות במקום היסוד הלא היסוד היה מאיר בה דרך אחור כנ"ל ואז אותו אור היסוד
הכה באור הזה של המל' ונפל מן האור היורד דרך אחוריים ניצוצין אל כלי המלכות. וכשעלה
יסוד הניח רשימו במקומו וכשבא האור לו דרך אחוריו הכה בזה הרשימו ונפלו ממנו נצוצין
ונעשה ממנו בחי' כלים של היסוד ואז אותו הרשימו היה מאיר בכלי זה מרחוק ולא נכנס
בתוכו והם סוד התגין וכמ"ש בע"ה בדרוש הנקודים ע"ש וכן עשו כל הספי' חוץ מכתר שהניח
הרשימו לצורך החכמה אבל לא נעשה בחי' כלי לפי שבשלמא שאר הספי' בהעלותם למעלה
ע"י הכאה במה שלמעלה מהם)נ"א הכאה של הרשימו(היה נעשית בחי' הכלים אך הכתר לא
יש מי שיכה ברשימו שלו)נ"א אותו בעלייתו(לכן לא נגמר עדיין הכלי שלו והרי כי הכתר
הניח רשימו ולא כלי. ושאר הספי' הניחו רשימו וכלי. ומלכות הניח כלי ולא רשימו.

אמנם אחר קבלת אלו הספי' מן המאציל חזרו למקומם חוץ מן הכתר כנ"ל ואז הכלי של הכתר
לא נעשה רק בחזרה כי כשחזרה חכמה ונכנסה בו אז הכה אור החכמה ברשימו שהניח בו
הכתר במקומו והיו אלו הכאות כפולות שלפי שרשימו של כתר להיותו בחי' עליונה מן החכמה
לכן הוא מכה בחכמה ומוציא ניצוצין וגם החכמה להיותו בא עתה מלמעלה ונמצא עומדת על
הרשימו והוא גבוה ממנו לכן הכה עתה ברשימו והוציא ניצוצין אחרים לכן נעשה עתה ב'
כלים אחד לרשימו של הכתר וא' לחכמה שבא עתה. וכבר הארכנו בזה במקום אחר איך יש
בכתר זכר ונוקבא והמה אלו הב' שזכרנו פה שהם הרשימו והחכמה וע"ש היטב. והנה מכאן
תוכל להבין איך יש ג"כ בעולם העקודים מציאות ביטול מלכים בצד מה כמו כדמיון אותם

מלכים שמלכו בארץ אדום שמתו ונתבטלו כנזכר בדרוש עולם הנקודים שהרי ענין התעלמות האורות של העקודים ועלייתן במאצילם הוא ג"כ ביטול מלכים בכאן דוק ותשכח. אמנם ההפרש אשר ביניהן הוא זה כי כאן בעקודים היה הקלקול ע"מ לתקן וסותר ע"מ לבנות כי זה היה עיקר הכוונה לעלות לעשות בחי' כלים אבל בנקודים היה ביטול ומיתה גמורה ממש. ואמנם לפי שמן העקודים התחילו הכלים להתגלות קצת לכן גם בכאן היה קצת ביטול והמי"י כי גם)נ"א כאן(בא"ק היה כל אותו צמצום שביארנו למעלה. גם אותם שנתבאר לקמן בע"ה בענין צאת הנקודים ממנו איך צימצם עצמו ופריס חד פריסה בטיבורא דיליה כ"ז קרוב לביטול המלכים ודברים אלו אסור להרחיב בהם ולהוציאם בפה והמ"י. ודע כי במל' של עולם העקודים נשארו בה י' שרשים של י' הנקודים כמו שנבאר בע"ה, ועד"ז בכל אצילות המלכות של השרשים אשר בפה א"ק היא כלולה מי' והם י' שרשים אל י' דעקודים ובמלכות דעקודים יש י' שרשים אל י"ס דנקודים)וכן במלכות דנקודים יש י' שרשים והם שרשים די"ס דברודים(ועד"ז בשאר העולמות.

מ"ק בכל בחי' ובחי' יש ד' מציאות שהם א' כלים. ב' נר"ן פנימים. ג' חיה מקיף. ד' יחידה מקיף אל מקיף. וב' בחי' אלו האחרונים הא' נקרא חיה שהוא מקיף א' ונקרא נשמה לנשמה והוא מן החכמה בסוד והחכמה תחיה את בעליה וכן חיי"ם גימטריא חכ"ם והב' שהוא מקיף הב' נקרא יחידה והוא מן הכתר לפי שאין נוקבא לאריך כמו שיש לשאר, לכן נקרא יחידה ואין שני דעליה אתמר כי אחד קראתיו וגו' וז"ס מ"ש רז"ל ה' שמות יש לנשמה והם נגד ה' פרצופים נפש מלכות. רוח ת"ת. נשמה בינה. חיה חכמה. יחידה כתר. והמלכות יש בה כל ה' בחי' אלו כי היא עצמה נפש ומאיר בה נפש של הת"ת והוא רוח אל המלכות. ובינה נפש שלה נשמה למלכות. וחכמה נפש שלו נשמה לנשמה למלכות. ונפש כתר יחידה למלכות וכן בת"ת יש בו בחי' רוח של מלכות נפש אליו והוא עצמו רוח. ורוח בינה נשמה אליו ורוח מאבא חיה אליו ורוח מכתר והוא יחידה אליו גם בבינה יש נר"ן מצד עצמה. ונשמה דאבא הוא חיה ונשמה דא"א היא יחידה אליה. גם באבא יש לו כל ד' בחי' אלו חוץ מיחידה שנוטל מן חיה דא"א.

והנה באדם יש לו חיות פנימי שהוא נר"ן ולא היה מספיק זה האור להאיר בחומר הגופני שלו ולכן צריך שיהיה לו ג"כ נשמה לנשמה מקיף מבחוץ כי בהיות הנשמה שבפנים בחינת אמא והנשמה לנשמה)נ"א והמקיף עצמה(מקיף אותה מבחוץ בחי' אבא ששניהם הם בחי' או"א דלא מתפרשין לעלמין הנה האו"פ דאמא מרוב חשקו להדבק בשל אבא מכה ויוצא בחוזק ועובר דרך הגוף החומרי ומאיר מבחוץ)נ"א ומשם(ושם נדבק באבא. וכן להיפך אור אבא עובר ונוקב ונכנס מבפנים ושם נדבק באמא וע"י זה הגוף מתקיים שמאירין בו מכל צדדיו. והנה מקיף זה הוא נשמה לנשמה הנקרא חיה והנה הוא מקיף לכל הגוף בכללות אבל הוא מקיף ומאיר בכל חלק כפי מה שהוא כי בחלק הנשמה מקיף לה בבחי' אור נשמה. ולרוח מקיף בבחי' רוח ולנפש מקיף בבחי' נפש. אבל המקיף הגדול שהוא יחידה שהיא בבחי')נ"א מבחי'(א"א אינו מקיף בצד חלקים רק מקיף את הכל בהשוואה א' ולכולם נותן אור של בחי' נשמה.

ולכן נקרא יחידה מפני שאין לה אלא בחי' א' לבד בהששואה א'. והנה נר"ן שהם פנימיות דאדם כנ"ל הנה הנשמה מאירה בראש האדם במוח ורוח בלב ונפש בכבד ובבשר ודם. ודע כי גם בראש עצמו יש כל ג' בחי' רק שגובר בראש הנשמה ועיקרה במוח. ורוח בחוטם, ונפש בפה, וכן בכל בחי' ובחי' יש כל הנזכר.

פרק ה' מ"ת

דרוש זה מקורו מספר אוצרות חיים וצריך לכתוב מ"ת בראש הדרוש.

בדרוש זה הרב ז"ל מעמיק ומוסיף פרטים על חזרת אורות העקודים לפה דא"ק. עוד הרב ז"ל יבאר את אופן עשיית[16] הכלים דעקודים על ידי הכאת[17] ובטישת אור חוזר באור הרשימו, ונפילת הניצוצין להחיות את הכלים בסוד הרפ"ח ניצוצין[18]. עוד צריך לדעת כי בכל דרושי עולם העקודים ודרושי עולם מטי ולא מטי, המלכות דעולם העקודים היא **עטרת**

16

אופן עשיית הכלים דעקודים נעשית במספר שלבים, ובמספר דרכים, והם:

א - בטישת והכאת אור פנימי באור מקיף זה בזה, פרק א' דשער העקודים.

ב - יצאו מחוץ לפה דא"ק וקנו עביות, פרק ג' דשער העקודים.

ג - חזרת האורות למאציל, ונתרחק האור ממקומו ג' ספירות שלימים, פרק ג' דשער מטי ולא מטי.

ד – נפילת הניצוצות מהכאת האור הבא בדרך אחוריים באור הרשימו, פרק ה' דשער העקודים.

ה - עליית כל עצמות האורות דעקודים לפה דא"ק, פרק א' דשער מטי ולא מטי.

ו - נשאר הכתר בתוך הפה דא"ק ולא יצא בפעם השניה מפה דא"ק, פרק ג' דשער העקודים.

ז - אור הפנימי דעקודים נכנס ויוצא מהכלים בסוד מטי ולא מטי, שער מטי ולא מטי.

17

כרם שלמה ש"ו פ"ה אות א' – כאן בפרק זה בא לבאר חידוש אחד אשר לא ביארו עוד עד כאן, והוא אף על פי שתראה לכאורה הדברים כפולים כאן בראש פירקין, כי כבר ביאר אותה זאת למעלה, בריש פרק ג', כי הכלים דעקודים איך נתהוו, ואמר שהיה כלול בזה האור שיצא מן הפה דא"ק אור דק ואור גס, ובעלות האור הדק למעלה, נשאר אור הגס לבדו למטה. ועל ידי התרחקו ממנו אור הדק נתגשם זה האור הגס והעב, וממילא נעשה כלי. אם כן למה חזר וכפל הדברים כאן, ומה חידש כאן יותר מלמעלה מיניה, אלא בא כאן וחזר וכפל הענין כדי לגמור אותו הענין של עשיית הכלים, כי לא פורש לעיל כל הצורך, והוא כמו שכתב לקמן כי עשיית הכלים הוא על ידי **בטישת האור החוזר באור הרשימו**, ועל ידי זה **יצאו ניצוצות מבין שניהם, וזהו ענין גמר הכלים.** ופירש אותה מוהרח"ו ז"ל – זהו כדמיון הכלים של האצילות שיש להם בתוכם רפ"ח ניצוצין שהוא החיות שלהם.

18

סוגיה זאת מבוארת בפרק זה לקמן.

ע"ח ש"ו פ"ו מ"ת דכ"ז ע"א – נמצא שיש כאן ג' מיני אורות, א' האור הראשון שבכולם והוא נקרא עקודים כנ"ל. ב' הוא הרשימו שנשאר מזה האור שבא דרך יושר, והוא רחמים. ג' הוא האור הבא אליו דרך עליית הספירות, שאז הוא דרך אחוריים שהוא דין. והנה בבוא אור הג' שהוא דין, פוגע באור הרשימו הנשאר, שהוא רחמים, **ואז מכים ומבטשים זה בזה, משום שהם ב' הפכים, זה אור ישר, והוא רחמים, וזה אור חוזר**, והוא דין, וזה חפץ לעלות אל מקורו, והוא אור הרשימו, אף על פי שאינו עולה ממש, עם כל זה חשקו וחפצו הוא להדבק ולקבל ממנו, והאור חוזר הוא חפץ לירד. נמצא ששניהם אינם שוים בטבעם, לכן מכים זה בזה כנודע, כי כל בחינת הכאת ובטישות אורות זה בזה הוא כאשר אינן שוין, ואז נופלין ניצוצין מאור היורד שהוא דין, והוא גרוע מאור הרשימו, וזהו אור אחר רביעי, והרי הוא ד' בחינות טנת"א כנ"ל, שהיו כולם נכללין כאן בענין העקודים, וזה פרטן אור א' טעמים. אור אחוריים נקודות, כי הנקודות הם לעולם דין. ואור רשימו תגין. ואור של ניצוצין הנופלין על ידי הכאת האורות זה בזה כנ"ל, הוא אותיות, אשר מהם נעשה בחינת הכלים, והרי נתבאר איך נעשו בחינת הכלים, והוא מהכאות ובטישת האורות כנ"ל. ונראה לעניות דעתי ששמעתי ממורי זלה"ה, כי כבר היו בחינת כלים בעולם העקודים, רק שאלו הניצוצין הנ"ל נתערבו עמהן, **והוא בדוגמת הרפ"ח נצוצין שנשארו בכלים** של עולם הנקודות, כמו שנכתב

היסוד דעקודים. עוד[19] **צריך לדעת** כי כל עולם העקודים הוא רק בחינת **כלי אחד, כלי הכתר**, שבא מתלבשים עשרה אורות, ואפילו שהרב ז"ל מבאר שיש עשר כלים בעקודים, הכוונה שהיא עשר כלים הפרטים של הכתר דעקודים, **וזכור זה ואל תשכח.**

ונבאר עתה בעומק **ענין** זוזרתם והסתלקותם של עצמות עשרה הספירות דעקודים **למעלה** בפה דא"ק, **ואיך על ידי כך נעשו הכלים.** דעולם העקודים. **והענין הוא כי** בתוך פה דא"ק יש ב' בחינת אורות, שהם הבל ודיבור[20], כאשר ההבל הוא בחינת האור, והדיבור הוא בחינת הכלי. כשיצאו[21] ב' האורות האלה מפה דא"ק, יצאו אחד אור הזך, והוא בחינת עצמות אורות הנרנח"י, והשני הוא אור גס, והוא בחינת הכלים **בכח ולא בפועל.** ב' אורות אלו יצאו מעורבים ביחד כאור אחד הנקרא עשר הספירות דעקודים, ועדיין לא נתגלתה בחינת הכלים בעולם העקודים. **וכאשר נתעלו האורות** הזכים דעקודים **למעלה**

במקומו בע"ה, וראיה לזה, כי הרי נתבאר למעלה כי כשהיה האור חוזר ועולה למעלה, היה נשאר הכלי בבחינת אור עב וגס.

[19]

ע"ח ש"ז פ"א מ"ק ד"ל ע"א — הנה קודם מציאות העקודים לא היה האור העליון יכול להתלבש בשום כלי, כי לא היה יכולת בכלים לסובלו, ושם היה האור בלתי מתלבש בכלי. עד שהגיע התפשטות האור הגדול ההוא אל בחינת העקודים. **ושם נעשה מציאות כלי אחד אל האור הגדול ההוא, ואז** התחיל האצילות להיות בו איזה מציאות הגבלת האור, מה שלא היה יכול להיות הדבר עד עתה. אמנם תחלה היה האור כולו של החלקים המגיעים לאצילות כולם, נעלמים תוך כלי אחד לבד, **ואותו הכלי היה בו בחינת כלי של כתר העליון.** אחר כך נתפשט האור יותר למטה מבחינה הנזכרת לכל, הנקרא עקודים, ואז נעשית עשר כלים, **אך כולם עדיין בסוד בחינת כלים דכתר.**

[20]

ע"ח ש"ו פ"א מ"ת דכ"ד ע"ד — והנה מן הפה הזה יצאו עשר ספירות פנימים, ועשר מקיפים, ונמשכין מנגד הפנים עד נגד הטבור של זה הא"ק, וזה עיקר האור, אבל גם כן מאיר דרך צדדים לכל סביבות זה האדם, על דרך הנ"ל באורות אזן חוטם. והנה באזן וחוטם לא היה רק ב' בחינת של אור, והם פנימי ומקיף, אבל כאן בפה נכפלו הבחינה והיו ב' שהן ד', כי הנה הם היו **בחינת אורות וכלים**, והאורות נכפלו לב', בסוד פנימי ומקיף, והכלים גם כן פנימי וחיצון. ואלו ד' בחינות הם בחינת גילוי אותם ד' אלפין הנ"ל שהיו בחוטם, כי האור עבר ונמשך דרך פנימיות האדם הזה ויצא דרך הפה. והנה הב' אלפי"ן שציורם **יו"י** הם אור פנים ואור מקיף, והב' אלפי"ן שציורם **יו"ד** הם ב' בחינות הכלי פנימי וחיצוניות, ואלו הד' בחינות הם עצמן בחינת ב' אזנים, וב' נקבי החוטם שנתגלו כאן בפה, כי מן אזן ימין נמשך האור ויוצא דרך הפה בסוד אור מקיף, ומן החוטם ימין נמשך ויצא דרך הפה אור פנימי.)וב' אלפים שציורם יו"ד הם בחינת הכלי פנימי וחיצון(ומנקב חוטם שמאל נמשך ונעשה פנימיות הכלי, ומן אזן שמאל נמשך ונעשה חיצוניות הכלי, ואלו הד' בחינות נכנסו בפה, **כי הנה בפה יש בחינת הבל ובחינת דבור**, והנה **ההבל הוא בחינת אור, והדבור הוא בחינת הכלי.**

[21]

ע"ח ש"ו פ"ג מ"ת דכ"ה ע"ד — והענין הוא כי בודאי שבחינת **הכלים היה בכח**, אף כי לא היה בפועל בתוך האור, כי היה בבחינת האור היותר עב וגס, רק שהיה בו מחובר בעצם היטב, ולכן לא נגלה בחינתו, כי)נ"א אבל(כאשר יצא האור דרך הפה ולחוץ, **יצא הכל מעורב יחד**, וכשחזרו לעלות ולהשתלם כנ"ל, אז ודאי על ידי יציאת האור חוץ לפה, הנה אותו אור בחינת הכלים שהוא עב קנה עתה עביות יותר, ועל ידי כך לא יוכל לחזור גם הוא למקורו כבראשונה, ונתפשט האור הזך ממנו ועלה למקורו כנ"ל, ואז נתוסף באור עב כנ"ל עביות יותר על עוביו, ואז נגמר ונשאר בחינת כלי.

בפה דא"ק, **נִשׁאָר**[22] **לְמַטָה** מפה דא"ק עד הטבור **הָאוֹר הֶעָב וְהַגָּס שֶׁהוּא** שורש **בְּזוּנַת הַכֵּלִים** שעתידים להיות בעולם העקודים **כַּנִּזְכָּר לְעֵיל**.[23]

הרב ז"ל ביאר כי האור הזך[24] מסתלק לפה דא"ק, והאור העב נשאר מחוץ לפה, עם כל זאת לא כל האור הזך מסתלק,[25] אלא הוא משאיר במקומו חלק מאורו, והוא בחינת המלכות[26] של האור, הנקרא רשימו. **וְהִנֵּה יֵשׁ בְּטֶבַע הָאוֹרוֹת**[27] המסתלקים ממקומם למעלה **לְהַשְׁאִיר רוֹשֶׁם שֶׁלָהֶם לְמַטָה, בַּמָּקוֹם שֶׁהָיוּ שָׁם בָּרִאשׁוֹנָה** בסוד יציאת צדיק עושה רושם.[28]

22

בית לחם יהודה ש"ו פ"ה – נשאר למטה האור העב והגס, שהוא בחינת הכלי. נראה שלפי דקות אורות העקודים לא היה אפשר להתהוות מראש כלי בפעם אחת, כי אם לאט לאט, בעיבוי אחר עיבוי. ואלו הן, אחד הוא על ידי בטישה והכאת אור פנימי ואור מקיף זה בזה, כמו שכתוב בפרק א' דלעיל. הב' הוא על ידי שיצאו חוץ לפה קנו עביות כנזכר בפרק ג' דלעיל. ג' הוא על ידי חזרת האורות למאציל, ונתרחק האור ממקומו ג' ספירות שלימים, כנזכר בפרק ג' דשער ז'. הד' הוא על ידי הניצוצות הנופלים מהכאת האור הבא בדרך אחריים באור הרשימו, כדמפרש ואזיל. הה' שעלו כל האורות במאציל העליון, כמו שכתוב בפרק א' דשער ז'. הו' הוא על ידי שנשאר הכתר במאציל בתוך הפה דא"ק, כמו שכתוב בפרק ג' דלעיל. ואפילו הכי היה הכלי דעקודים זך מאד בתכלית הזיכוך, דוגמת הכלים דא"ק כנזכר בריש פרק א' דלעיל, והיה עלול מאד לחזור לבחינת אורות, לולי שהיה אור הפנימי שבו נכנס, וחוזר, ויוצא, בבחינת מטי ולא מטי, כמבואר בשער ז' דלקמן.

23

ע"ח ש"ו פ"ג מ"ת דכ"ה ע"ג – דע כי בעת שיצאו לא יצאו שלימים וכמו שנבאר בע"ה, וטעם הדבר הוא כי כוונת המאציל היה לעשות עתה בתחלת הויות הכלים)נ"א בתחלה הויות הכלי(, להלביש האור לצורך המקבלים שיוכלו לקבל, ולכן בהיות שיצאו בלתי שלימים וגמורים **חזרו לעלות לשורשן להתתקן ולהשתלם**, ועל ידי כך נעשה כלי, כמו שנכתוב.

24

אילן הרמח"ל פ"א ד' – יצאו ראשונה, מלכות בתחילה, וז"א אחריה, וכן כולם, וכח הכלי בלוע בהם. **הדק שבהם** חזר ונכנס, כתר בתחילה וכולם אחריו. נתעבה הנשאר, ונעשה כלי מניצוצות שנפלו בו מהכאת חזרתו של עליון ורשימו של תחתון.

25

ע"ח ש"ד פ"ג מ"ק די"ט ע"ב – ולעולם יהא בידך זה הכלל, כי לעולם בדבר רוחני כאשר עולה או יורד למטה, נשארה הבחינה שלימה במקומה, ואין שום דבר נגרע למעלה וגם למטה, יש לה כל הבחינה עצמה, וכמו שנכתוב בע"ה.

26

ע"ח שט"ל דרוש י"ג דע"ז ע"ז ע"ג, הגהה למהרח"ו – ונראה לעניות דעתי שזה מובן במה שכתב, **כי הרשימו הוא מלכות**, ולכן המלכות דחסדים יש בה ממש, אבל חמש גבורות אין בהם כל כך הארה. וגם תבין מכאן שחמש גבורות וחמש חסדים היורדין מהדעת, והניתנין לנוקבא בסוד זווג)הם מ"ד(, ונתנין לנוקבא לתיקון גופה, ויורדין ביסוד, אחר כך הם מ"ן, גם תבין שכל זמן שלא כלו המ"ד והמ"ן אינם באים אחרים חדשים לצרכו ולצרכה, למ"ד בו ולמ"ן בה.

כלל – הארה, רשימו הם בחינת מלכות דאותו שיעור קומה.

27

כל אור ואור דקדושה שמסתלק, משאיר במקומו מעיקרא רשימו לעולמים.

לפי פשט דברי הרב ז"ל האור הזך של הספירה העליונה הניחה רשימו להאיר לכלי הספירה התחתונה, אבל בעומק דברי הרב ז"ל מדובר על הרשימו של הספירה העליונה המאיר **לאור של הספירה התחתונה**, כמו שנראה ממרוצת לשון[29]

ע"ח שי"ט פ"א מ"ת ד"ץ ע"א – והנה אף על פי שעתה נתחברו בינה ותבונה בפרצוף אחד, עם כל זה הרושם של מקום הנ"ל נשאר שם, כנודע אצלינו בהקדמה, **שאין לך שום אור שאינו מניח רשימו במקומו, אף אחר הסתלקותו משם.**

ע"ח ח"ב שכ"ה דרוש ז' מ"ק די"ג ע"ב – לפי שכל דבר שהקדושה עושה רושם, **ומניח רשימו במקום שעובר** כנ"ל.

ע"ח ח"ב של"ד פ"ג מ"ב דמ"ז ע"ד – ותחלה צריך שתדע שלעולם בחינת המלכות הוא בקו האמצעי דז"א מאחוריו, לפי שהנה י' של אמא המתפשטין תוך ז"א, הנצח הוד הם סתומים, ויסוד שלה המתפשט תוך קו אמצעי דז"א כנודע, הוא לבדו פתח, ומהם מתגלין האורות תוך ז"א, לכן אין המלכות עומדת אלא נגד סיום היסוד דאמא, שהוא בקו האמצעי. ובכל קו האמצעי של ז"א יש אל המלכות שורש שם. וזהו העניין האשה עולה עמו ואינה יורדת עמו, כפי השתנות הזמנים מקומותיה משתנים בקו אמצעי, ולעולם **נשארין שרשים קיימין שם** כנודע, כי כל דבר שבקדושה אינו נעקר שרשו משם. ובזה אל תתמה בכמה בחינות שנמצאו אל המלכות, כי הנה תחלה היתה מקומה בעטרה שתחת היסוד, ושם היא רמוזה המלכות. ואחר כך נגדלה ונעקרה משם, ועלתה על התפארת שבו, כמו בתפלת השחר. ואחר כך נתקנית לגמרי, וחוזרת עמו פנים בפנים, **ולא מפני זה נעקרה שרשים הראשונים, ושם נשארין קיימין לעולם,** אשר זהו העניין האשה עולה עמו ואינה יורדת עמו. כי בכל גידול של הז"א גם היא היתה נגדלת עמו, **ונשארין שרשיה קיימין בו.**

דברים י"א כ"ד – כל המקום אשר תדרך כף רגלכם בו לכם יהיה מן המדבר והלבנון מן הנהר נהר פרת ועד הים האחרון יהיה גבלכם.

יהושע א' ג' – כל מקום אשר תדרך כף רגלכם בו לכם נתתיו כאשר דברתי אל משה.

בראשית רבה ט"ו – יברכך הוי"ה וישמרך, וכן וצויתי את ברכתי לכם, וארץ ישראל לכם, שנאמר - לתת לכם את ארץ כנען, ולא ארץ ישראל בלבד, אלא אפילו כל הארצות סביבותיה, שנאמר - כל מקום אשר תדרוך כף רגליכם בו וגו'.
28

בראשית כ"ח י' – ויצא יעקב מבאר שבע וילך חרנה. **מפרש רש"י** מגיד שיציאתו **של צדיק מן המקום עושה רושם**, שבזמן שהצדיק בעיר, הוא הודה, הוא זיווה והוא הדרה, יצא משם, פנה הודה, פנה זיווה, ופנה הדרה.
29

הרב ז"ל כותב בהמשך הפרק כי אור הרשימו של היסוד נשאר במקומו **אפילו אחרי שאור המלכות עולה לפה דא"ק.** ר"ל כי אפילו אחרי שאור המלכות מסתלק נשאר הרשימו, כלומר הרשימו הוא בשביל האור ולא בשביל הכלי, או אפשר בשביל האור הגס, כי עדיין אין כלים. ועוד אפשר כי אור הרשימו הוא נשאר בשביל האורות ולא לכלים, מפני שאור האחור מכה באור הרשימו, ומבטישה זאת נופלים ניצוצין להחיות את הכלים, כמו שהרב כותב בפרק זה לקמן. גם עוד תפקיד יש לרשימו, והוא להאיר לכלי של עצמו, ורשימו דיסוד מאיר גם לכלי שלו וגם לכלי דמלכות, כמו שמוכה בדברי הרב ז"ל שכותב **מאיר גם כן אליה,** בסוד הפסוק ביום הששי לקטו לחם משנה.

ע"ח ש"ו פ"ה מ"ת דכ"ו ע"ד – ונתחיל לבארם מן היסוד שהוא אחרון מן המניחים רשימו, ונאמר כי בעת עלייתו)נ"א עלות(מן היסוד אל מקום ההוד עד למעלה, מניח ז"א רשימו במקום שהיה היסוד לצורך המלכות, ואותו הרשימו אינו מסתלק לעולם משם אפילו כאשר המלכות חוזרת ועולה להמאציל.

ע"ח ש"ו פ"ה מ"ת דכ"ז ע"א – והנה בבוא אור הג' שהוא דין, פוגע באור הרשימו הנשאר, שהוא רחמים, **ואז מכים ומבטשים זה בזה, משום שהם ב' הפכים, זה אור ישר, והוא רחמים, וזה אור חוזר,** והוא דין, וזה חפץ לעלות אל מקורו, והוא אור הרשימו, אף על פי שאינו עולה ממש, עם כל זה חשקו וחפצו הוא להדבק ולקבל ממנו, והאור חוזר הוא חפץ לירד. נמצא ששניהם אינם שוים בטבעם, לכן זה בזה כנודע.

ע"ח ש"ו פ"ה מ"ת דכ"ז ע"ב – ונתחיל לפרש הענין, הנה אור המלכות לא השאיר רשימו, וכל בחינתה נסתלקה כולה ועלתה, וזה הטעם שנקראת מלכות אספקלריא שאינה מאירה דלית לה מגרמה כלום, כי לא השאיר בה שום רושם. **אך מן הרשימו שנשאר ביסוד לבדו, מאיר גם כן אליה.**

הרב ז"ל בפרקין. **ולכן כל האורות האלו**[30] שיצאו מפה דא"ק והתפשטו עד הטבורו בהתפשטות הראשונה, **ובעת עלותם** של האורות הזכים חזרה להתעלם בפה דא"ק כדי להשתלם, **הניחו רשימו** של האור הזך שלהם **למטה** עם האור העב והגס, ולא חזר לפה דא"ק **במקום שהיו** עומדים **שם** מחוץ לפה דא"ק **בראשונה** מעיקרא, בגבול עולם העקודים. **כיצד**[31][32], **הנה** אור **הכתר** הזך **הניחו רשימו**

ע"ח ש"ו פ"ו מ"ב דכ"ח ע"ב – אמנם אור המלכות אינו מניח רשימו בכלי שלה, רק **מן הרשימו שמשאיר אור היסוד בכלי שלו, משם נמשך הארה אל כלי של המלכות** אחר הסתלקות האור שלה. וזה סבה אחרת למה נקרא מלכות דלית לה מגרמא עניה כלום, וגם נקרא אספקלריא דלא נהרא, והטעם הוא כי הכלי שלה בהעלותה והסתלק האור ממנה, לא נהרא בה שום אור אפילו בבחינת רשימו, ואפילו חיות הכלי ההוא אינו מבחינת אור שלה, רק מבחינת הרשימו שנשאר בכלי יסוד כנ"ל, ומשם מחיה ומאיר בכלי המלכות, וזה אומרו דלית לה מגרמא כלום.

שמות ט"ז כ"ב – ויהי ביום הששי לקטו לחם משנה שני העמר לאחד ויבאו כל נשיאי העדה ויגידו למשה.
30

יפה שעה)א(– בעת עלותם היו מניחים רשימו למטה. כיצד, הנה הכתר הניח רשימו כדי להאיר אל החכמה, וכן החכמה לבינה, והבינה לז"א, והז"א לנוקבא, כי לעולם טבע העליון להאיר בתחתון, ויש לו חשק להאיר לו כו'. וקשיא לעניות דעתי למה לא נאמר שהרשימו שמניחים הוא להאיר הם בכליהם. והסבה נותנת שיותר רוצים להאיר בכליהם מזולתם, שכן מצינו בעולם הנקודים שכל הכלים ירדו לבריאה, והאורות היו יורדים ממקומם באצילות עצמו, כדי להיותם קרובים להאיר בכלים שבבריאה, כמו שכתב רז"ל בפרק ג' משער השבירה. ואין לומר שכאן לא היו צריכים להאיר לכליהם שהרי אף על פי שהאור דכל אחד מסתלק מן הכלי שלו, הרי היה עולה ונכנס אור אחר שתחתיו במקומו, ואין הכלי נשאר ריקן. חדא, שאם כן למה להם להניח רשימו כלל כתר לחכמה, וחכמה לבינה, כו', הלא בעלות אורותיהם מתוך כליהם, אורות אחרים באים תחתיהם. ועוד שהרי סופם שכל האורות עולים במאציל העליון, ולהכנס בתוך פה דא"ק כדי להשתלם, ואפילו אור המלכות, כמו שכתב רז"ל בפרקין לקמן, וז"ל - ואם תאמר אם כן למה עלו זו"ן יע"ש. ואם כן כשעולה גם המלכות, נמצא נשארו כל הכלים רקנים בלתי שום אור. ויש לומר שאם מה שמניחים רשימו היה כדי להאיר לכליהם, כל אחד בכלי שלו, היה צריך גם המלכות להשאיר גם היא רשימו להאיר בכלי שלה, כמו כל השאר. ומדה המלכות לא הניחה רשימו, מוכרח שעיקר הנחת הרשימו הוא כדי להאיר כל אחד בכלי שתחתיו, ומשום הכי המלכות לא הניחה, שאין לה כלי תחתיה כדי להאיר לו. אלא שקשה לזה, שהרי לקמן כתב רז"ל ז"ל - וזהו הטעם נקרא המלכות איספקלרא דלית לה מגרמא כלום, כי לא השאיר בה שום רשימו, אך מן הרשימו שנשאר ביסוד לבד, מאיר גם כן אליה יע"ש. ומדקאמר מאיר גם כן אליה, מבואר דמלבד מה שמאיר רשימו דיסוד ביסוד עצמו, גם כן אליה מאיר. ויותר מזה כתב עוד שם ז"ל - וכשעלה היסוד הניח רשימו במקומו, וכשבא לו האור דרך אחוריים, הכה בזה הרשימו, ונפלו ממנו ניצוצות, ומהם נעשה בחינת כלי של היסוד, ואז אותו הרשימו היה מחיה את הכלי ההוא מרחוק, יעויין שם. ולפי זה מתבאר שהנחת הרשימו היה להחיות כליהם, כל אחד כלי שלו.
31

איפה שלימה ד"ד ע"ב אות א' – כיצד הנה הכתר הניח רשימו לחכמה וכו', וז"א לנוקבא, וכו'. עיין להרב יפה שעה באות ב', שהקשה למה הו"ק מניחים כל אחד רשימו לחבירו, והלא הו"ק אינם צריכים זה לזה, שהרי כל אחד גדול כחבירו וכו', ולבסוף הניח בקושיא יעו"ש. ועיין להרב שפת אמת אות ב', שתירץ שהרשימו הוא בשביל עשיית הכלים, כי בבא אור חוזר מלמעלה, שהוא דין פוגע באור הרשימו הנשאר בכל כלי וכלי מהו"ק, ויורדים ניצוצות, ונעשים כלים יעו"ש. וקשה לתירוצו, שאם בשביל עשיית הכלים אם כן למה צריכים להניח רשימו, והלא יכול להכות אור האחוריים של העליון באור עצמו שתחתיו, ועל ידי זה יתהוו הכלים, כעניין שמצינו שאור אחורי היסוד הכה באור המלכות עצמו. וכמו שהקשה הרב יפה שעה ז"ל באות א', יעו"ש. ומה שנראה לעניות דעתי הוא כי מה שהניח הו"ק רשימו, הכל הוא לצורך הנוקבא, מסבת שטבע העליון להאיר לתחתון, ולא לצורך הו"ק עצמם, כי כל הו"ק הם פרצוף אחד, כאשר מדוקדק לשון רז"ל הכא שכתב כיצד כתר הניח רשימו לחכמה וכו', וז"א לנוקבא וכו', ולא אמר בפרטות חסד לגבורה, והגבורה

לְהָאִיר אֶל הַחָכְמָה ולא לכלי דחכמה, וְכֵן אור הזך דְחָכְמָה הניח רשימו להאיר לְאוֹר בִּינָה ולא לכלי הבינה, וְאוֹר הַבִּינָה הניח רשימו להאיר לְאוֹר הֹ"א, ואור דז"א הניח רשימו להאיר לְאוֹר הַנּוּקְבָא וגם לכלי שלה, כִּי מצד הקדושה לְעוֹלָם בְּטֶבַע הָעֶלְיוֹן לְהָאִיר לַתַּחְתוֹן[33] וברצון לאפוקי צד הקליפות והחיצונים הוא להיפך[34], וְיֵשׁ לוֹ לעליון חֵשֶׁק לְהָאִיר בּוֹ בתחתון כְּמוֹ חֵשֶׁק[35] שיש לְאִמָּא[36] להשפיע לְבָנִים או כדרך[37] האב אל הבן, וְלָכֵן האור העליון בזמן הסתלקותו מִנִּיזוֹז וּמַשְׁאִיר רְשִׁימוּ במקום שעמד בּוֹ[38] לפני שחזר לפה דא"ק, ורשימו דאור העליון הוא לצורך האור התחתון.

לתפארת וכו'. וכך מובן ממה שכתב לעיל פרק ג' וז"ל - כי בבוא אחד מהו"ק לא היה מוסיף שום תוספת בחבירו כלל ועיקר, כי כולם שוים וכו' יעו"ש. ומעכשיו קל וחומר הוא, שאם האורות עצמם של הו"ק לא היו מאירים ומוסיפין שום תוספת כל אחד בחבירו, אם כך שכן לומר שהרשימו שמניחים הם מאירים כל אחד לקצה שתחתיו. והטעם הוא כי כל אלו הו"ק הם ששה חלקי נקודה, כדוגמת עולם הנקודים. ומה שכתב הרז"ל בסמוך שהיסוד הניח רשימו לצורך המלכות וכו', לאו דוקא יסוד, אלא כל הו"ק מה שהניחו רשימו הוא לצורך המלכות, והיסוד הוא מהו"ק שמניחים רשימו לצורך המלכות. ועיין מה שכתב הרב שמן ששון באות ג', ובמה שכתבנו יתורץ. וממילא רווחא אתייא שעל ידי הכאת אור חוזר העליון ברשימו של התחתון, יורדים ניצוצות מאור חוזר ומתערבין עם בחינת הכלי של התחתון, ונגמר מלאכת הכלי.
32

בית לחם יהודה ש"ו פ"ה – כיצד, הנה הכתר הניח רשימו להאיר אל החכמה. עיין להרב יפה שעה דאמאי לא נימא שעיקר הרשימו שהניחו הוא כדי להאיר בכליהם, ותרץ דאם כן ראוי שגם המלכות תניח רשימו להאיר בכלי שלה, יעוין שם בדברו. ועוד יש לומר דאי כדי להאיר בכליהם, והלא הכתר הניח רשימו ולא כלי, ומאחר שלא הניח כלי, אם כן אמאי הניח רשימו.
33

כרם שלמה ש"ו פ"ה אות ב' – ומה שכתב ובטבע האורות, אין רצונו לומר כי טבעם הוא כך בלתי רצונם, אלא ר"ל **כי רצונם הוא כך** להשאיר שם רשימו במקום שחנו שם, והוא לטעם הנזכר בסמוך, כי חשקם להאיר בבניהם, והם הספירות שלמטה מהם.
34

גמרא ביצה דל"ב ע"ב – אמר רב נתן בר אבא אמר רב, עתירי בבל יורדי גיהנם הם, כי הא דשבתאי בר מרינוס אקלע לבבל, בעא מנייהו עסקא, ולא יהבו ליה, מזוני מיזן, נמי לא זינוהו, אמר הני **מערב רב** קא אתו, דכתיב - ונתן לך רחמים ורחמך, כל המרחם על הבריות, בידוע שהוא מזרעו של אברהם אבינו, וכל מי שאינו מרחם על הבריות, בידוע שאינו מזרעו של אברהם אבינו.
35

הגהות וביאורים)ה(– נוסח אחר, אב לבן.
36

גמרא מגילה די"ד ע"ב – וילך חלקיהו הכהן ואחיקם ועכבור וגו', ובמקום דקאי ירמיה היכי מתנביא איהי, אמרי בי רב משמיה דרב, חולדה קרובת ירמיה היתה, ולא הוה מקפיד עליה, ויאשיה גופיה היכי שביק ירמיה ומשדר לגבה, אמרי דבי רבי שילא, **מפני שהנשים רחמניות הן**.
37

כך הגירסא באוצרות חיים, והגירסא בפרק ו' מ"ב דשער זה דומה יותר לגירסא באוצרות חיים.
ע"ח ש"ו פ"ו מ"ב דכ"ח ע"א – והטעם הוא כי האורות העליונים הם לאורות התחתונים, בבחינת האב על הבנים, אשר חשקו תמיד להשפיע בהם, כמבואר אצלינו בכבוד אב ואם.
38

יפה שעה)ב(– נמצא שכולם מניחין רשימו חוץ מן המלכות כו'. קשיא לעניות דעתי, דבשלמא כתר מניח רשימו לצורך החכמה, והחכמה לצורך הבינה, והבינה לצורך ז"א, וז"א לצורך מלכות, כל אחד לצורך פרצוף

נִמְצָא[39] **שֶׁכּוּלָם** ר"ל כל הספירות **מְנֻיָזְזִין רְשִׁימוּ זוּיָז בֵּין** מספירת **הַמַּלְכוּת** דעקודים שלא משאירה רשימו, והסיבה לך היא **כִּי אֵין סְפִירָה אֲזוֹרֵת תְּזִוּתֵיהּ לְהָאִיר בָּהּ** כי עדיין לא יצאו העולמות מטבור דא"ק ולמטה, שהם עולמות אבי"ע. ועוד כי היא לא מסוג[40] ומדרגת העולמות שמתחתיה, **וְלָכֵן**

שתחתיו. אבל הו"ק למה מניחין כל חד לצורך חבירו, חסד לגבורה, וגבורה לתפארת, הלא הו"ק אינם צריכים זה לזה, וכל אחד כחבירו הוא גדול, כמו שכתב רז"ל בשלהי שער אנ"ך, ז"ל - הם כל אחד במקומו, יען כי כל הו"ק כל אחד גדול כחבירו יע"ש. וכן כתב בשער פנימיות וחיצוניות פרק ט' ז"ל - אך הז"ת עצמן נפרדים, וכולם שוין במעלתם, ואין זו נעשה מוח לאחרת, יע"ש. וכיון שכך, כיון שכבר נשאר רשימו ביסוד, שהוא כלול מכל הו"ק לצורך המלכות, למה נשאר בהם מינם, וגם כיון שאינם צריכים זה לזה. ואם נאמר שרשימו שבבינה אינו מגיע להאיר עד כלי ההוד, זה אינו, כי אימא על הוד מתפשטת כנודע, ובפרט כאן שכל הכלים נחשבים כלי אחד, כמו שכתב רז"ל מלשון ויעקוד את יצחק.
39

בית לחם יהודה ש"ו פ"ה – נמצא שכולם מניחין רשימו כל חד לחבירו, והלא הו"ק כל אחד כחבירו, ואינם צריכים זה לזה, וכמו שכתוב בפרק ג' דלעיל - כי בבוא אחד לא היה מוסיף שום תוספת בחבירו כלל ועיקר, כי כולם שוים וכו'. ומסיק בצריך עיון, יע"ש. ועיין באש"ל שכתבנו וז"ל - ומה שנראה לעניות דעתי הוא כי מה שהניחו הו"ק רשימו, הכל הוא לצורך הנוקבא, מסיבת שטבע העליון להאיר לתחתון, ולא לצורך הו"ק עצמם, כי כל הו"ק הם פרצוף אחד, כאשר מדוקדק לשון רז"ל הכא, שכתב כיצד הכתר הניח רשימו לחכמה וכו', וז"א לנוקבא וכו', ולא אמר בפרטות חסד לגבורה, וגבורה לתפארת וכו', ומה שכתב רז"ל בסמוך שהיסוד הניח רשימו לצורך המלכות וכו', לאו דוקא יסוד, אלא כל הו"ק מה שהניחו רשימו הוא לצורך המלכות, יע"ש. ואין להקשות לדברי רב הא"ש נר"ו ממה שכתב רז"ל בפרק ו' שבסמוך, שבעליית המלכות ביסוד קנתה חיה, וכשעלתה בהוד קנתה יחידה, יע"ש. ואי כל הו"ק בחינה אחת להם, היכי קנתה יחידה בהוד. דלא קשיא מדי שקניית היחידה היא מסיבת שנתקרבה מדרגה אחת יותר אל המאציל, כמבואר שם.
40

יש הבדל בין עולם לעולם באיכות וכמות האור שבו, עולם העקודים שהוא חלק מעולמות אח"פ גדול לאין ערוך מעולמות אבי"ע, לכן אין קשר בין עולם העקודים לעולמות אבי"ע כמו הקשר שיש בין הפרצופים והספירות שבכל עולם ועולם בינם לבין עצמם, כי כל עולם הוא מדרגה וסוג ומין נפרד בפני עצמו. עם כל זאת עולמות אבי"ע מקבלים שפע והארה ממלכות דעקודים, ושם שורשם, **אבל לא רשימו.**

ע"ח ש"ו פ"ו מ"ב דכ"ח ע"ב – אבל אור המלכות כאשר מסתלקת, אינה מנחת רשימו בכלי שלה, לפי שאין שום ספירה תחתיה לקבל אור הימנה, ואף על פי שעתיד להיות עולם אחר)נ"א שיש עולמות אחרות(תחתיה מקבלים מינה, **אינה היא מסוג שלהם**, ואין לה דביקות עמהם כמו שיש דביקות אל העשר ספירות דבכל עולם ועולם בפני עצמו.

נהר שלום דכ"ה ע"ד – הנה נודע כי כל עולם ופרצוף עליון, הוא מקור ושורש למה שלמטה ממנו כנודע, כי במלכות דיצירה נתפשטו עשרה ענפים מעשר ספירות דיצירה, והם שרשים לעשר ספירות דעשיה. וכן במלכות דבריאה נתפשטו עשרה ענפים מעשר ספירות דבריאה, והם שרשים לעשר ספירות דיצירה. וכן במלכות דאצילות נתפשטו עשרה ענפים מעשר ספירות דאצילות, והם שורש עשר ספירות דבריאה. **ובמלכות דעקודים נתפשטו ענפי עשר ספירות דעקודים, והם שורש לעשר ספירות דאצילות.** וכן על דרך זה מעולם לעולם שלמעלה ממנו, עד שנמצא שכולם שכולם ענפים מסתעפים מעשר ספירות דא"ק, שהם שורש ומקור לכל העולמות, והם משורשים ביחידה שלו. וכל זה בכללות, וכן הוא בפרטות מפרצוף לפרצוף, וכן בפרטי פרטות מספירה לחברתה.

נהר שלום די"ח ע"א – ואז הזו"ן מתעוררים, ומבררים ממה שנשאר מכלים דאחוריים דא"א וישסו"ת שעדיין לא הוברו שנפלו במיתת המלכים, במקום זו"ן אחורי או"א עד חזה דז"א, ואחורי ישסו"ת במקום הנוקבא מחזה דז"א עד סוף האצילות, ובתוכם נתונים שארית האורות של המלכים אותם המדריגות העליונות של האורות שלא ירדו עם הכלים לבי"ע, וכפי שיעור הבירורים העולים מבי"ע, כך נבררים ועולים מאחוריים דא"א, שהם אותם החלקים שבהם מלובשים חלקי האורות העליונות של אלו הבירורים של הכלים והרפ"ח

לעולם **אין המלכות** דעקודים **משארת רשימו למטה** לעולמות שתחתיה, אבל משפיעה ומאירה להם.[41]

ונתחיל[42] לבאר מן היסוד דעקודים, **שהוא אזרון מן** מתשע הספירות דעקודים **המניזוזים רשימו,**]דכ"ז ע"א 53[**ונאמר כי בעת עלייתו (נ"א עלות)** ונסיעתו[43] של האור הזך דיסוד **מן** מקום **היסוד** מעיקרא **אל מקום ההוד,** וממקום ההוד אור היסוד עולה מדרגה אחרי מדרגה **עד למעלה** לפה דא"ק, **בניזוז** אור היסוד **רשימו במקום שהיה היסוד** מעיקרא, וכן אור היסוד מניח רשימו במקום ההוד כאשר הוא עולה למקום הנצח, וכן אור היסוד מניח רשימו המקום הנצח, התפארת, הגבורה, החסד, הבינה, החכמה, והכתר. וכן כל ספירה וספירה מניחה רשימו בכל מקום שהיא חונה, וכל הו"ק שהם ז"א[44] הניחו רשימו **לצורך המלכות, ואותו הרשימו אינו מסתלק לעולם**

דאורות שנבררו היום, ועלו מבי"ע כפי **זכות הזמן, וכח המכין, וזכותו, ועוצם כונתו,** כך ריבוי או מיעוט הבירורים שעולים מבי"ע ובערכם מתבררים גם כן מהאחוריים ההם דא"א וישסו"ת, ועולים עם חלקי האורות שבתוכם הראויים לבירורים אלו דמלכים שעלו, ואז בתוכם נכללים ועולים גם הברורים דחח"ן בג"ה דמלכים אלו שעלו, ומתחברים עם אורותיהם, ועולים אחוריים הנזכר למקומם, ואז מתעוררים או"א ומבררים ממה שנשאר מאחורי נה"י דאריך שעדיין לא הוברכו, שנפלו במיתת המלכים עד מקום סיום כל התפארת דאצילות, ובתוכם נתונים אורות דתי"מ דמלכים, ואז בתוכם עולים ונכללים הבירורים דדתי"מ דמלכים אלו שעלו, ומתחברים עם אורותיהם ועולים אחורי הנה"י הנזכר למקומם. וכן על דרך זה מא"א לעתיק, כי כל העשר נקודות צריכים תיקון, כי כולם יצאו חסרים ובלתי מתוקנים, **ואז עולים לעשר שרשים שלהם, שבמלכות דעקודים,** ומשם לנה"י דעקודים, ומשם לחג"ת, ומשם לחב"ד, ומשם לשרשי הנקודות שבפנימיות החזה דא"ק, על גבי הפרסא.
41

תרשים ה – א.
42

כרם שלמה ש"ו פ"ה אות ג' – מה שכתב לבאר מן היסוד שהוא אחרון מן המניחים רשימו, הוא כמו שכתב לקמן בפירקין כי הכתר הניח רשימו ולא כלי. ושאר הספירות הניחו רשימו וכלי. ומלכות הניח כלי ולא רשימו. נמצא שענין המניחים רשימו הוא מן הכתר ועד היסוד, דוקא. ולזאת כתב שהיסוד הוא אחרון מן המניחין רשימו, אף על פי שיש אחריו ספירת המלכות שהיא אחרונה מן המסתלקין, על כל פנים אינה מנחת רשימו לטעם הנזכר לקמן, מפני שאין עדיין ספירה תחתיה, וכו'. והואיל והיא אינה מנחת רשימו, לזה לא התחיל בה הרב ז"ל, ולזה כתב שהיסוד הוא אחרון מן המסתלקים ומן המניחין רשימו. ולזה התחיל לבאר ממנו. וז"ל **שער ההקדמות** – ונתחיל בענין אור היסוד, ואם תאמר למה אנחנו מתחילין ממנו, לזה כתב כי היסוד הוא אחרון שבכל **תשע ספירות** שהניחו רשימו וכו', והטעם הוא כי המלכות אינה מנחת רשימו, כמו שסיים הכא.
43

במדבר ל"ג ה' – ויסעו בני ישראל מרעמסס **ויחנו** בסכת.................
44

לא רק היסוד מניח רשימו לצורך אור המלכות, אלא כל הו"ק מניחים רשימו לצורך הנוקבא.
שמן ששון ש"ו פ"ה אות ג' די"ג ע"ב – ונתחיל לבאר מן היסוד שהוא אחרון מן המניחים רשימו, כי בעת עלייתו מן היסוד אל מקום ההוד, וכו'. ודע דעל דרך זה כל הו"ק כל אחד מניח רשימו לצורך חבירו, דכל אחד יש לו כלי בפני עצמו ולהיות כל אחד מו"ק גדול כחביריו, משום הכי צריך כל אחד להניח רשימו לצורך חבירו, על דרך חכמה לבינה, ובינה לז"א. וזה דלא כקושית הרב יפה שעה דף ז' ע"ב - נמצא וכו', אלא שצריך לגרוס דקשיא רישא לסיפא, דבתחילה כתב דהכתר מניח רשימו להאיר אל החכמה, וחכמה לבינה, ובינה

מִשָּׁם ר"ל מכל מקום שהאור חונה, **אֲפִילוּ כַּאֲשֶׁר** אור הזך של **הַמַּלְכוּת חוֹזֶרֶת וְעוֹלָה לְהַמַּאֲצִיל**[45] שהוא פה דא"ק[46], **וְכֵן עוֹשִׂין כָּל שְׁאָר** התשע אורות של **הַסְּפִירוֹת** דעקודים, שמניחות רשימו לספירה שמתחתיהם, **חוּץ מִן** אור **הַמַּלְכוּת** שלא הניחה רשימו בכלי שלה **כַּנִּזְכָּר לְעֵיל**[47] כי אין שום ספירה אחרת מתחת למלכות◆

כמו בכל שבכל העולמות[48] יש את חלוקת תנת"א, גם כאן בעולם העקודים הרב ז"ל מחלק את אורות העקודים לארבעה סוגי אורות, שהם ארבעה בחינות דתנת"א. כאן הרב מבאר ג' סוגי אורות[49], ובהמשך הדרוש הוא יבאר את האור

לז"א, וז"א לנוקבא, **נמצא דכל הו"ק שבז"א נחשבו אחד**, ואחר כך פרט, וכל אחד בפני עצמו, יסוד למלכות, וכו'.
45

כרם שלמה שַׁ"וּ פ"וּ אות י' – ועוד ידוע כי כל עליון נקרא מאציל לתחתון, כי הוא המתקנו, ומשפיע לו שפע הצריך לו.
כלל – כל עליון נקרא מאציל לתחתון.
46

כלל – כל בחינה עליונה הקראת מאציל בערך הבחינה התחתונה.
ע"ח שַׁ"וּ פ"וּ מ"ב דכ"ח ע"ד – וכן על דרך זה עד תשלום חזרת כל **עשרה אורות בשרשם, שהוא המאציל והוא)נ"א והנה(בחינת הפה דא"ק, כמו שביארנו כי הוא)ענין(השורש שלהם.**
ע"ח ח"ב שמ"ב פ"א מ"ב דפ"ט ע"ג – ודע כי על דרך זה הוא בכל העשר ספירות שבכל עולם ועולם, וכן בפרטות בכל פרצוף ופרצוף, כי לעולם כל בחינה ובחינה **נקרא עליונה מאציל, ותחתונה נאצל.**
כרם שלמה שַׁ"וּ פ"וּ אות י"ז – וכדי שלא תטעה שהמאציל המוזכר כאן הוא המאציל העליון שהוא הא"ס, לזה הוצרך לפרש כאן, המאציל שהוא הפה דא"ק, שהוא האציל לאלו העשרה ספירות דעולם העקודים, שהם מן הפה ועד הטבור. כמו שכתוב בשער ההקדמות דט"ז ע"א וז"ל - ונמצא כי העשרה שורשים הנזכרים, שהם בפה דא"ק, בחינת המלכות שבהם היא אשר האצילה אלו העשר ספירות הנקרא עקודים, והיא נקראת מאציל אליהם, עד כאן לשונו. וזה מה שכתב כאן, כי הוא השורש שלהם.
47

ע"ח שַׁ"וּ פ"ה מ"ת דכ"ו ע"ד – ונבאר עתה ענין חזרתם והסתלקותם למעלה, איך על ידי כך נעשו הכלים. והענין הוא כי כאשר נתעלו האורות למעלה, נשאר למטה האור העב והגס שהוא בחינת הכלי כנ"ל, והנה יש בטבע האורות להשאיר רושם שלהם למטה, במקום שהיו שם בראשונה, ולכן כל האורות האלו בעת עלותם הניחו רשימו למטה, במקום שהיו שם בראשונה. כיצד, הנה הכתר הניח רשימו להאיר אל החכמה, וכן חכמה לבינה, ובינה לז"א, וז"א לנוקבא. כי לעולם בטבע העליון להאיר לתחתון, ויש לו חשק להאיר בו, כמו חשק אמא לבנים, ולכן מניח ומשאיר רשימו בו. **נמצא שכולם מניחין רשימו, חוץ מן המלכות, כי אין ספירה אחרת תחתיה להאיר בה, ולכן אין המלכות משארת רשימו למטה.**
48

ע"ח שַׁ"וּ פ"א מ"ת ד"כ ע"ב – ונבאר עתה עניינם, דע כי אין מציאות ציור קומת אדם בעולם, שלא היה בו כללות ד' בחינות אשר **כוללים כל האצילות, וכל העולמות כולם.** ואלו הם ע"ב כזה יו"ד ה"י וי"ו ה"י. ס"ג יו"ד ה"י וא"ו ה"י. מ"ה יו"ד ה"א וא"ו ה"א. ב"ן יו"ד ה"ה ו"ו ה"ה. והנה אלו הד' הוויו"ת הנחלקים לד' מלואין האלו, הם ד' בחינות אלו, הטעמים שם ע"ב. הנקודות שם ס"ג. התגין שם מ"ה. האותיות שם ב"ן. וכל אחד מאלו הד' הויו"ת כלול מכולם, ויש בכל הוי"ה מהם בחינת תנת"א.
49

ע"ח שַׁ"וּ פ"וּ מ"ת דכ"ח ע"א – הנה בעולם העקודים בעת ירידת האורות של הי"ס שבו למטה, היה אור נמשך להם מן המאציל **בבחינת אור ישר**, ואחר כך בחזרתן לעלות למעלה, הנה נמשך להם האור **בבחינת אור חוזר.** וצריכים אנו להודיעך עתה בהקדמה אחרת כוללת כל העולמות)נ"א כלולה בכל המקום(, והוא בענין חזרת האורות אל המאציל, כי זולת מה שביארנו במקום אחר, כי אף על פי שהם עולין ומסתלקין, הנה **הם ממשיכין מלמעלה למטה מן המאציל בחינת הנקרא אור חוזר**, עוד יש בחינה אחרת גדולה ורב

הרביעי הנעשה על ידי ביטוש האור החוזר ברשימו. צריך לדעת כי אפילו שהרב ז"ל קורא לאור היושר רחמים, שורשו הוא אור חוזר שעלה מפנימיות א"ק, והוא בשרשו דין. עוד צריך לדעת מעיקרא אור הרשימו **הוא בחינת אור חוזר**[50] **ודין**, רק כאן בפרקין הרב קורא לאור הרשימו **רחמים**, בערך האור החוזר, שהוא דין. **והנה זה הרשימו** של תשעה הספירות העליונות דעקודים **הוא** נעשה **מן האור הראשון** שיצא מפה דא"ק **ושהיה יורד דרך יושר** מפה דא"ק עד טבורו, והרשימו הם האורות שנשארו אחרי הסתלקות אור העקודים לפה דא"ק, אור הרשימו הוא בחינת דין, עם כל זאת בגלל שהוא בא מהאור הישר היוצא מפה דא"ק יש לו **תכונות** של אור הרחמים, וידוע כי ה**אור הבא ביושר** מלמעלה למטה **הוא** בחינת **רוזמים** והוא חסד גמור[51], **והאור** היוצא

התועלת, והוא כי לעולם אפילו כשמסתלקין אינם מסתלקין לגמרי בכל בחינותיהן עצמן ועולין, **אמנם מניחין מכחן ומבחינת עצמן קצת הארה הארה למטה, במקום אשר עמדו שם בראשונה**, וזה הארה אינה נעקרת משם לעולם ועד, אף גם בעת עלותן למעלה **הארה הזאת נקרא רשימו**, בסוד שמני כחותם על לבך הנזכר פרשת משפטים בסבא דקי"ד ע"א. והטעם הוא כי האורות העליונים הם לאורות התחתונים בבחינת האב על הבנים, אשר חשקו תמיד להשפיע בהם, כמבואר אצלינו בכבוד אב, ואם כי ניצוץ אחד מהאב נמשך אל הבן, ואינו זז ממנו לעולם, וכן הענין בכאן בי"ס כי העליונים, מניחין במקום האחד הארה קצת הנקרא רשימו, כדי שמשם יומשך הארה לתחתונים.
50

ארבע מאות שקל כסף דף ב' – אחר כך חזרו ונתעלמו בפה דא"ק, והנה הכתר קודם שחזר, **הניח רשימו במקומו, כידוע ליודעי חן, בסוד אור חוזר**, להאיר בחכמה, ועלה, ואז כל המקבלים ממנו, הפסידו מעט הארתם, כי לא היו מקבלים ממנו אלא דרך אחוריו, כי נהפך פניו אל המאציל, ואחר שסיים לעלות, חזר להאיר בכל אחד.
51

יש ג' בחינות של הנהגה, הנקראות חד"ר, הם חסד, דין ורחמים. כאשר בחינת החסד הוא תכלית הרחמים גם לצדיק וגם לרשע, בחינת הדין הוא תוקף של שכר ועונש, ובחינת הרחמים היא הנהגה ממוצעת של חסד ודין. כאשר הרב ז"ל מזכיר את ג' בחינות אלו של חסד, דין, ורחמים, הרחמים הם הבחינה הממוצעת בן חסד לדין. וכאשר הרב ז"ל מזכיר **רק רחמים**, הכוונה היא על בחינת החסד בתכלית הרחמים, ר"ל בלי דין בכלל.

תרשים ה – ב.

ע"ח שי"ג פ"ו מ"ק דס"ג ע"ד – והנה דע כי סוד ההוא רדל"א הוא מתלבש בכתר וחכמה דא"א, שהוא כללות הב' רישין כנ"ל, ותחלה נבאר איך הוא מתפשט בב' רישין אלו. ואמנם כבר ידעת כי לעולם כשהגבוה מחבירו מתלבש בתחתון כנ"ל, הנה אין כח בתחתון לסבול אורו רק מז"ת שבו לבד, כי ז"ת דרדל"א שהם מחסד עד מלכות שבו הם מתלבשין בב' רישין תתאין דא"א, ומאירין בו. כיצד דע כי **חסד שבריישא עלאה** הוא מתפשט ומאיר בגלגלתא, וגבורה במוחא כי אלו הם סוד הב' רישין תתאין כנ"ל, ובזה תבין **איך הכתר רחמים גמורים**, אך החכמה יש בה דינים, רק שהם נכפין במקום הזה, ואתכפיין תמן. וזהו מה שכתב החייט בספר מנחת יהודה, כי חכמה הוא דין והבן זה מאד.

קנאת ה' צבאות לרמח"ל, דרכי ההנהגה – אמנם ההשגחה צריכה להשתנות לפי מעשי התחתונים, כי לפעמים יהיה פועל חסד לשלם טוב, ולפעמים דין להעניש לראוי לו, על כן נסדרה ההנהגה בחסד ודין. ובאמת יש לפעמים שיהיה הקדוש ברוך הוא פועל חסד גדול וגמור למחול כל פשע, ויש לפעמים שיפועל דין תקיף, שיקוב הדין את ההר, ולדקדק אפילו כחוט השערה. ויש מידה אמצעית בין החסד והדין, **ונקרא רחמים**. הרי ההנהגה מתחלקת לחסד דין רחמים, ולפי החילוקים האלה כך תהיה השגחתו הכללית הנ"ל. הרי פה ארבע בחינות פעולה – חסד, דין, רחמים, והנהגה כללית. ואלה ראשי ההנהגה ויסודותיה כיסודות הטבע למורכביהם, ונרמזים בד' אותיות השם ב"ה, כמו שאפרש לך עוד בס"ד. ואם תשאלני מה צורך לארבעה, הלא ההשגחה הכללית היא עצמה תוכל להיות כך, לפעמים חסד, לפעמים דין, ולפעמים רחמים, או חד"ר בבת אחת לכל אחד כראוי לו. דע, כי זה נמשך מהיות המאציל ב"ה רוצה להתעורר בפעלו כפי ההתעוררות שמקבל מן התחתונים. על כן הנה נבחין בפעולותיו שני ענינים, א' – ההתעוררות הזה שהוא רוצה לקבל מן התחתונים, וכן להשפיע בהם, וזהו ענין התקשר בהם ורצותו להיות לו שייכות עמהם. וב' – ענין הפעולה אשר יפעל על פי

וְהַבָּא מפה דא"ק להאיר לתחתונים כדי חיותם, כאשר מסתלקים האורות דעקודים **בְּדֶרֶךְ חֲזָרָה לְמַעְלָה** לפה דא"ק כדי להשתלם, האור הזה שיורד מן המאציל ומאיר לתחתונים בזמן הסתלקות האורות למעלה **הוּא** נקרא **אוֹר חוֹזֵר**[52], וְהוּא בחינת **דִּין**. וְהִנֵּה הָרְשִׁימוּ הַזֶּה הוּא חלק מאור שיצא מפה דא"ק ולמטה **דֶּרֶךְ יֹשֶׁר**, ונשאר הרשימו אחרי שהסתלקו האורות הזכים לפה דא"ק עם האור העב, וְלָכֵן רשימו זה **הוּא** בחינת **רְחֲמִים** בערך האור החוזר שממאיר בהסתלקות האורות לפה דא"ק, הנקרא דין.

הרב ז"ל מבאר באופן פרטי לעולם העקודים את סוגית אור היושר ואור החוזר, ומדבריו הקדושים אפשר ללמוד מהפרט על הכלל. **וְהִנֵּה נוֹדַע כִּי כְּשֶׁבָּאוּ הַסְּפִירוֹת שֶׁל הָעֲקוּדִים** עולם העקודים ביציאתם הראשונה מפה דא"ק, **הָיוּ** אחוריהם למעלה לפה דא"ק **וּפְנֵיהֶם** פונים **לְמַטָּה**[53] למקבלים שמתחת להם, בסוד אור היושר,

---

ההתעוררות. ונמצא שאין ההתעוררות הפעולה, ולא הפעולה ההתעוררות, אלא הם שני דברים צריכים זה לזה להשתלמות ההנהגה. ולכן להתקשרות ולשייכות הזה של המאציל ב"ה עם התחתונים, הוא שאנו קוראים שכינה, ולפעולותיו בחילוק מיניהם, אנו קוראים חד"ר. נמצא, שורש ההנהגה המשתנה אל הנהוגים הוא ג' מיני הפעולות האלה, חד"ר. ובהיות המאציל ב"ה מוציא תולדות הפעולות האלה באדם או בעולם, הנה יוציא דברים גשמיים, רק שהם נמשכים מהיות המאציל פועל פועל כך. ולכן בהיותו פועל בדרך חסד, הנה יוציא בגשמיות המים, בטבעם קרים ולחים. ובהיותו פועל בדין, יוציא בגשמיות האש, בטבעו חם ויבש. ובהיותו פועל במידה האמצעית שהיא רחמים, יוציא האויר חם ולח. הן המה יסודות הטבע הבונים כל הדברים למיניהם בחיבור העפר עמהם, שהוא יוצא מבחינת ההנהגה הכללית, כמו שאדבר לך עוד מזה בס"ד. ומן השרשים האלה, שהם אלה הפעולות, נמשך השפעה אל הענפים, שהם תולדותיהם אשר בעולם הזה. כי בהיותו מתמיד לפעול כך, הוא נותן קיום אל היוצא מן הפעולה ההיא.

52

כאשר יוצא האור מפה דא"ק מלמעלה למטה, הוא נקרא אור היושר, הכולל בתוכו את אור הרשימו. כאשר האור היושר חוזר לפה דא"ק כדי להשתלם, משאיר את הרשימו להאיר לאורות שתחתיו. בחזרתו של האור הישר מלמטה למעלה לפה דא"ק, המאציל **מאיר ומשפיע למטה** דרך אחורי הספירות, והאור הזה שממאיר למטה הוא נקרא אור החוזר, ובגלל שבא דרך אחור, והוא אור ממועט, והוא בחינת דין.

תרשים ה – ג.

כרם שלמה ש"ו פ"ה אות ד' – והאור הבא בחזרה למעלה הוא אור חוזר והוא דין, ר"ל והאור הנמשך לתחתונים אחר כך בעת עליית וחזרת האורות האלו למאצילם, זה האור הנמשך למטה לתחתונים בעת ההיא, הואיל ונמשך דרך חזרת ועליית האורות האלו למעלה, **נקרא אור חוזר**, וזהוא מה שכתב – והאור הבא בחזרה, פירוש האור הנמשך בעת חזרת האורות למעלה. וז"ל שער הקדמות – אבל האור הנמשך בעת שחוזרים האורות לעלות למעלה נקרא אור חוזר וכו'.

53

כשיצא אור המלכות מפה דא"ק, יצאה המלכות מבחינת נפש הפנימית.

תרשים ה – ד.

כשיצא אור דז"א מפה דא"ק, יצא מבחינת נפש הפנימית, והמלכות קבלה את בחינת הרוח הפנימית.

תרשים ה – ה.

כשיצא אור מפה דא"ק מבחינת נפש הפנימית, ז"א קבל את בחינת הרוח הפנימי, והמלכות קבלה את בחינת הנשמה הפנימית.

תרשים ה – ו.

כשיצא אור דחכמה מפה דא"ק, יצא מבחינת נפש הפנימית, הבינה קבלה את בחינת הרוח הפנימי, ז"א קבל את בחינת הנשמה הפנימית והמלכות את בחינת החיה הפנימית.

תרשים ה – ז.

כי כל **כוונת ביאתן היה להאיר למטה** לתחתונים פנים בפנים, כדי שיקבלו התחתונים תוספת אורות הנרנח"י, **לכן פניהם היו דרך** כלפי מטה **המקבלים** הפנים של ואחוריהם כלפי המאציל. **אבל בחוזרתן** של האורות הזכים של הספירות **לעלות למעלה** לפה דא"ק כדי להשתלם, **אז הפכו פניהם למעלה נגד המאציל** כדי לקבל הארה לעצמם[54] מהמאציל, **ואחוריהם** פונים **למטה** כנגד המקבלים[55], והאיר המאציל במקבלים בסוד אור חוזר בהם, **והנה**[56] **בעלות אור הכתר אל המאציל** שהוא פה דא"ק, **אין**[57] **ספק כי לעולם אין אור המאציל נפסק אפילו רגע אזדז**[58] **מן המקבלים הנאצלים** בסוד[59] כי רגע באפו חיים ברצונו, ובסוד[60] הברכת

כשיצא אור דכתר מפה דא"ק, יצא מבחינת נפש הפנימית, החכמה קבלה את בחינת הרוח הפנימי, הבינה קבלה את בחינת הנשמה הפנימית, ז"א קבל את בחינת החיה הפנימית, והמלכות קבלה את בחינת היחידה הפנימית. **תרשים ה – ח.**
54

גמרא בבא מציעא דק"ז ע"ב – אמר ריש לקיש, קשוט עצמך ואחר כך קשוט אחרים.
55

תרשים ה – ט.
56

בית לחם יהודה ש"ו פ"ה – והנה בעלות הכתר אל המאציל, אין ספק כי לעולם אין אור המאציל נפסק אפילו רגע אחד. אבל עיכוב מיהא הוי לאור המאציל שאינו יורד בשופי, לפי שעליית הכתר מתנגדת לירידת האור, ומשום הכי כתב בפרק ד' דלעיל - אך כל זמן שלא סיים הכתר לעלות, אז היה הכתר מפסיק בין מאצילה ובינה.
57

ע"ח ש"ו פ"ז מ"ב דכ"ח ע"ד – דע כי אין ספק כי לעולם השגחת המאציל בנאצלים אינה נפסקת אפילו רגע אחד, ואף גם בהיות פגם בתחתונים, שאז)נ"א נמצא ניצוצי(האורות העליונים מחזירין פניהם מן התחתונים, ומסתלקין מהם, ועולין למעלה. עם כל זה השגחת הארה עליונה המוכרחת להחיות התחתונים די ספוקם, אינה נפסקת כלל. כמו שכתוב על פסוק - כי רגע באפו חיים ברצונו. ובודאי הוא שלא תהיה הארה זו הנמשכת מן המאציל המאיר בתחתונים, בעת הסתלקות האורות למעלה, דומה אל הארה הנמשכת בתחתונים, בעת ירידת אורות העליונים למטה להאיר בתחתונים.
58

ע"ח שכ"ג פ"ו מ"ק דק"ח ע"ב – ופירוש הדבר, כמו שמבואר שב' זווגים יש באו"א, א' זווגם הוא בסוד חיצונותיהן, והוא תמיד להחיות העולמות חיות מוכרח לצורך עצמן, ואם זה הזווג **יתבטל אפילו רגע אחד, יתבטלו כל העולמות ח"ו.** והב' הוא בסוד הפנימית, והוא לתת מוחין לז"א, כדי שהם יולידו נשמות בעולם, שהוא פנימית העולמות כנודע.

פרי עץ חיים, שער קריאת שמע פ"ה – דע כי הלא ב' זיווגים יש למעלה באו"א, האחד להחיות העולמות ולקיים קיום הכרחי, **וזיווג זה תדירי ואינו נפסק לעולם,** כי אם יתבטל רגע אחד יתבטלו כל העולמות. זיווג שני לתת מוחין אל זו"ן כדי להוליד נשמות בעולם, שהוא פנים העולמות כנודע. וזה הזיווג אינו תדיר לכן תמצא פעמים בזהר ח"ג קמ"ג, שהספירור מטי כביכול עד או"א, דוגמת משארז"ל נשבע הקדוש ברוך הוא שלא יכנוס לירושלים של מעלה, עד שיכנוס בירושלים של מטה, סוד ב' ירושלים הם, סוד אמא ומלכות. ולפעמים מצינו בזהר בפסוק **ונהר יוצא מעדן דלא פסיק תדיר,** והדבר מתורץ עם הנ"ל.
59

תהילים ל' ו' – כי רגע באפו חיים ברצונו בערב ילין בכי ולבקר רנה
60

אשר יצר, ותמיד אור המאציל יהיה שופע שפע למקבלים כדי חיותם, וכדי שלא יתבטלו העולמות ח"ו, לכן תמיד יורד שפע מהא"ס לחיות העולמות. **רק ההפרש** בין ההארה בזמן יציאת הספירות מפה דא"ק, לבין חזרתם **הוא** לדוגמה, **כי בעת ההיא אשר** אור **הכתר היה** מסתלק **ועולה למעלה** למאציל כדי להשתלם בכל בחינות הנרנח"י והמקיפים שלו, **אז האור ההוא היורד מהמאציל** שהוא פה דא"ק, **יורד ממנו אל הספירות** התחתונות (נ"א האזורת והיה בא) **דרך אזוריו** של אור הכתר, **שהרי הוא** ר"ל אור הכתר שמסתלק למאציל **הפך פניו למעלה** לפה דא"ק, **ואזוריו** פונים **לנאצלים**, ואפילו שאור זה בא מלמעלה למטה, ונראה שהוא אור דרחמים, אבל בגלל שבא דרך אחורי הכתר, נקרא אור חוזר, או אור דאחורים, ולכן **היה** אור זה בבחינת **דינין כנ"ל** והוא אור מועט, **(נ"א ואם כן אותו האור הבא אל הספירות הוא בא דרך אזורי הכתר והוא דין).** **וכן על דרך זה בשאר ספירות, בעת שהיו זוזרין ועולין** לפה דא"ק להשתלם בבחינות הנרנח"י שלהם , תמיד פניהם כלפי המאציל, ואחוריהם פונים כלפי מטה לספירות שתחתיהם, והמאציל היה מאיר בתחתונים דרך אחורי הספירה העולה למאציל, והאור הזה שמקבלים התחתונים דרך אחורי הספירה העולה, נקרא אור חוזר, והוא בבחינת דין.

הרב ז"ל מבאר בסוגיה זאת את **כמות האור** שמקבלת כל ספירה וספירה כאשר הכתר מסתלק למאציל, דהיינו האור הנשפע מהמאציל לספירת החכמה עובר דרך אחורי הכתר, לכן האור שמקבלת ספירת החכמה הוא קטן בכמות ואיכות, והאור שמקבלת ספירת הבינה הוא יותר קטן, כי שפע המאציל עובר דרך אחורי הכתר ואחורי החכמה, וכן על דרך זה לכל ספירה וספירה השפע יקטן ביחס למספר האחוריים שהוא עובר. כך שלספירת המלכות יהיה שפע שהאור הכי קטן גם באיכות וגם בכמות, מפני שהיא מקבלת את השפע דרך תשעה אחוריים. וסוד אלו האחוריים הוא סוד התרגום[61].

אמנם כאשר הכתר מסתלק לפה דא"ק, הספירות התחתונות מקבלות שפע דרך האחוריים, בסוד אור חוזר **יש הפרש אזור ביניהן** ר"ל בין הספירה לספירה, **והוא כי** בעת שאור הכתר מסתלק למאציל, ספירת[62] **החכמה אינם מקבלת** צ"ל אינה מקבלת את האור מהמאציל אלא **באזוריים אזור, דהיינו מן** האחוריים של **הכתר לבד.** וספירת[63] **הבינה מקבלת מב' אזוריים, דהיינו** האחור **דכתר ואחור דחכמה,** ולכן אור האחוריים המגיע לבינה **הוא יותר דין. ועל דרך זה** ספירת[64] החסד מקבלת מג' אחוריים, שהם אחור דכתר, חכמה ובינה. ספירת[65] הגבורה מקבלת מד' אחוריים, שהם אחור

ברוך אתה הוי"ה, אלהינ"ו מלך העולם, אשר יצר את האדם בחכמה, וברא בו נקבים נקבים, חלולים חלולים. גלוי וידוע לפני כסא כבודך, **שאם יסתם אחד מהם, או אם יפתח אחד מהם, אי אפשר להתקיים אפילו שעה אחת.** ברוך אתה הוי"ה, רופא כל בשר ומפליא לעשות.

61

מקום בינה ד"ד **ע"א אות מ"ד** – אחורים, קול מהרנ"ך וזהו סוד תרגום, שהוא גימטריא שם ע"ב ברבוע.

62

תרשים ה – י.

63

תרשים ה – י"א.

64

תרשים ה – י"ב

65

תרשים ה – י"ג.

דכתר, חכמה, בינה וחסד. ספירת[66] התפארת מקבלת מחמשה אחוריים, שהם אחור דכתר, חכמה, בינה, חסד וגבורה. ספירת הנצח[67] מקבלת מו' אחוריים, שהם אחור דכתר, חכמה, בינה, חסד, גבורה ותפארת. ספירת ההוד[68] מקבלת מז' אחוריים, שהם אחור דכתר, חכמה, בינה, חסד, גבורה, תפארת ונצח. ספירת[69] היסוד מקבלת מח' אחוריים, שהם אחור דכתר, חכמה, בינה, חסד, גבורה, תפארת, נצח והוד. **עַד** ספירת[70] **הַמַּלְכוּת** שהיא הכי תחתונה, **וְנִמְצָא שֶׁהַמַּלְכוּת קִבְּלָה מִתִּשְׁעָה אֲחוֹרַיִּים** שהם אחור דכתר, חכמה, בינה, חסד, גבורה, תפארת, נצח, הוד, יסוד, ולכן[71] היא תכלית הדין, וכל הספירות שמעל המלכות הם קיבלו פחות[72] דינים.◆

[בספר אוצרות חיים יש כאן **הגהה מהמהרח"ו** – בכל ספירה יש הוי"ה פשוטה, והאחוריים של אותה הוי"ה הוא הוי"ה ברבוע, כזה י', י"ה, יה"ו, יהו"ה. מלאתי כתוב שזה **סוד תרגו"ס**[73] שהגימטריא שלו היא תרמ"ט, והיא **תִּשְׁעָה** פעמים שם ע"ב דלריבוע עם הכולל **כנודע**, והוא סוד תרד"ם ה גימטריא תרגו"ם **עד כאן**][74]◆

----

[66]

תרשים ה – י"ד
[67]

תרשים ה – ט"ו.
[68]

תרשים ה – ט"ז.
[69]

תרשים ה – י"ז
[70]

תרשים ה – י"ח.
[71]

ולכן הוא יותר דין, מכל שאר הספירות שעליה. כך לשון שער ההקדמות.
[72]

צרת רבים חצי נחמה.
[73]

ע"ח ח"ב של"ד פ"ב מ"ב כלל ח' – ויפל הוי"ה אלהי"ם תרדמה, גימטריא תרגום, כי כל האחוריים הם בסוד רבוע כנודע, והנסירה היתה בהיות בו אחוריים אלו, הנקראים תרדמה כנ"ל. ואחר כך הביאה פנים בפנים, והענין כי בכל אחד מתשע ספירות דז"א יש בה הוי"ה אחת, ובאחוריים שלה הוא גימטריא ע"ב [א"ה י, י"ה, יה"ו, יהו"ה, גימטריא ע"ב] כנודע, והרי ט' פעמים ע"ב, גימטריא תרדמה,)והם גימטריא(תרגום.
שער המצות, פרשת ואתחנן – ונבאר עתה ענין כוונת התרגום, דע כי בכל פעם ופעם שתקרא איזה מקרא, אפילו בשאר ימי השבוע, צריך לקרותו שמו"ת)שנים מקרא ואחד תרגום(, והכוונה היא כי המקרא הוא בחינת פנים דהוי"ה של ב"ן, ותרגום הוא אחוריים שבקדושה. והענין הוא כי **תרגום בגימטריא תרדמה**, כאשר הנביאים אינם מוכנים לדבר עמהם בלשון הקדש, אלא בלשון תרגום, אז נופלת עליהם תרדמה, כמו שכתוב - היה דבר הוי"ה אל אברם במחזה כו', וכתיב בתריה - ותרדמה נפלה על אברם, הרי כי במחזה שהוא תרגומו של במראה בו נגלה עליו, ואז נפלה עליו תרדמה. ודע כי כל בחינת האחוריים הם שמות בסוד ריבוע, שהוא בסוד פשוט, כפול, משולש, מרובע, ואלו נקראים תרדמה, וזה סוד - ויפל הוי"ה אלהי"ם תרדמה על האדם, כי הנסירה היתה בהיותם בסוד אחור באחור, כי זהו בחינת הנקראת תרדמה, ואז נסרה, ואחר כך החזירה פנים בפנים.
בראשית ב' כ"א - ויפל יהו"ה אלהי"ם תרדמה על האדם וַיִּישָׁן ויקח אחת מצלעותיו ויסגר בשר תחתנה
בראשית ט"ו י"ב – ויהי השמש לבוא ותרדמה נפלה על אברם והנה אימה חשכה גדלה נפלת עליו.
[74]

מלבד הפרש **בכמות שפע האור** שמקבלת כל ספירה וספירה, לפי מספר האחוריים שהאור יורד מהמאציל, יש עוד הבדל, והוא **באיכות האור**. וכותב הרב ז"ל **ועוד יש הפרש אחד** בין הספירות, **כי מלבד זילוק תוספת ריבוי או מיעוט בבחינת** אור **אזוריים** שמקבלים הספירות, התלוי במספר האחוריים **שיש בהם**, יש **עוד שינוי** אחד, והוא **באיכות שפע האור**, שהספירות מקבלות, אם הוא מבחינת חסדים, או גבורות, הוא בחינה ממוצעת, **והוא כי הנה** ספירת **התפארת מקבלת** הארה **מן אזוריים דגבורה, שהם אזוריים** של דינים וגבורות **קשים עד מאד, אמנם הספירה שלמעלה ממנו** ר"ל[75] מן התפארת, והיא ספירת הגבורה המקבלת מאחורי ספירת החסד, והחסד משפיע בגבורה שפע רב בערך השפע שהגבורה משפיעה לתפארת, וכן ספירת החסד המקבלת מאחורי הבינה, וספירת הבינה המקבלת מאחורי ספירת החכמה, וספירת החכמה המקבלת מאחורי ספירת הכתר, **אינו באופן זה** מפני שאחורי הכתר, חכמה, בינה וחסד הם לא דינים קשים כמו אחורי הגבורה, וגם יש מספר קטן יותר של בחינת אחוריים, **וכפי הבזיונות** האלו של מספר האחוריים, ושל מהות אחורי הבחינה המשפיעה **כן היה שינוי באותו אור הנמשך להם** ר"ל לספירות התחתונות, **או דין גמור** כמו התפארת המקבלת מן הגבורה, **או ממוצע** כמו הנצח המקבל מהתפארת, **או זלוש** כמו התפארת המקבלת מן החסד והגבורה, **ואין כח בקולמוס להרזזיב בפרטות זלקים אלו**[76] כי כל ספירה נפרטת לפרטי פרטים כמו לכח"ב חג"ת נהי"ם, וגם נפרטת לחח"ן בג"ה דתי"ם, ועוד חלוקות, **כי הם רבים, והמבין יבין.**

הרב ז"ל עושה סיכום ביניים על מספר האורות שביאר עד כאן, והם ג' אורות, עוד יבאר הרב ז"ל בהמשך הסוגיה את האור הרביעי, במקום[77] אחר הסדר הוא שונה, אבל בעיקרון הוא אותו דבר. **צריך לדעת** כי הרב ז"ל לא מונה את האור העב והגס שיצא מפה דא"ק עם שאר ד' האורות, והסיבה לכך כי היא אור זה הוא בחינת שורש הכלים דעקודים. עוד מבאר הרב ז"ל את בחינת האורות הנ"ל בבחינת אורות דטנת"א. **נמצא**[78] **שיש כאן** עד עכשיו **ג' מיני**

כאן נמצאת הגהה מהרח"ו ז"ל בספר עץ חיים, ומקומה הוא לא כאן אלא בדף הזה בע"ב ד"ה - כי הנקודות הם לעולם דין. כך מבאר הבית לחם יהודה, וכן היא בהגהת בעל הלש"ם בכתב יד.
75

כרם שלמה ש"ו פ"ה אות ו' – אומנם הספירות שלמעלה ממנו, אינו באופן זה. דייק מלת שלמעלה לאפוקי שלמטה, כי דווקא הספירות שלמעלה מן התפארת הם אינם באופן זה. כי עדיין לא הגיעו לכלל זה, כי אין שם בחינת הגבורה, אבל הספירות שהם למטה מן התפארת, כל שכן שהם יותר קשים מן התפארת, כי הואיל והם למטה מן התפארת, הם מקבלים מכל האחוריים של כל הספירות אשר למעלה ממנה, ובודאי האחוריים של הגבורה היא עמהם, והיא בכללם. ולזה הספירות אשר הם למטה מן התפארת, הם יותר קשים, ולזה כתב כאן – אמנם הספירות שהם למעלה מן התפארת אינו באופן זה, למעלה מן התפארת אינם, כי אינם דין קשה, אבל למטה מן התפארת כל שכן שהם יותר קשים.
76

תרשים ה – י"ט.
77

ארבע מאות שקל כסף ד"ה ע"א – והנה בעקודים אלו, יש ארבע מיני אור, האור הע"ב שלא יוכל לעלות, הוא יקרא טעמים. והאור הבא דרך אחוריים, הוא דין, והם נקודות. ואור הרשימו, תגין. ואור היורד מאור האחוריים, על ידי הכאה, האותיות.
78

כרם שלמה ש"ו פ"ה אות ח' – נמצא שיש כאן ג' מני אורות. פירוש עד עכשיו מנינו ג' מיני אורות, ויש עוד אור רביעי, כמו שמבואר בסמוך, והוא הנולד מן האור השני והשלישי. והג' אורות שמנינו עכשיו הם כך

אורות ובהמשך הדרוש יתבאר האור הרביעי, **אזור האור הראשון שבכולם** במעלה ובזמן, הוא האור שיצא ביושר מפה דא"ק, והוא בחינת הטעמים דטנת"א, ומגיע עד הטבור, כאשר אור זה שיצא מפה דא"ק מורכב מהאור הזך, ואיתו גם יצא האור העב שממנו נעשו הכלים, **והוא נקרא** אור **העקודים כנזכר לעיל** והוא תכלית הרחמים. האור **השני**[79] **הוא** אור **הרשימו** הוא בעצם האור שני בזמן, והשלישי המעלה, והוא בחינת התגין דטנת"א, ואור זה הוא **שנשאר מזה האור** הראשון דעקודים **שבא** מעיקרא **דרך יושר** שיצא מפה דא"ק, וכאשר הסתלק אור זה למעלה, השאיר רשימו זה להאיר לאור הספירות שלמטה מהם, **ואור** זה דרשימו **הוא** בחינת **רוזמים.** האור **השלישי הוא האור החוזר, הבא אליו** ר"ל להכות ברשימו כדי לעשות כלים **דרך עליית הספירות** למאציל, **שאז** הפנים של הספירות כלפי מעלה, ואחורי הספירות כלפי מטה, והאור הנמשך לספירות שלמטה בא **הוא** בא **דרך אזוריים, שהוא** ר"ל אור החוזר בחינת **דין** ובחינה זאת היא הנקודות דטנת"א, ואור זה הוא שלישי[80] בזמן, ושני במעלה.

צריך לדעת כי בערכין, אור היושר הוא בחינת זכר, בערך אור האחורים הנקרא נקבה. לכן, אור הרשימו שהוא חלק מאור היושר נקרא דוכרא, בערך אור האחור הנקרא נוקבא. כאן הרב ז"ל בא לבאר איך נתהווה האור הרביעי, שהוא בחינת אותיות דטנת"א, **והנה**[81] **בבא אור השלישי, ש**הוא נקודות דטנת"א, **והוא** בחינת **דין** והוא

מציאותם, **האור הראשון שבכולם, פירוש במעלה ובזמן, הוא האור הבא ראשונה לכולם,** והוא הנקרא אור העיקרי של העקודים, שהוא מתפשט מן הפה ולחוץ עד הטבור, והוא בזמן שהיה מעורב אור הזך ואור העב שנעשה ממנו בחינת הכלים. וכך מסיים בשער ההקדמות, וז"ל – אור אחד הוא אור הראשון שבכולם הנקרא עקודים, שירדו ונתפשטו מן הפה ולחוץ ולמטה, עד הטבור, עד כאן לשונו.
79

כרם שלמה ש"ו פ"ה אות ח' – ומה שכתב, ב' הוא הרשימו, ר"ל כמבואר לעיל בריש פרקין, כי כשעלה זה האור הראשון למאצילו, ונתפשט מן האור העב, ועלה אור הזך למעלה, אז השאירו במקומם הראשון בחינת רשימו, כדי להאיר לספירות שלמטה מהם. ומה שקראו כאן ב', ר"ל **שני בזמן,** לא במעלה ובמדרגה, **כי במדרגות הוא אור השלישי,** שהוא אור החוזר הוא השני. שהם בחינת טנת"א, והראשון טעמים, וזה השלישי הוא הנקודות. והשני שהוא הרשימו, הוא שלישי במדרגה, שהוא בחינת התגין. ואם כן מה שקראו כאן שני, ר"ל בזמן, כי אחר שעלה אור הראשון להמאציל, בתחילת עלייתו נראה בחינת הרשימו, כי כבר היה במציאות, כי לא חסר רק גילוי לבד, ולזה נקרא שני בזמן.
80

כרם שלמה ש"ו פ"ה אות ח' – והאור החוזר הוא בא מלמעלה כשעולה האור הראשון, וכשרואה המאציל כי התחתונים בלי חיות, אז מוריד להם אור חוזר, שהוא החיות להם, **ולזה הוא ג' בזמן.**
81

כרם שלמה ש"ו פ"ה אות ח' – ומה שכתב, והנה בבא אור ג' וכו', עכשיו בא לפרש בחינת אור הרביעי איך נתהווה, והוא על ידי זיווג אור ג' עם אור ב'. והוא באופן זה, כי מוכרח הוא האויל ובא אור החוזר הזה מלמעלה, ויורד למטה בחוזק, מוכרח הוא שיכה במקום שמוצא מסך, והאיל ושם באחוריים של הכלים בתוכם יש אור הזה הנזכר לעיל, מוכרח הוא שפוגע בו, והאיל ופוגע בו מצא חשקו וחפצו. ואז מבטשים זה עם זה, ר"ל מזדווגים, כי זה זכר וזה נקבה. ואז מולידים אור שהוא ממין אור החוזר, והוא גרוע מן אור הרשימו, וממנו נעשים האותיות, וזהו האור הרביעי, וזהו דרך כללות. ופירוש העינין בדרך פרט, כי כתב לקמן בשער אנ"ך כי כל בטישה הוא ענין זיווג, וכאן גם כן. והאיל ויש שני אורות הפכים זה מזה, דהיינו אור הרשימו והוא בחינת זכר, ואור החוזר והוא בחינת נקבה, לזה הם מזדווגים זה עם זה, ולזה שפיר נופל עלהם בחינת לידה, כי אין לידה אם לא קדם לה בחינת זיווג, והואיל וזכר כאן לשון בטישה, ר"ל בחינת זיווג.

אור האחור, נוקבא, **פוגע באור**[82] השני, שהוא תגין דטנת"א, החפץ לעלות למקורו, שהוא בחינת אור **הרשימו הנשאר** מהסתלקות אור היושר בחזרה לפה דא"ק, **ושהוא** בחינת **רוזמים** והוא דוכרא, **ואז מכים ומבטשים זה** אור הרשימו **בזה** אור החוזר, **משום שהם ב' הפכים** זה מזה, אחד זכר ואחד נקבה, **זה** הזכר שהוא **אור** הרשימו, שהוא רושם האור הנשאר מהאור **היושר**, [דכ"ז ע"ב 53] **והוא** בחינת **רוזמים, וזה** הנקבה הוא **אור זוזר** היורד מהמאציל דרך אחורי הספירות, והאור החוזר **הוא דין. וזה** אור הרשימו זפץ לעלות מ"ן[83] **אל** האור שמסתלק למאציל, שהוא שורשו ו**מקורו, והוא**[84] **אור הרשימו, אף על פי שאינו עולה ממש** לעולם ממקומו הראשון מעיקרא, **עם כל זה** בגלל שזושקו וזפצו של אור הרשימו **הוא להדבק ולקבל ממנו** ר"ל מאור היושר שעלה למאציל, הוא עולה מעט מעל לכלי, וחופף מעל הכלי, כדמיון התגין הנמצאים מעל לאותיות. **והאור זוזר שהוא** בחינת הנוקבא **זפץ להוריד** מ"ד לספירות התחתונות, לכן הוא **יורד** לקראת אור הרשימו[85], **נמצא**[86] **ששניהם** אור הרשימו ואור החוזר, **אינם שוים בטבעם** מפני שאור הרשימו החפץ

82

תרשים ה – כ.

83

כבר התבאר כי הרשימו הוא בחינת הזכר, והאור החוזר הוא בחינת הנקבה, עם כל זאת צריך להעריך את האור החוזר כזכר, כי הוא המשפיע לספירות התחתונות, וכן כותב הכרם שלמה - אור הג' הוא פוגע ומזדווג באור הרשימו, כי עכשיו **נחשב לבחינת זכר.** ואור הרשימו הוא בחינת נקבה. לפי זה יוצא, שאור הרשימו שהוא בחינת הארת האור המסתלק למאציל, והוא בחינת המלכות של האור, וידוע כי המלכות מעלה מ"ן כדי להוריד מ"ד. לעומת זה, האור החוזר הוא אור שמוריד מ"ד, והבטישה של ב' אורות אלו, אור הרשימו המעלה מ"ן עם אור החוזר המוריד מ"ד, היא בחינת הבטישה, והיא מולידה את האור הרביעי, שהוא בעצם מוריד את המ"ד.

כרם שלמה ש"ו פ"ה אות ח – וזה הענין רמז אותו במה שאמר – וזה חפץ לעלות אל מקורו, והוא אור הרשימו וכו', כוונתו לומר במילת **חפץ לעלות** אל מקורו, ר"ל **מעלה בחינת מ"ן**, העולים ממטה למעלה. וכן במה שכתב שהאור החוזר הוא **חפץ לירד**, רמז שהאור החוזר הוא עכשין **מוריד מ"ד**, היורדים ממעלה למטה, כיוון שזה האור מוריד מ"ד, נמצא שאינם שוים בטבעם, והם זה כנגד זה, לכן מזדווגים ומולידים אור אחד שהוא דוגמת האור החוזר, שהוא מוריד מ"ד.

84

בית לחם יהודה ש"ו פ"ה – והוא אור הרשימו אף על פי שאינו עולה ממש. אבל על כל פנים הוא עולה מעט על גבי הכלי, ומשום הכי הוא נעשה בחינת תגין על גבי האותיות, והיינו טעמא שכתב בסמוך. ואז נופלים ניצוצות וכו', לפי שהרשימו עומד על גבי הכלי, לכן הניצוצות הם נופלים למטה בתוך הכלי. והיינו נמי מה שכתוב בסמוך, ואז אותו רשימו היה מאיר בכלי מרחוק, ולא נכנס בתוכו וכו'.

85

גמרא כתובות דפ"ו ע"א – יותר ממה שהאיש רוצה לישא, אשה רוצה להנשא.

86

כרם שלמה ש"ו פ"ה אות ח – וזה שכתב כאן **נמצא ששניהם אינם שוים בטבעם.** פירוש זה מוריד מ"ד וזה מעלה מ"ן. ולכן מכים זה בזה, ר"ל מזדווגים, והוא האור החוזר מזדווג עם הרשימו, וזה רמזה במה שכתוב לעיל בסמוך וז"ל – הנה בבוא האור הג' שהוא דין, פוגע באור הרשימו הנשאר שהוא רחמים, עד כאן לשונו. כוונתו אור הג' הוא פוגע ומזדווג באור הרשימו, כי עכשיו **נחשב לבחינת זכר**, ועל ידי זיווג הזה שמזדווג האור החוזר עם הרשימו, אז מוליד אור אחד דוגמת המוריד המ"ד, והוא אור חוזר.

לעלות מ"ן, אפילו שהוא הוא דוכרא מבחינת עצמו, והאור החוזר החפץ להוריד מ"ד, אפילו שהוא בחינת נוקבא, **לכן**[87] הם **מכים**[88] ומבטשים **זה**[89] אור החוזר **בזה** באור הרשימו, וכבר **נודע**[90] כי בחינת הכאה וביטוש היא בחינת זיווג, **כי כל בזוינת הכאות ובטישות** של **אורות זה בזה הוא כאשר** האורות **אינן שוין**[91] אחד זכר ואחד נקבה, **ו**אדרבא, בגלל שאורות אלו לא שוין, ומנוגדים זה לזה **או** מהכאה

בית לחם יהודה ש"ו פ"ה – לכן מכין זה בזה. כדמיון ב' בני אדם הרצים ברשות הרבים, ופוגעין זה בזה, בלא מתכוין, ומזיקין נפגיעתן זה לזה, וזה נקרא זווג, כנזכר בפרק ט' דשער י"ט.

88

כרם שלמה ש"ו פ"ה אות ח' – וזה שכתב לכן מכים זה בזה וכו', כי כל הכאות הוא כאשר אינם שווים, ואז נופלים ניצוצין מאור היורד, שהוא דין, והוא גרוע מאור הרשימו. ר"ל אלו הניצוצין היורדין ונולדים מכח אור החוזר, הם נולדים ודוגמתם הם, כי מהם ירדו, ומה שנחשבים לאור רביעי, והלא היה ראוי שנחשיבם במדרגת האור החוזר, אלא מפני שהם גרועים מאור הרשימו, **ולזה הם נחשבים מדרגה רביעית, דהיינו רביעית במעלה, ורביעית בזמן.**

89

הכאה זאת של אור הרשימו באור החוזר היא בחינת זיווג אחד, ואין הכוונה שאור החוזר מכה באור הרשימו, ואור הרשימו מכה באור החוזר, שהם ב' בחינות של זיווגים, כמו שהרב ז"ל מבאר בפרקין, על בטישת אור החכמה ברשימו דכתר, שם מדובר על **אור החכמה** ממש שמכה ברשימו דכתר, ורשימו דכתר המכה באור החכמה.

ע"ח ש"ו פ"ה מ"ת דכ"ז ע"ג – אמנם אחר קבלת אלו הספירות מן המאציל, חזרו למקומם חוץ מן הכתר כנ"ל, ואז הכלי של הכתר לא נעשה רק בחזרה, כי כשחזרה חכמה ונכנסה בו, אז הכה אור החכמה ברשימו שהניחה בו הכתר במקומו, **והיו אלו הכאות כפולות,** שלפי שרשימו של כתר להיותו בחינה עליונה מן החכמה, לכן הוא מכה בחכמה ומוציא ניצוצין, וגם החכמה להיותו בא עתה מלמעלה, ונמצא עומדת על הרשימו, והוא גבוה ממנו, לכן הכה עתה ברשימו והוציא ניצוצין אחרים.

90

ע"ח ש"ו פ"א מ"ת דכ"ד ע"ג – והנה בהתחברות האורות פנימים עם האורות מקיפים, מחוברים תוך הפה, לכן בצאתם יחד חוץ לפה קשורים יחד, הם מכים זה בזה, ומבטשים זה בזה, **ומהכאת שלהם אתיילד** הויות בחינת כלים.

ע"ח שי"ט פ"ט מ"ב דצ"ה ע"ב, הגהת המהרח"ו – כי בטישה זו היא זיווג, והורדת הטפה כנודע. **לקוטי תורה למרח"ו, פרשת חקת דפ"ו ע"ב** – ענין חטא משה רבינו עליו השלום שהכה בסלע, הוא ממש חטא אדם הראשון שנזדווג קודם שבת, וגרם להזדווג יסוד דקטנות עם השכינה, שמכונה בסוד נחש, עיין בכוונות הפסח. וזה ענין חטא שבא נחש על חוה, וכן הוא הענין **בהכאת** הסלע ממש, שהוא רחל במטה, שהוא יסוד דקטנות, וכתיב דרך נחש עלי צור, שהוא ביסודות דקטנות דזו"ן, ולא כתיב דרך נחש עלי סלע, שהוא בגדלות הנוקבא, לכן הכה ב' פעמים, בסוד אין האשה מתעברת מביאה ראשונה. והנה אמרו רז"ל במדרש (ילקוט תהילים מזמור ע"ח) - דוזובו המים, שטפטף דם בסוד דם בתולים, ובשניה יצא מים רבים, בסוד זרע מאדם, ובא חטא הדם מצד מטהו הנהפך לנחש, והוא סיבת יציאת הדם.

רב פעלים חלק ג', סוד ישרים סימן י' – כדין בטש האי נהירו דמחשבה דלא אתיידע, פירוש עיין בשער עתיק פרק א', ושם תראה שרד"לא היא בחינת שם ב"ן נוקבא דעתיק, **וכל בטישא נודע שהיא סוד זווג,** ונעשה זווג עתיק ונוקבא, והיא העלתה מ"ן תחילה, כי זהו סוד הבטישא, דאמר בטש האי נהירו דמחשבה דלא אתיידע.

91

כל בחינה של זיווג והולדה הוא שב' הבחינות לא שוות, ודוקא שיש סתירה והתנגדות יש הולדה.

ובטישה זאת של האור החוזר באור הרשימו **נופלין** ר"ל נולדין **ניצוצין מאור** החוזר, שהוא האור **היורד** מהמאציל דרך אחורי הספירות, **שהוא** בחינת **דין**, והניצוצין שנופלין מהאור החוזר **הוא** אור יותר **גרוע** **מאור הרשי֗מו** עצמו, **וזהו אור** הנצוצין הוא אור **האזר** שנולד מביטוש האור החוזר ברשימו, והוא האור **הרביעי** בזמן ובמעלה, והוא בחינת האותיות דטנת"א. **והרי הוא** נמצא כי ל"ג צ"ל הם **ארבעה בחינות אור**ות בעולם העקודים, **והם סוד ארבעה**[92] **בחינות טנת"א כנזכר לעיל,** **שהיו כולם** ר"ל כל בחינות הנת"א דעקודים היו **נכללין**[93] בטעמים **כאן בענין עולם העקודים**[94], **וזה**[95] **פרטן** של טנת"א דעקודים. **אור הראשון** בזמן ובמעלה, המתפשט מלמעלה למטה, מפה דא"ק עד טבורו, הוא בחינת **הטעמים** דעקודים, ואור זה עיקר ושורש אורות דעקודים, והוא בחינת רחמים. **אור** השני במעלה ושלישי בזמן הוא אור **האזרויי֗ים**, הוא האור שיורד מהמאציל דרך אחורי הספירות כתוצאה מהסתלקות האור הישר, להאיר למטה, והוא בחינת **הנקודות** דעקודים, **כי הנקודות** ואור חוזר **הם לעולם** בחינת **דין**.

הגה֗ה[96] **מהרח"ו** ז"ל, כל מליאות הנקודות **ענינס**[97] בכל מקום הוא אור חוזר **בסוד נוקבא**, **והענין** הוא **כי** אורות הטעמים היוצאים מפה דא"ק, יורדים עד הטבור דא"ק, ומכים שם במקום הטבור, ובחזרתם הם

גמרא יבמות ס"ג ע"א – ואמר רבי אלעזר מאי דכתיב אעשה לו עזר כנגדו, זכה עוזרתו, לא זכה כנגדו, ואיכא דאמרי רבי אלעזר רמי, כתיב כנגדו, וקרינן **כניגדו**, זכה כנגדו, לא זכה כנגדו. **פירש רש"י** כנגדו, **חלוקה עליו וסותרת** דבריו. מנגדתו, מדלא כתיב יו"ד, לשון **נגדא דמלקות.**
92

הגהות וביאורים)ב(– עיין שער י"ח סוף פרק ה'.
93

ע"ח ש"ו פ"ג מ"ת דכ"ה ע"ג – והנה נתבאר ג' בחינות הטעמים. אמנם גם ג' בחינות הנקודות, ותגין, ואותיות **כלולים בהם**, אלא שאינם נגלים כלל כאן, עד למטה באורות עינים כמו שנכתוב במקומו בע"ה. ונבאר יציאת אורות אלו הנקרא עקודים
94

ד' בחינות הטנת"א דעקודים במעלה הם:
א. האור היוצא מפה דא"ק, נקרא אור ישר, והוא בחינת הטעמים, ואור זה הוא שורש לכל אורות הטנת"א, ובו כלולים נת"א דעקודים. הוא ראשון בזמן, וראשון במעלה.
ב. האור המאיר לתחתונים כאשר מסתלקים האורות בחזרה לפה דא"ק, נקרא אור חוזר, והוא בחינת הנקודות. הוא שלישי בזמן, ושני במעלה.
ג. האור הנשאר חופף על הכלי, נקרא רשימו, והוא בחינת התגין. הוא שני בזמן, ושלישי במעלה.
ד. האור היוצא מביטוש אור החוזר ברשימו, נקרא נצוצין, והוא בחינת אותיות. הוא רביעי בזמן, ורביעי במעלה
תרשים ה – כ"א.
95

בית לחם יהודה ש"ו פ"ה – וזה פרטן, אור האחד טעמים. אור האחוריים נקודות. פה שייך גליון מהרח"ו ז"ל דלעיל, והוא קאי על טעמים ונקודות הנזכר.
96

הגהה זאת לא נמצאת בספר אוצרות חיים.

מאירים דרך אחוריהם לספירות התחתונות, לכן האור החוזר נקרא דין, כי **הס בלאים מכח חור** היורד מפה דא"ק **המכה** במקום טבור דא"ק **ונוצץ וחוזר** לעלות **ממטה למעלה**, ובעלייתו הוא מאיר דרך אחוריו. **אך הטעמים הס חור** ישר ו**פשוט** והוא תמיד בחינת רחמים, **וזה הענין** שאור הטעמים הוא אור ישר, והוא בחינת רחמים ובחינת דוכרא. ואור הנקודות הוא הוא אור חוזר, והוא אור קטן, והוא בחינת דין ובחינת נוקבא, **כנודע (הוא) בכל האצילות.**

ואור השלישי במעלה והשני בזמן, הוא אור ה**רשימו** שנשאר למטה חופף על הכלי, והוא בחינת **תגין. ואור** הרביעי במעלה ובזמן, הוא האור **של ניצוצין הנופלין על ידי הכאות** ובטישות **האורות**[98] של הנקודות והתגין, שהם אורות דאחור ואורות הרשימו, **זה** אור האחור, והוא בחינת **נקודות בזה** באור הרשימו, והוא בחינת תגין **כנזכר לעיל,** והאור הנולד מזיווג זה **הוא** בחינת הרוחניות שבתוך **האותיות, אשר מהם נעשה** בעומק הענין **בזוינת** הבל דגרמי[99] של **הכלים** דעולם העקודים, ר"יל[100] שיש ב' בחינות לכלים דעקודים, האחד שנעשו מהאור העב וגס שלא הסתלק לפה דא"ק, והשני אורות הניצוצין שהם כעין רפ"ח הנצוצין שבכלים, **והרי נתבאר איך נעשו בזוינת של הכלים** דעקודים, **והוא מהכאות ובטישת האורות** דאחור ודרשימו זה בזה **כנזכר לעיל.**

97

הגהות וביאורים)א(– עיין שער טנת"א פרק א' שמובא גם כן הגהה זו, ופירוש הוא על בחינת אור אחוריים הנז"ל, הנקרא נקודות, נוקבא, אור חוזר, אך הטעמים אור פשוט כו'. והוא אור הראשון המתפשט דרך יושר ודוק היטב. ועיין יפה שעה שרצה להקשות כאן, ולא קשה מידי. שמן ששון.

98

הגהות וביאורים)ג(– האורות הנקודין והתגין, כתב יד.

99

בחינת הכלים דעקודים נעשים על ידי האור הגס שנשאר למטה בזמן הסתלקות האור הזך לפה דא"ק, לפי זה אור הניצוצין הם בעצם דוגמת הבל דגרמי הנמצא תוך הגוף, אפילו אחרי המות. ובחינה רוחנית זאת נקראת בדברי הזהר הקדוש, ובדברי הרב ז"ל נפש הנכללת באותיות, ושותפה בגוף. וכך כותב הרב ז"ל בהמשך דרוש זה - כי כבר היו בחינת כלים בעולם העקודים, רק שאלו הניצוצין הנ"ל נתערבו עמהן, **והוא בדוגמת הרפ"ח נצוצין** שנשארו בכלים של עולם הנקודים.
ע"ח ש"ה פ"ה דכ"ג ע"ד – וזה סוד זרע יעבדנו, שמשעה שנזרע נותן בה הצורה השכלית)נ"א שנזרעה נתנה הצורה בה(שהוא הנפש, אשר בכחה מצטייר החומר ונעשה אברים, שהוא בית קיבול אל הנפש. דוגמת אומן הנופח בכלי זכוכית, ועל ידי הרוח הנכנס בתוכו, מתפשט חומר הזכוכית ונעשה כלי. וזה סוד ויפה באפיו נשמת חיים, כאומן הנופח בנפיחה תוך האפר והחומר. לכן הנפש משעת זריעה אינה נפרדת לעולם מהחומר, ואף כי אחרי מותו נפשו עליו תאבל עד תחיית המתים. וזה שכתוב בתיקונים די"א ע"א - **ונפשא איהי כללא דאתוון, ואיהי שותפא דגופא.**

100

כרם שלמה ש"ו פ"ו אות י' – נמצא שיש ניצוצי כלים וניצוצי אורות, והמה בעולם הנקודות, וגם כן כאן בעולם העקודים יש ב' בחינות. ניצוצי אורות, וניצוצי כלים, וניצוצי הכלים הם האורות שנשארו למטה, שהם העב והגס, וניצוצי אורות הם הם בחינת הרביעית, המכונים בשם אותיות, ופשוט.

לשון המהרח"ו[101] וְנִרְאָה לְעָנִיּוּת דַּעְתִּי שֶׁשָׁמַעְתִּי[102] מִמּוֹרִי האר"י הקדוש זלה"ה, כִּי כשיצא האור מפה דא"ק כְּבָר הָיוּ בִּבְחִינַת כֵּלִים בכח בְּעוֹלָם הָעֲקוּדִים כי האור שיצא מפה דא"ק היה כלול מאור הזך, והוא הבחינה הרוחנית, ומאור העב, שהוא שורש הכלים, רַק שֶׁאֵלּוּ הַנִיצוֹצִין שנולדו מבטישת אור האור באור הרשימו הַנִזְכָּרִים לְעֵיל, נִתְעָרְבוּ עִמָהֶן ר"ל עם הכלים, שהם האור העב והגס, וְהוּא בְּדוּגְמַת[103] הָרְפ"ח נִיצוֹצִין או הבל דגרמי שֶׁנִשְׁאֲרוּ בַּכֵּלִים שֶׁל עוֹלָם הַנְקוּדִים אחרי שבירת הכלים, כְּמוֹ שֶׁנִתְבָּאֵר בִּמְקוֹמוֹ בע"ה. וּרְאָיָה לָזֶה שהאור העב והגס ואור הניצוצין הם ב' בחינות שונות כִּי הֲרֵי נִתְבָּאֵר לְמַעְלָה בתחילת הפרק כִּי כְּשֶׁהָיָה הָאוֹר הטעמים חוזר ועולה למעלה, הָיָה נִשְׁאָר הַכֵּלִי בִּבְחִינַת אוֹר עָב וְגָס[104] והוא עיקר הכלי.

101

כרם שלמה ש"ו פ"ה אות י' — כל זה הוא לשון מוהרח"ו ז"ל, ולא לשון רבו האר"י זלה"ה, כי כל מה שכתב לעיל הם העתק מלה במלה מרבו ז"ל. כי כך כתב לקמן בסוף שער תיקון הנוקבא, לא חסר ולא יתר מלשון רבו פילו מלה אחת, ולא שינה מלשון רבו ז"ל.
ע"ח ח"ב של"ד פ"ז מ"ת ד"נ ע"ג — ונראה לעניות דעתי ששמעתי ממורי זלה"ה שניהם, אלא שאין בידי לישבן יחד, כמו שהקדמתי בהקדמת הספר, שאיני רוצה **להוסיף ולגרוע** נקודה אחת, מכל מה ששמעתי ממורי זלה"ה.

102

שמועה זאת ששמע הרב מפי האר"י ז"ל היא אמיתית, **לפי הכלל** שכל מה ששמע הרב ז"ל מהאר"י הקדוש, כתב **שמעתי ממורי זלה"ה**. וכל מה שכתב הרב ז"ל מהמחברים ששמעו מהאר"י הקדוש, כתב **שמעתי מפי מורי זלה"ה**.
ע"ח הקדמת המהרח"ו ד"ו ע"ב — להרח"ו, דע כי קצת מחברינו כתבו להם ספרים, מה ששמעו ממורי זלה"ה, וזולתו על שמו, וכולם כתבו הדברים בתוספת וגרעון, כפי בחינת הכותבים, וידיעתן, ובהבנתן, הניחו מקום למה קושיות. לכן אין לסמוך על אותן הספרים, וצריך להרחיק מהם. ודע כי כל מה שכתבתי כאן הכל **שמעתי ממורי זלה"ה**, לכן כתבתי הכל בחיבור אחד לבד, ומה ששמעתי מהמחברים משם מורי זלה"ה מה שדרש וגילה להם, קודם שלמדתי עמו, הכל כתבתי גם כן לבדו, ועל שם אמרו, **מפי מורי זלה"ה**.

103

ע"ח שי"א פ"ח מ"ת דפ"ה ע"ג — וזה סוד והשביע בצחצחות נפשך, ועצמותיך יחליץ, והיית כגן רוה, וכמוצא מים אשר לא יכזבו מימיו. כי על ידי לחלוחית ממי האורה)נב"א מעט והארה(אשר נכנס בעצמות, לא יכזבו מימיו, ויקום בתחיית המתים, וזה מה שכתב יחזקאל בענין העצמות היבשות ההם, שארז"ל שהיה איש אחד שבנשך נתן, ובתרבית לקח, ועל ידי כך נתייבשו עצמותיו בלתי שום לחלוחית מצוה, ולא קם בתחיית המתים. והנה על דרך זה גם בז' מלכים, **נשאר בהם קצת רוחניות**, כדי להחיות את הכלים ההם בזמן תחייתם, שהוא זמן תיקון האצילות. ודע כלל זה כי כל מה שיש בעולה הזה, הכל הוא כדוגמת מה שהיה באלו ז' מלכים, ואין כל חדש תחת השמש, ומיתת המלכים ותיקונם הוא ענין תחית המתים להם. וכך יהיה לגופים השפלים בעולם הזה, לעתיד לבוא, והנה הרוחניות הנשאר בהם הנקרא **הבל דגרמי**, הם בחינת **ניצוצין של האורות העליונים שנשארו בכלים המתים ההם**, ועיקרי האורות נסתלקו למעלה, וקצת ניצוצין מהם נשארו בכלים להחיותן, בזמן תיקון של אצילות. והנה מספר הניצוצין ההם היו **רפ"ח ניצוצין**.

104

הגהות וביאורים)ד(— אבל גם אפשר לומר כי הכל דבר אחד, ואלו האורות הגסים הם הניצוצות עצמן, שנתפשטו וירדו למטה על ידי הבטישה וההכאה, אור הרשימו באור החוזר כנזכר. ואין בידי להכריע איך שמעתי, ועיין במה שכתב לקמן כי יש רפ"ח ושכ"ה. ונראה לעניות דעתי כי יש ניצוצי אורות וניצוצי כלים,

הרב ז"ל מבאר מדוע המלכות נקראת אספקלריא שאינה מאירה. **וְנִתְחַיל**[105] **לְפָרֵשׁ הָעִנְיָן, הִנֵּה** נתבאר בתחילת דרוש זה **שְׁאוֹר הַמַּלְכוּת לֹא הִשְׁאִיר רְשִׁימוֹ** בכלי שלו, מפני שאין שום ספירה מתחת למלכות להאיר לה, **וְכָל בְּחִינָתָהּ** של המלכות לרבות הרשימו שלה **נִסְתַּלְקָה כּוּלָהּ וְעָלְתָה** לפה דא"ק, אבל האור העב והגס נשאר במקומו מעיקרא. **וְזֶה הַטַּעַם**[106] **שֶׁנִּקְרֵאת מַלְכוּת** בספר הזהר[107]

וכל בחינה משתיהם יש שכ"ה ורפ"ח, כי זה לעומת זה הם. נחזור לענין הנזכר, ובו נכריח כי כבר היה כלים בעולם מלבד הניצוצים, דע כי כל ט' אורות כשחזרו ועלו השאירו רשימו במקומם, אבל המלכות לא. כך סיום הלשון בשער ההקדמות, בדרוש העקודים, דרוש כיצד נעשו הכלים, והוא בנדפס מחדש דף י"ג ריש ע"ד.
105

בית לחם יהודה ש"ו פ"ה – ונתחיל לפרש לפרש הענין. פירוש לפרש כפי המסקנא שקבל מהרב ז"ל, שהכלים עיקרם מאור העב והגס, ואינם מהניצוצות. כן הוא בשער הקדמות דף י"ג ע"ד.
106

יש הרבה טעמים מדוע נקראת המלכות - מלכות אספקלריא שאינה מאירה, דלית לה מגרמה כלום.
ע"ח ש"ח פ"ה מ"ת דט"ל ע"א – אחר כך יצאו ו' אורות האחרים בכלי חסד, וגם הוא לא היה יכול לסובלם, ונשבר וירד למטה, כמו שנבאר בע"ה. וכבר נתבאר לעיל כי ז' אורות הם, אלא שנצח הוד נחשבין לאחד, כי ב' פלגי דגופא הם. ואחר כך ירדו הה' אורות בכלי של גבורה, וירד גם עמהם הרשימו של חסד, פירוש כי נודע שכל הה' ספירות מחסד עד הוד, כל אחד מהם נותן חד רשימו שלו בספירת יסוד, כי לסבה זאת נקרא יסוד **כל**, לפי שהוא כולל כולם, ועל כן כל אחד מוריד רשימו חד ליסוד, ולא יכול לסבול, ומת ונשבר.
ואחר כך ירדו הד' אורות וב' רשימין של חסד וגבורה בכלי התפארת, ונשבר גם הוא, וירד. וכן על דרך זה, עד שירדו שני (נ"א ב') אורות וה' רשימין בכלי היסוד, ולא היה יכול לסובלם, ונשבר, וגם הוא ירד. וכשבא אור המלכות לא בא אלא הוא לבדו, ועם כל זה לא היה יכול לסבול, ונשבר גם הוא, וירד. וטעם הדבר כמו שהודעתיך למעלה, כי העקודים כאשר חזרו האורות שנית להכנס בכלים שלהם, לא נכנסו ממש בכליהם, רק בכתר נכנס אור החכמה וכו', ובכלי היסוד נכנס אור המלכות, ונשאר כלי המלכות ריקם, אשר לסבה זאת נקרא המלכות **אספקלריא דלא נהרא דלית לה מגרמה כלום**, ונקרא עניה ודלה, (וכל זה כי האור שנכנס אחר כך בכלי של המלכות, אינה אור שלה, רק אור חדש מזווג או"א, כמבואר אצלינו, וזה ענין מה שכתוב לעיל אספקלריא דלא נהרא דלית לה מגרמה כלום, **רק האור שלה הוא ממקום אחר**, וזכור ענין זה. והנה כיון שכל אלו הכלים של הנקודים נעשים בהסתכלות העין בעקודים כנ"ל, לכן כיון ששם (נ"א שכאן) היה חסר בחינת אור המלכות מן הכלי שלה, גם זה הכלי של המלכות דנקודים היה חסר, ולא יכלה לקבל אור שלה, ונשברה.
ע"ח ח"ב שכ"ח פ"ד מ"ק די"ט ע"ב – בהיות זו"ן בבטן אימא, היה ג' גו ג', בסוד ו' שבתוך הה', ושם המלכות בסוד פסיעה לבר, ברגל הו', ומכאן נתפשטו לז', הוא ו', והיא ז' לו באחור, ואימא נותנת לו נה"י שלה, והם לו בחינת חב"ד, כי ראשי תיבות בינה הם, **בינה יסוד נצח הוד**. וזהו בסוד העיבור הנעשה באדם אחר לידתו, והמ"ב זוווגים דפרשת בראשית, הם מ"ב זווגים דחיך וגרון דא"א, והם בסוד העיבור הזה. והנה הנה"י שבו נעשים חג"ת, ונקבא שם במה שחזר עתה יסוד להיות תפארת, והנה עתה חסר נה"י (לו), ואז תבונה שהם אותיות ב"ן וב"ת, ו"ה, והנה תבונה זו מתפשטת לעשות בו נה"י אשר חסרים לו, ונעשין גם כן **חב"ד לנוקבא**, ואז ז"א נותן לנוקבא גם כן **שית דיליה** (החיצונית) עצמם, ואז נשלמת לעשר ספירות, ולכן נקרא נה"י לבר מגופא, לפי שלא היה לו נה"י עד שניתנו לו מן התבונה כנ"ל, לכן נקראת **אספקלריא דלית לה מגרמה כלום**, כי הכל בא לה מחדש, **ג' מתבונה ו' מז"א**.
ע"ח ח"ב שכ"ט פ"א מ"ק דכ"א ע"א – וזה סוד הנזכר בתיקונים ומבינה נביאים, כי נצח הוד דז"א הנקרא נביאים נעשו מבינה עצמה, חדשים ממש, וכן על דרך זה בקו האמצעי ונעשה יסוד. נמצא כי בנה"י אלו החדשים יש שם ט' בחינת, שהם ג' בחינות בכל אחד משלשתן, כי בנצח ירדה שם הארת מוח דחכמה, והארת חסד ז"א שחזר להיות חכמה כנודע, והארת נצח דבינה עצמה. וכן על דרך זה, ג' בחינות בהוד. וכן ביסוד. ואמנם דע כי כאן בזה היסוד שנעשה מחדש, יש בו בחינת ו"ק, ו' זעירא, והטעם לפי שהאיר בו תפארת דז"א, שהוא כולל ו"ק כנודע. וזהו מה שכתוב בזוהר - דיסוד חד קרטיפא כלול שי"ת, **ומכח שית אלו שביסוד**

אספקלריא[108] מראה **שאינה מאירה** מעצמה, **דלית לה מגרמה כלום** אבל אור שמקבלת מאחרים יש לה[109], **כי** בזמן שאור הזך דמלכות שהסתלק למאציל **לא השאיר** בכלי שבה **שום רושם.** והשאלה היא מהיכן ירק זה חי[110], הרי חייב להיות מידה מסוימת של חיות לכלי המלכות, עונה הרב ז"ל

נעשה שיעור קומת המלכות, ולכן נקרא **אספקלריא דלית לה מגרמה כלום**, כי היא היתה תחלה נקודה נעלמת בתפארת, ואחר כך ממציאות תפארת ובחינת שלו, נתקן שיעור קומתה.

ע"ח ח"ב שמ"ב פי"ג מ"ת דצ"ב ע"ג – והנה העשיה אינה מקבלת מיצירה אלא על ידי **מסך, וריחוק, ומיעוט**, והענין כי מלכות דיצירה עשה מסך תחתיה כדי שלא ירד אור אל העשיה, אלא דרך מסך מלבוש החיצון אשר לה, ודרך המסך ההוא עובר האור מיצירה אל העשיה, וזה שכתוב בתקונים - מלכות מקננא באופן, שהוא עשיה עולם האופנים. והרי שיש מסך וריחוק, כי גם כאן היה מהראוי שכמו שהיצירה קבלה אור מהבריאה על ידי מסך תפארת דבריאה, כן העשיה תקבל אור היצירה דרך מסך מתפארת דיצירה, ואינה מקבלת אלא ממלכות דיצירה, וזה ענין ריחוק הב' הנתוסף בו, וגם זה נקרא מיעוט, כי אם המלכות דיצירה היה לה האור מפאת עצמה, אף על פי כן לא היה נקרא רק ריחוק בלבד, אבל כיון שהמלכות **לית לה מגרמה כלום, והיא אספקלריא דלא נהרא**, נמצא כי גם כן נקרא מיעוט, כי אורה גם כן ממועט משאר ספירה לטעם הנ"ל, כי אם היתה דכורא, אף על פי שהיתה אחרונה, לא היה רק בחינת ריחוק, אבל עתה נקרא גם כן ריחוק ומיעוט, והנה נתבאר כי יש בעשיה **מסך, וריחוק, ומיעוט.**

ע"ח ח"ב שמ"ז פ"ו דק"ח ע"א – והנה סוד נקודה זו ענינה היא, כי הלא נודע איך היו ב' המאורות באצילותן, בקומתן נבראו, שוין זה לזה. **וכאשר קטרגה הלבנה ונתמעטה**, פירוש שמה שהיתה בסוד פרצוף שלם, **נתמעטה ועמדה בסוד נקודה קטנה**, כלולה מעשר ספירות, והתשע נקודות אחרות פרחו ממנה כנודע, ששרשה מתחלה אינו רק נקודה אחד, ואחר כך באו בתוספת על ידי ז"א תשעה נקודות אחרות, כי לכן נקראת **אספקלריא דלית לה מגרמה כלום**, לכן חזר ז"א ונעלם, ונשארה בסוד נקודה קטנה, ואז לא יכלה לעמוד אצלו מרוב קטנותה, ואז ירדה במקום זה בראש הבריאה, ואמנם זה היה בזמן מיעוט הלבנה, בבריאת העולם.
107

ספר הזוהר פרשת ויחי דף רמ"ט ע"ב עם תרגום וביאור – **וכתיב** וכתוב בספר ישעיהו **הקשיבי ליַּשה**)ליַּשה היא בת זוגו של הלַּיש, והוא האריה(מפרש למה נקראת המלכות ליַּשה, **בגין דאתיא מסטרא דגבורה** מפני שהמלכות באה מצד הגבורה, **כמה דאת אמר** כמו שכתוב בספר משלי, **ליַּש גבור בבהמה, והאי** המלכות נקראת **ליַּשה**, היא **גבורה, לתברא חילין ותוקפין** כדי לשבור את הכוחות והחוזק של החיצוניים, המקטרגים על בני ישראל, עם כל זאת המלכות נקראת בהמשך הפסוק דספר ישעיהו **עניה ענתות, בגין דאיהי אספקלריא דלא נהרא** מפני שהיא כמראה שאינה מאירה מעצמה, **, עניה ודאי** לכן היא עניה ודלה, **לית לה נהורא** אין לה אור **לסיהרא** ללבנה, שהיא המלכות **מגרמה** מעצמה, **אלא מה דיהיב לה** אלא מה שנותן לה **שמשא** השמש, שהוא ז"א.

ישעיהו י' ל' – צהלי קולך בת גלים הקשיבי ליַּשה עניה ענתות.

משלי ל' ל' – ליַּש גבור בבהמה ולא ישוב מפני כל.
108

גמרא יבמות דמ"ט ע"ב – וארֶאה את הוי"ה, כדתניא, כל הנביאים נסתכלו באספקלריא שאינה מאירה, משה רבינו נסתכל באספקלריא המאירה.
109

כרם שלמה ש"ו פ"ה אות י"א – ודרך אגב הרב ז"ל נותן טעם מה שנאמר לשון המורגל על מלכות דאצילות, שהוא **לית לה מגרמה כלום**, והוא אם לא כלום איך מתקיימת, לזה אמר מגרמה לית לה, אבל **מאחרים אית לה**. והטעם הוא כי שורשה אשר בעולם העקודים, שהיא המלכות דעולם העקודים, לית לה מגרמה כלום, כי הרשימו שלה אין בה, ומקבלת הארתה מן הרשימו של היסוד. וזהו שכתב כי לא השאיר בה שום רושם, אך מן הרשימו שנשאר בכלי היסוד לבדו מאיר גם כן אליה.
110

גמרא בבא מציעא דקי"ח ע"ב – שתי גנות זו על גב זו, והירק בינתים, רבי מאיר אומר של עליון, רבי יהודה אומר של תחתון. אמר רבי מאיר אם ירצה העליון ליקח את עפרו, אין כאן ירק. אמר רבי יהודה אם

אַךְ עם כל זה יש לה הארה **מִן הָרְשִׁימוּ** של אור היסוד **שֶׁנִּשְׁאָר בִּיסוֹד לְבַדּוֹ**, ורשימו דיסוד המאיר בכלי שלו[111], וגם **מֵאִיר גַּם כֵּן אֵלֶיהָ**[112].

עוֹד[113] **יֵשׁ טַעַם אַחֵר אֶל הַנִּזְכָּר** מדוע המלכות נקראת **אספקלריא דלא נהרא**, דלית לה מגרמה כלום, **וְהוּא מַה שֶּׁהִתְבָּאֵר לְעֵיל, כִּי** אחרי שהסתלקו האורות דעקודים לפה דא"ק כדי להשתלם, יצאו אורות העקודים בפעם השניה מפה דא"ק, עם כל זאת **כַּאֲשֶׁר זָזְרוּ הָאוֹרוֹת לֵירֵד** דעקודים בפעם השניה מפה דא"ק, **נִשְׁאָר** אור **הַכֶּתֶר** דעקודים בפה דא"ק **מִתַּחַת**[114] לשורשי עשר הספירות דעקודים **דָבוּק בַּמֲּאֲצִיל** תוך הפה דא"ק, **וְלֹא יָרַד כְּלָל** אור הכתר בפעם השניה חוץ לפה דא"ק לחזור למקומו ולהתלבש בכלי הכתר, ובגלל שאור הכתר לא חזר למקומו מעיקרא, **נִמְצָא שֶׁאוֹר הַחָכְמָה** שהיא הספירה העליונה ביותר שיצאה בפעם השניה מפה דא"ק **חָזְרָה לַמָּקוֹם** שהיה בו אור **הַכֶּתֶר** מעיקרא, והתלבש בכלי הכתר, ואור הבינה התלבש בכלי החכמה, ואור החסד התלבש בכלי הבינה, **כּוֹ'** על דרך זה בכל ספירה[115] וספירה, ואור **הַמַּלְכוּת בַּמָּקוֹם** שעמד אור היסוד מעיקרא, והתלבש אור המלכות בתוך כלי **הַיְסוֹד, וְנִשְׁאָר** **הַכְּלִי שֶׁל הַמַּלְכוּת בִּלְתִּי אוֹר כְּלָל** מתלבש בו, **וְלָכֵן נִקְרָא כְּלִי שֶׁל הַמַּלְכוּת**

ירצה התחתון למלאות את גנתו, אין כאן ירק. אמר רבי מאיר מאחר ששניהן יכולין למחות זה על זה, רואין מהיכן **ירק זה חי.** אמר רבי שמעון, כל שהעליון יכול לפשוט את ידו וליטול, הרי הוא שלו, והשאר של תחתון.
111

הרב ז"ל מגלה טעם נוסף להנחת הרשימו, והוא שהרשימו מאיר בכלי שלו, והרשימו דיסוד מאיר גם בכלי שלו, וגם בכלי דמלכות.
112

תרשים ה – כ"ב.
113

בית לחם יהודה ש"ו פ"ה – עוד יש טעם אחר. על מה שנקראת המלכות אספקלריא דלא נהרא.
114

הרב ז"ל מבאר כי אור הכתר נשאר דבוק במאציל, בשער מטי ולא מטי מבאר הרב כי הכתר עולה לפה דא"ק ונמצא **תחת כל עשרה השורשים** דעקודים הנמצאים בפה דא"ק. ואור הכתר משמש כממוצע בין השורשים דעקודים שבתוך הפה דא"ק, לבין עולם העקודים הנמצא מחוץ לפה דא"ק.
תרשים ה – כ"ג.
ע"ח ש"ז פ"ו מ"ק דל"ב ע"א – והנה דע כי הלא קודם בחינת העקודים אלו, יש למעלה מהם שרשי אלו העשר, כתר, חכמה, בינה, כו' עד המלכות, **ולמטה משורש מלכות זו שם הוא התחלת אור הכתר הנ"ל, פניו למעלה נגד השורש שלו, ואחוריו למטה נגד כלי הכתר של בחינת העקודים.** והנה כל החיות הצריך אל העקודים האלו כולם נמשכין אליהם מהשרשים אלו העליונים, **ועוברים דרך אור הכתר הנ"ל**, וכל זה בחינת חיות לבד, אך לא בחינת שפע ממש, רק כאשר יהיה אור הכתר לא מטי בכלי שלו, כי אז יעלו ויקבלו שפע גדול משרשיהם, כמו שנכתוב בע"ה.
115

אור החכמה התלבש בכלי דכתר, אור הבינה בכלי החכמה, אור החסד בכלי הבינה, אור הגבורה בכלי דחסד, אור התפארת בכלי הגבורה, אור הנצח בכלי התפארת, אור ההוד בכלי הנצח, אור היסוד בכלי דהוד, אור המלכות בכלי דיסוד, ובכלי המלכות לא התלבש שום אור.
תרשים ה – כ"ד.

בשם **אספקלריא דלא נהרא, וכבר נתבאר זה** של התלבשות האורות דעקודים שיצאו בפעם

השניה מפה דא"ק בכלים של הספירות העליונות **במקום אזור**[116] **באורך בדרוש העקודים**[117].

הרב ז"ל מבאר את אופן בנין הכלי דמלכות[118]. **והנה כשעלתה** והסתלק אור **המלכות** עם הרשימו דיליה

במקום שעמד אור **היסוד** מעיקרא, ולא נשאר הרשימו דמלכות חופף על הכלי שלה[119], גם כל הספירות עלו

מדרגה אחת למעלה, ובעלייתם הם החזירו פניהם כלפי המאציל, כי כל רצונם הוא לעלות לשורשם, כדי לקבל ולא

להשפיע, ואחוריהם למטה, עם כל זאת שפע המאציל לא נפסק אפילו לרגע אחד, לכן כל ספירה וספירה קיבלה אור דרך

אחור מהספירות שמעליה. ואור האחור של כל ספירה היה יורד ומבטש באור הרשימו שלו, ומביטוש זה נולדו אור

הרביעי, שהוא אור הניצוצין, וניצוצין אלו היו לצורך עשיית הכלי שלו, חוץ מספירת המלכות, כי היא לא השאירה

רשימו שהאור החוזר יבטש בו. ואם כן איך נעשה הכלי דמלכות, ומבאר הרב ז"ל **הלא** אור **היסוד היה**

מאיר בה דרך אזור כדי חיותה כנ"ל[120], **ואז אותו אור** האחור של **היסוד הכה**

116

ע"ח ש"ז פ"ג דל"ב ע"ב – והענין כי הלא צריך שתבין, כי אחר שבארנו שבאים עתה האורות מחולפים,
נמצא כי אור החכמה ניתן בכתר, ואור הבינה ניתן בחכמה, ואור החסד ניתן בבינה, אם כן קשה, כי העולמות
נהפכו, כי במקום דכורא נכנס הנוקבא, ובמקום הנוקבא נכנס דכורא....

117

יפה שעה)א(– והנה כשעלתה המלכות אל היסוד, הלא היסוד היה מאיר בה דרך אחור כנז"ל, ואז אותו
האור דיסוד הכה באור זה של המלכות העולה כו'. ואם תאמר ולמה לא עשו כן כל הספירות כולם, כגון
כשהיה אור הגבורה עולה בחסד, והיה אור החסד מאיר בה דרך אחוריו. והיו מכים אור אחורים דחסד, שהוא
אור חוזר, באור הישר העולה מהגבורה, והיו נופלים ניצוצות מאותם ההכאות, והיה נעשה כלי הגבורה, וכן
על דרך זה כל השאר, והוא ממש כדרך שכתב רז"ל בעשיית כלי המלכות. ונראה לעניות דעתי לומר שאינם
יכולים להכות אור ואחורים דספירה העליונה היורד באור ישר, דספירה התחתונה העולה, כיון שאין מקום
פנוי ביניהם. שהרי אור דכל ספירה וספירה כשעולה, אין הכלי שלה מתרוקן, רק אור אחרת שבספירה
שתחתיו נכנס בו, והם הכי קיימי זה יצא להעלות בספירות שלמעלה ממנו, וזה נכנס אור ספירה אחרת
שתחתיה, שגם היא עולה ונכנס בו, ואין שום ספירה מתרוקן לגמרי, עד שיגמרו כל האורות הספירות שתחתיו
לעבור בו. לא כן ספירת המלכות, שאין ספירה אחרת תחתיה שיכנס בה. וכל כמה שעולה אור שבה ליסוד,
הכי הולך ומתרוקן הכלי שלה, הילכך אור חוזר שמאיר בה היסוד דרך אחוריו, מכה באור הישר שלה העולה,
והרי יש מקום רקני להכות ולבטש זה בזה, וניצוצות הנופלות מוציאים מקום ריקן לנוח, ומבין הכאות שלהם
נעשה כלי המלכות, ועיין מה שכתב לקמן.

118

כרם שלמה ש"ו פ"ה אות י"ג – עכשיו בא לפרש על פי ההקדמה האמורה לעיל, כי הניצוצות שהם
האותיות, שהם בחינה ד' שנולדו מהכאת האור החוזר באור הרשימו שנשאר באותו כלי. אם כן הואיל ואמרנו
כי המלכות לא השאירה רשימו בתוך הכלי שלה, במה היה מכה האור החוזר כדי להוליד בחינת הניצוצות של
הכלים.

119

ע"ח ש"ו פ"ה מ"ת דכ"ו ע"ד – והענין הוא כי כאשר נתעלו האורות למעלה, נשאר למטה האור העב
והגס, שהוא בחינת הכלי כנ"ל. והנה יש בטבע האורות להשאיר רושם שלהם למטה, במקום שהיו שם
בראשונה, ולכן כל האורות האלו בעת עלותם הניחו רשימו למטה, במקום שהיו שם בראשונה. כיצד הנה
הכתר הניח רשימו להאיר אל החכמה, וכן חכמה לבינה, ובינה לז"א, וז"א לנוקבא, כי לעולם בטבע העליון
להאיר לתחתון, ויש לו חשק להאיר בו, כמו חשק אמא לבנים, ולכן מניח ומשאיר רשימו בו. **נמצא שכולם**
מניחין רשימו חוץ מן המלכות, כי אין ספירה אחרת תחתיה להאיר בה, ולכן אין המלכות משארת רשימו
למטה.

120

בִּאוּר הָזֶה הזך והעיקרי[121] **שֶׁל הָמַלְכוּת,** ומבטישת אור האחור דיסוד, באור המלכות העיקרי **נָפַל בֵּן הָאוֹר** החוזר[122] **וְהָיּוֹרֵד דֶּרֶך הָאֲזוֹרַיִים** דיסוד **נִיצוֹצִין אֵל**[123] האור העב והגס של המלכות, וניצוצין אלו היו לצורך עשיית ה**כְּלִי** של הָמַלְכוּת.

הרב ז"ל מבאר את אופן עשיית כלי דיסוד[124], שהיה באופן שונה מעשיית הכלי דמלכות, וכן עשיית שאר הכלים חוץ מכלי הכתר. **וּכְשֶׁעָלָה**[125] [126] הזך **יְסוֹד הַנִּיזֹז** האור[127] רְשִׁימוּ בִמְקוֹמוֹ מעיקרא, מעל הכלי דליה,

---

איפה שלימה ד"ד ע"ג אות ב' – ואז אותו אור דיסוד הכה באור זה של המלכות, וכו'. עיין מה שהקשה הרב יפה שעה ז"ל בפרקין אות א', וכן הקשה בהגהות ע"ח המתחיל א"י, ועיין שם מה שתירצו. ועיין עוד בשמן ששון אות י"א שתירוצו אינו מובן, ואולי שאיזה טעות נפל בספרו
121

יש מחלוקת בין רבותינו המקובלים אם האור החוזר ביטש בכל אור המלכות, או רק בבחינת הרשימו של המלכות, שעלתה עם המלכות. דעת הכרם שלמה שהאור החוזר היכה בכל אור המלכות. דעת השמן ששון שהאור החוזר היכה בבחינת הראויה להיות רשימו
כרם שלמה ש"ו פ"ה אות י"ג – ולזה אמר אף על פי שאור הרשימו של המלכות לא נשאר בה, על כל פנים האור שלה העיקרי עצמו מלא מקום הרשימו שלה, והבטישה של האור החוזר היתה עם האור המלכות עצמו, הואיל ואין שם רשימו.
שמן ששון ש"ו פ"ה די"ג ע"ד אות י"א – והנה כשעלתה המלכות אל היסוד, היה מאיר בה דרך אחוריים כנז"ל, ואז אותו אור דיסוד הכה באור זה של המלכות העולה, כו'. כאן ראיתי מקשים איך, יש לתמוה למה בכולם נעשים הכלים מן הכאת הרשימו בהכאת האור הבא דרך אחוריים, ולמה לא נעשו מן האור העולה בעצמו, כמו שעשה בכלי המלכות, מהכאת האור המאיר דרך אחוריים באור העולה. ואפשר לישב דלעולם הכלים אין נעשין אלא מהכאת האור ברשימו, והא דנעשה כלי המלכות מן האור העולה מן המלכות, הטעם משום דרישמו גם כן עלה, ואם כן ההכאה היה גם כן **בבחינת הראוי להיות רשימו.** ואחר כך ראיתי זה בספר מקום בינה ד"ד ע"א, ועיין יפה שעה ל"ז סוף ע"ב. ולעניות דעתי נראה דזה דוקא באור המלכות לטעם הנזכר, ולא בשאר כלים דאיך אפשר דכל הספירות עליונות יעשו כן, שיכה אור חוזר שבו העולה, באור הספירה שתחתיו העולה במקומו, כמו אור המלכות, הלא אי אפשר לעשות ניצוצי הכלים לאותו כלי של ספירה בבטישת אור העולה בספירה התחתונה, דהוי מין בשאינו מינו. זה דין, וזה רחמים, או זה זכר וזה זכר. ועיין שער מטי ולא מטי פרק ג', ועל מה שתירץ הרב יפה שעה שם, **ולעניות דעתי אין תשובה מספקת** ודו"ק. והבן מה שכתב – והם סוד התגין וכמו שכתב בדרוש הנקודים, עד כאן, פירוש כמו שכתב שם שיש תגין על האותיות שהם הכלים, אותיות ספר תורה יע"ש בפרק ו'.
122

תרשים ה – כ"ה.
123

הגהות וביאורים)ה(– אמר הכותב חיים הנה ראיה כי הניצוצים הם בחינה אחרת זולת בחינת הכלים כנ"ל שער הקדמות שם. ועיין נהר שלום דף ל"ה בד"ה הנה
124

כרם שלמה ש"ו פ"ה אות י"ד – עכשיו בה לפרש כלי היסוד איך נגמר, כי מעשהו היה באופן אחר מעשית הכלי של המלכות, כי שם הבטישה היתה באור המלכות העיקרי, וכאן בעשיית האותיות דהיוסוד היתה הבטישה באור הרשימו של היסוד, כי כן אמרנו לעיל, כי היסוד הוא אחרון מן המניחים רשימו. וזה שביאר כאן.
125

הגהות וביאורים)ו(– א"י, יש לתמוה למה בכולן נעשין הכלי מן הכאת הרשימו בהכאת האור הבא דרך אחוריים, ולמה לא נעשה מן האור העולה בעצמו, כמו שנעשה בכלי המלכות, מהכאה האור המאיר דרך אחוריים באור העולה. ואפשר ליישב דלעולם הכלים אין נעשין אלא מהכאת האור ברשימו, והא דנעשה כלי

וכשבא האור החוזר של היסוד **לו דרך** לי"ג[128] **אזוריו** אלא צריך לגרוס דרך האחוריים דהוד, **הכה** האור החוזר **בזה** אור **הרשימו** דיסוד[129], **ונפלו ממנו** ר"ל מהאור החוזר[130] **נצוצין** לאור העב והגס דיסוד, **ונעשה** ממנו בבחינת כלים **על** היסוד, **ואו אותו הרשימו** דיסוד עומד למעלה מן הכלי דיסוד, **והיה מאיר בכלי** זה דיסוד **מרחוק**, ואור הרשימו **לא נכנס בתוכו. והם**[131] ר"ל אורות הרשימו של כל ספירה וספירה, **סוד התגין** שמעל האותיות בספר התורה, **וכמו שנבאר בע"ה בדרוש הנקודים, עיין**[132] **שם. וכן עשו כל**

המלכות מן אור העולה מן המלכות, הוא טעם משום דרשימו גם כן עלה, ואחר כך ההכאה היה גם כן בבחינה הראוי להיות רשימו, ודוק.
126

בית לחם יהודה ש"ו פ"ה – וכשעלה היסוד הניח רשימו במקומו, וכשבא האור וכו'. צ"ל **דרך אחוריים**, כן הגירסא בע"ח כתב יד, ובאוצרות חיים, ובשער הקדמות דף י"ג ע"ד. ור"ל וכשבא האור לו לרשימו, דרך אחוריים דהוד, הכה בזה הרשימו של היסוד, כי אין האור הבא דרך אחוריים שלו הוא יורד ומכה ברשימו של עצמו, אלא הוא מכה ברשימו של ספירה שתחתיו. כיצד, אור הבא מדרך אחורי היסוד, הוא מכה במלכות, ולא ברשימו של היסוד. ואור דאחורי ההוד, הוא מכה ברשימו דיסוד. ואור דאחורי הנצח מכה ברשימו דהוד, וכו'. עד שאור הבא מדרך אחורי הכתר הוא מכה ברשימו דחכמה, ונשאר הרשימו דכתר בלתי הכאה, כי אין בחינת אחוריים עליונים ממנו. וכן אור האחוריים דיסוד הוא הכה באור המלכות הראויה להיות רשימו. ועיין באש"ל שהעתיק מכתב יד של הרב שפת אמת וז"ל - ומה שהקשה בהגהות השמ"ש ז"ל גירסא מוטעת נזדמנה לפניו, שהיה כתוב וכשבא האור לו דרך אחוריו וכו', וכן גריס אחר כך, לפי שבשלמא שאר הספירות בהעלותם למעלה על ידי הכאה של הרשימו, היה נעשה וכו'. ולא היה לו כגירסא שלפנינו, דגרסינן על ידי הכאה במה שלמעלה מהם היה נעשה וכו'. ומשום הכי כתב ואותו אור האחוריים שלה שהיה יורד, הוא יורד ומכה ברושם שלה עצמה וכו'. יעו"ש באש"ל באורך.
127

כרם שלמה ש"ו פ"ה אות י"ד – וכאשר עלה אור היסוד, פירוש האור שלו שעלה מן הכלי שלו, הניח רשימו במקומו, ולא כמו המלכות שלא הניחה רשימו במקומה, והואיל והניח רשימו במקומו, לזה כשבא האור החוזר היורד מלמעלה, ועבר דרך אחוריו של אור היסוד, אז הכה באור הרשימו הנשאר למטה, ונפלו ניצוצות מן האור החוזר היורד, ונעשו ממנו בבחינת האותיות, שהם הגמר של הכלים.
128

הגירסא בע"ח כתב יד, ובאוצרות חיים היא דרך **אחוריים**. עיין בבל"י.
129

תרשים ה – כ"ו.
130

כרם שלמה ש"ו פ"ה אות י"ד – וזה שכתוב כאן ונפלו ממנו ניצוצין, פירוש ממנו ר"ל מן האור החוזר היורד. וז"ל שער ההקדמות – ונפלו מזה האור החוזר בחינת ניצוצות, ומהם נעשה הכלי של היסוד.
131

שמן ששון ש"ו פ"ה די"ג ע"ד אות י"א – והבן מה שכתב, והם סוד התגין, וכמו שכתוב בדרוש הנקודים, עד כאן. פירוש כמו שכתב שם שיש תגין על האותיות שהם הכלים, אותיות ספר תורה, יע"ש בפרק ו'.
132

ע"ח ש"ח פ"ו מ"ת דט"ל ע"ג – וזה טעם הספר תורה שיש לו בחינת כתיבת אותיות ותגין, וחסרים ממנו טעמים ונקודות, כי כבר ידעת כי ספר תורה הוא בחינת היסוד דאבא, וכבר נודע בזוהר בהרבה מקומות דבמחשבה איתברר כלהו, ולכן הספר תורה)נ"א ולשון ס"ת(מורה על זה הנ"ל. ועל ידי מה שהשליח ציבור קורא הפרשה בתורה בטעמים ונקודות, לתקן מה שחסר ממנו, לכן תמצא כי הטעמים יש בהם הוראה בהוצאת הבל הפה, כי יש ניגון פרטי לכל טעם בפני עצמו בהוצאתן מהפה ולחוץ, וכן הנקודות יש להם הברת כמו **א**

הַסְפִירוֹת מהיסוד עד החכמה, כאשר האור העיקרי של כל ספירה הסתלק למאציל, ומשאיר רשימו מעל לכלי, ואור האחוריים שבא דרך ספירה העליונה יורד ומבטש ברשימו, ומביטוש זה נולדים ניצוצות, והם נופלים למקום האור העב והגס, לעשות כלי.

זִוּוּן בִּכְתֶר, שֶׁבעלות אור הכתר למאציל מעיקרא ממקומו מעיקרא **הִנִּיחַ הַרְשִׁימוֹ** במקומו מעיקרא **לְצוֹרֶךְ** הארה אל הַחָכְמָה, אֲבָל הכתר **לֹא עָשָׂה בְּזוּנַת כְּלִי** לעצמו, על ידי בטישה וירידת נצוצין, **לְפִי**[133]

א א אֶ א א אוּ, אֲבָל)נ"א כי(התגין אין להם שום תנועה ונדנוד בעת קריאת האותיות, והטעם כי בחינת הטעמים והנקודות הם מורים בזמן שהאורות בתוך הכלים, ולכן הם נרגשין ונדנדים בעת קריאת האותיות, יען כי על ידי הנקודות והקריאה הם מאירין בתוך כליהם, שהם האותיות. אבל התגין מורים על זמן היות האורות על גבי האותיות, וחוץ להם, שאז אין לאותיות שום נדנוד ותנועה, כי רוחניותם נסתלק מתוכם)מן הכלים הנקודות(, אמנם עומדין עליהם מרחוק להאיר להם הארה מועטת, **כדמיון התגין העומדים זקופים על האותיות**, לא בתוכן.

133

איפה שלימה ד"ד ע"ד אות ג' – לפי שבשלמא שאר הספירות בעלייתם למעלה על ידי הכאת הרשימו במה שלמעלה מהם, היה נעשה בחינת הכלי וכו'. עיין בע"ח בפרקין, שנ"ב ה**שמ"ש צ**"ע, כי לא מצינו זה רק בכלי של המלכות שלא הניח רושם, אבל שאר הספירות כולם הכלים שלהם נעשו מבחינת אור אחוריים של אותה ספירה העולה, עד שלא הגיע למקום הספירה שלמעלה ממנה. אבל משהגיע היא הופכת פניה למטה, ואותו אור האחוריים שלה שהיה יורד, הוא יורד ומכה ברושם שלה עצמה, ומהנצוצות נעשה לה כלי. ועל דרך זה כולם. ואם כן צ"ע, למה הכתר לא עשה כלי, כי הוא מן המניחים רשימו, ואל תשיבני לומר כי בשלמא שאר הספירות שהיה להם המשך זמן מה בין ספירה לחברתה, ובאותו המשך הזמן היה יורד מהם אור האחוריים, והיה יורד ומכה ברשימו, אבל הכתר לא היה הפסק בינו להמאציל, ובאותו זמן שרצה לעלות, תכף באותו רגע נכנס במאציל, ולא ירד ממנו אור האחוריים, לפיכך לא היה מי שיכה ברשימו שלו להוציא ניצוצות. זה אינו, כי בפירוש אתמר בפרק ז' כי גם ממנו ירד אור אחוריים וכו', וצ"ע, עד כאן לשון השמ"ש ז"ל. ונ"ב)מהגהות הרב שפת אמת ז"ל שעדיין לא נדפסו וז"ל(- זה הצ"ע הראשון יצא לו לפי הגירסא שלפניו. אבל לפי הגירסא שלפנינו, והיא על ידי הכאת הרשימו במה שלמעלה מהם וכו', עיין עליה אין עוד מקום להצ"ע אז זה, ודו"ק עד כאן לשונו. גם הגירסא שלמעלה נראה שהיה כתוב לפני השמ"ש, ז"ל - וכשעלה היסוד וכו', וכשבא האור לו דרך אחוריו וכו', כמו שהוא בדפוס עץ חיים שלפנינו, אמנם בע"ח כתב יד, ובשער ההקדמות די"ג ע"ד היא כנוסחא האוצרות חיים שלפנינו שבכתב יד, ובאוצרות חיים שבדפוס ליוורנו, ור"ל אחוריים העליונים ממנו, לאפוקי ממה שכתב בהגהות מהרנ"ש ז"ל בסימן מ"ו ומ"ז, ודו"ק. וראיה לזה מלשון שער הקדמות דף הנזכר שכתב וז"ל - והאור היורד מן המאציל אל הספירות שלמטה מן הכתר וכו', וגם מלשון הרב בע"ח שכתב שהרי החכמה מקבל מאחוריים אחד לבד, שהוא אחוריים דכתר. והבינה משני אחוריים שהם כתר וחכמה וכו'. עד המלכות שמקבלת מט' אחוריים וכו', יעו"ש. נמצא שלא יצדק הקבלה מאחורי עצמם, אלא מאחורי שלמעלה ממנה, שאם נאמר גם שמקבלת מאחורי עצמה, אם כן נמצא שהכלי של החכמה מקבל משני אחוריים, שהוא כתר וחכמה עצמה וכו', וכלי המלכות יקבל מעשרה אחוריים. אלא ודאי מוכרחים אנו לומר שמה שמכה אור הרשימו באור האחוריים, ר"ל באחוריים של עליון מכה הרשימו של התחתון, ולפי זה בכתר שלא יש בחינת אחוריים למעלה ממנו, לכן הניח רשימו ולא כלי, והכלי שלו נעשה בחזרת האור פעם שנית, ודו"ק. אבל נשאר לנו קצת קושיה על מה שכתב רז"ל שהכתר הניח רשימו ולא כלי, קשה, והרי הכלים נעשו מהכאת אור ממקיף באור פנימי, מחמת שיצאו אור מקיף ואור פנימי ממקור אחד, ונקב אחד, ועל ידי כך נעשו הכלים. ואפשר דזה גורם וזה גורם וגמר הכלי היה על ידי הכאת אור חוזר של אחורי העליון, באור הרשימו של ספירה התחתונה. וגדולה מזו כתב הרב שלא נגמר הכלי, עד שנסתלק האור ממנו ג' מדרגות. וכן פירש הרב יפה שעה ז"ל בעץ חיים בפרקין אות א', כי מהכאת אור חוזר של ספירה העליונה נעשה כלי התחתון, יעו"ש ודו"ק.

שֶׁבְּשְׁלֹמָא שְׁאַר כל **הַסְפִירוֹת בְּהַעֲלוֹתָם לְמַעֲלָה**[134] לפה דא"ק, והיה נמשך אור מהמאציל דרך אחוריים של הספירות, **וְעַל יְדֵי הַכָּאָה** של אור הרשימו[135] **בַּמֶה שֶׁלְמַעֲלָה מֵהֶם (נ"א הַכָּאָה שֶׁל הָרְשִׁימוֹ)** שהוא האור החוזר היורד דרך אחורי הספירה שמעליה, ומבטישת האור החוזר באור הרשימו **הָיָה נַעֲשֵׂית** [דכ"ז ע"ג 54] **בְּזוֹינַת הַכֵּלִים** לכל ספירה וספירה. **אַך הַכֶּתֶר לֹא יֵשׁ מִי שֵׁיכָה בָּרְשִׁימוֹ שֶׁלוֹ** מפני שאין ספירה למעלה מהכתר, כדי שתתן אור אחוריים שיבטש ברשימו שלו, ועל ידי ביטוש זה יפלו ניצוצות לאור העב והגס שלו **(נ"א אוֹתוֹ בַּעֲלִיָּיתוֹ)**, לכן הכתר **לֹא נִגְמַר עֲדַיִין הַכֵּלִי שֶׁלוֹ. וַהֲרֵי** יש הבדל[136] בין בכתר, לבין חו"ב חג"ת נה"י, ולבין המלכות, **כִּי הַכֶּתֶר הַנִיזוֹן** בעלייתו למאציל **רְשִׁימוֹ, וְלֹא כֵּלִי** ר"ל הכתר הניח את האור העב והגס שלו, אבל לא הניחי ניצוצין לעשות כלי, כי לא היה אור חוזר שיבטש ברשימו ויולדו הניצוצין. **וּשְׁאַר הַסְפִירוֹת** שהם חו"ב חג"ת נה"י **הַנִיזוֹן** בהסתלקותם ועלייתם למאציל **רְשִׁימוֹ, וְעַל ידי הכאת אור האחוריים באור הרשימו נעשה כֵּלִי** לכל אחד מספירות אלו. **וְאוֹר ספירת הַמַלְכוּת** עלה כולו, ר"ל האור והרשימו, ועל ידי ביטוש אור החוזר דיסוד באור העיקרי דמלכות, נולדו ניצוצות, והם נפלו לאור העב והגס שלה, ונעשה לה כלי, לכן המלכות **הַנִיזוֹה כֵּלִי, וְלֹא** הניחה **רְשִׁימוֹ**, ולכן נקראת המלכות **אספקלריא שאינה מאירה, דלית לה מגרמה כלום.**

הרב ז"ל מבאר איך נעשה הכלי דכתר[137]. עם כל זאת צריך לדעת כי זה חלק מהתהליך של עשית הכלי דכתר, החלק השני מבואר בשער מטי[138] ולא מטי, וב' החלקים מבוארים בשער ההקדמות[139]. **אָמְנָם** אחרי שהסתלק אור הזך של

134

הַשֶׁמֶשׁ [א] – נ"ב צ"ע, כי לא מיצינו זה רק בכלי של המלכות, לפי שלא הניחה רושם, אבל שאר הספירות כולם, הכלים שלהם נעשו מבחינת אור האחוריים של אותה הספירה העולה, עד שלא הגיע למקום הספירה שלמעלה ממנה, אבל משהגיע היא הופכת פניה למטה, ואותו אור האחוריים שלה שהיה יורד, הוא יורד ומכה ברושם שלה עצמה, ומהניצוצות נעשה לה כלי, וכן על דרך זה כולם. ואם כן צ"ע, למה הכתר לא עשה כלי, כי הוא מן המניחים רשימו, ואל תשיבני לאמר כי בשלמא שאר הספירות שהיה להם המשך זמן מה בין ספירה לחברתה, ובאותו המשך הזמן היה יורד מהם אור האחוריים, והיה יורד ומכה ברשימו, אבל הכתר לא היה הפסק בינו למאציל, ובאותו זמן שרצה לעלות תכף באותו רגע נכנס במאציל, ולא ירד ממנו אור האחוריים, לפיכך לא היה מי שיכה ברשימו שלו להוציא ניצוצות. זה אינו, כי בפירוש אתמר למעלה בפרק זה, כי גם ממנו ירד אור האחוריים כו', וצ"ע.

135

כך הגירסא באוצרות חיים.

136

תרשים ה – כ"ז.

137

כרם שלמה ש"ו פ"ה אות ט"ז – עכשיו בא לפרש איך נעשה כלי הכתר, והוא כי תחלה צריך להקדים הקדמה ידועה כי בחזרת האורות לבוא מן המאציל, ולחזור ולהכנס בתוך כליהם אחר שקבלו ההארה המצטרכת להם, אזי אור הכתר נשאר למעלה בהמאציל בתוך הפה, במקום אשר תחת מלכות של השרשים. ונמצא כי החכמה חזר לירד בתוך כלי הכתר. ואור הבינה נכנס בתוך כלי החכמה, וכו', עד שנמצא כי אור המלכות נכנס בתוך כלי היסוד. על פי זאת ההקדמה ויתבאר איך נעשה כלי הכתר, ויתבאר עמו חידושו אשר לא נמצא באחרים, ולזה הקדים כאן זאת ההקדמה של חזרת האורות למקומם, חוץ מן הכתר.

138

כל הספירות לפה דא"ק כדי להשתלם, **ואזר קבלת אלו הספירות** הארה הנצרכת להם **בן המאציל**, אזי אור הכתר נשאר דבוק במאציל בתוך פה דא"ק, ושאר הספירות **זזזרו** בהתפשטות שניה **למקומם** בעולם העקודים, מפה דא"ק עד טבורו, **זזזן**[140] **בן** אור ספירת **הכתר כנזכר לעיל**,

---

ע"ח ש"ז פ"ג דל"ב ע"ג – והנה כאשר חזרו האורות ליכנס, נכנס אור החכמה בכתר, ואז אור הכתר שבתוכו שנשאר בעת הסתלקות כנ"ל, כי אין הכלי נגמר עד התרחק ממנו האור ג' מדריגות, וזה לא שייך בג"ר כנ"ל. אז נכנס אור הכתר שנשאר שם תוך אור החכמה הנכנס עתה, ומתלבשת בתוכה, ונעשית נשמה אליה, לפי שהוא אור הכתר ונעשה דכורא, והחכמה שסביבותיה נעשית נוקבא. ואז אור המובחר יותר מתלבש תוך החכמה, ומה שהחשיך מעט מחמת ריחוק האורות משם זה ישאר בחינת כלי. לב' טעמים, אחד מחמת התרחקות אור משם וגרם לו גרמת חשך, ועוד כי אפילו המובחר ממנו מסתלק ומתלבש תוך אור החכמה הנכנס שם, ואז נגמר (נב"א אור הראשון הנשאר מן הכתר ונעשית כלי לכתר, כי אור החכמה מפסיק ביניהן, באופן כי אדרבה ביאת האורות בהתפשטותן עתה הוא הגורם בג"ר אלו להעשות כלי, ולא נעשו כלים בעת הסתלקותם כנ"ל.
139

שער ההקדמות, דרוש בענין מטי ולא מטי דט"ו ע"א – ונבאר תחלה ענין ירדתם ועשייתם ג' כלים הראשונים כנזכר. כבר נתבאר למעלה כי אור הכתר נשאר מושרש עם השרש שלו הנקרא מאציל שלו, וירד אור החכמה, ובו כלולים ח' אורות תחתונים, ונכנסו יחד אל תוך כלי הכתר, וענין זה נקרא מטי כנזכר. ואז אור החכמה מצא את הרשימו של אור הכתר הנשאר תמיד בכלי כנזכר, **והם מכים ומבטשים זה בזה**, ויוצאים על ידי הכאותיהם ובטישותיהם נצוצות של אור, ומאלו הנצוצות נעשים הכלים, כמו שהודעתיך למעלה. גם הודעתיך שם כי אף להיות אור הכתר גדול מאור של החכמה, אבל בבחינה אחרת כיון שאור הכתר אשר פה, אינו רק בחינת רשימו מועט לבד, ואור החכמה עם היותו גרוע מאור הכתר, הנה הוא אור שלם בשלמותו, ולכן מצד שני בחינות אלו, זה מכה בזה, ומוציא ממנו נצוצות, וזה מכה בזה, ומוציא ממנו נצוצות, **ואז נעשים שני כלים, אחד אל הרשימו, ואחד אל אור החכמה**. באופן שהם הכאות כפולות, ועושות שני כלים, אחד לרשימו, ואחד לחכמה. ואז נעשה אור הרשימו בחינת זכר הנקרא כתר, ואור החכמה נעשה נקבה אליו. **ומתלבש אור הרשימו תוך אור החכמה, כעין זכר ונקבה, בסוד נקבה תסובב גבר**, כל אחד בכלי שלו, ושניהם ביחד, נקראים כלי אחד בלבד של כתר, כלול מזו"ן, כי אין ספירה פחותה מזו"ן.
140

ע"ח ש"ו פ"ג מ"ת דכ"ה ע"ד – ואם תאמר כאשר יחזור האור הזך לירד ולהתפשט בכלי, יחזור ויזדכך הכלי כבראשונה, ויתבטל מלהיות בחינת כלי (נב"א ויתבטלו מלהיות בחינת כלים). התשובה בזה הוא כמו שכתוב במקום אחר, כי לא חזרו כל העשר ספירות שנתעלו למקורם לחזור ולירד כולם. אמנם הט' תחתונים לבדם ירדו, והעליונה שהוא הכתר נשארה תמיד עם המאציל, ובזה נמצא שאור החכמה הוא שחזר להתלבש בכלי הכתר, וכן כל שאר הספירות, ויכולין הכלים לקבל האור הממועט ממנו עתה, ממה שהיה להם בתחלה.
מבוא שערים ד"ב ע"א – אך קשה, אם כן על מה זה נסתלק הא"ס לגמרי, וצמצם עצמו לעשות אותו המקום כולו פנוי לגמרי, בלתי קו כלל, והיה די שיניח אותו הבחינה של אותו הקו הפנימי העתידה לחזור ולהמשיך בתוכו ולא תסתלק משם, ומה שבין הב' האורות לבד שם היה לצמצם עצמו, להאציל שם העולמות, ולמה הוצרך הא"ס להסתלק לגמרי, ואחר כך לחזור ולהתלבש בפנים דרך הקו הנזכר. והתשובה בזה מבוארת כי הנה הטעם הצימצום היתה כדי להסתלק משם מן המקום ההוא אור הא"ס, **ועל ידי כך יוכלו הכלים של הא"ק להצטייר שם** כנ"ל פרק א', כי אם היות שאין בחינת הכלים נזכר עד אצילות וכו', עם כל זה שרשי הכלים ברשימו והעלם מתחילין מכאן, דאם לא כן במה יפרד א"ק מהא"ס הזה, ובהכרח שמא"ק התחיל התחלתו העולמות להתברר, כי זה היה כוונת האצילות כנזכר, ולכן כיון שכוונת המאציל היה להתחיל מכאן התחלת הכלים בהעלם נמרץ, לכן סילק כל האור למעלה, כי הנה הסיבה שאין הדינים והכלים נגלים בא"ק, הטעם הוא כי רוב האור ההוא מבטל, ואם כן הא"ס היה נשאר שם בסוד אור פנימי, ואור מסבב, לא היו הכלים מתהווים בנתים, והיו מתבטלין מרוב הארה. **אמנם אחר כך שכבר נתהוו הכלים ונצטיירו, אז אף אם יחזור הא"ס דרך הקו ההוא, לא יתבטלו, כיון שכבר נתגשמו והקדישו, וגם כי לא היה חזר האור למקומו ממש כבתחלה**, אלא באמצע דרך הקו הנ"ל.

וְאָז[141] הַכְּלִי ר"ל האור העב והגס **שֶׁל הַכֶּתֶר** לא השתלם, **וְלֹא נַעֲשָׂה** אלא רק **בַּחֲזָרָה** ובהתפשטות השניה של אור הספירות מפה דא"ק ולמטה.

הרב ז"ל כבר ביאר כי בהתפשטות הראשונה יצאו הספירות מפה דא"ק מתתא לעילא, קודם המלכות, ואחר כך היסוד, וכו', והספירה האחרונה שיצאה מפה דא"ק היתה ספירת הכתר. לעומת זה, בהתפשטות השניה יצא אור הספירות מפה דא"ק מעילא לתתא, כאשר הראשון הוא אור החכמה, והשני אור הבינה הבינה, וכו', והאחרון שיצא הוא אור המלכות.

ומבאר הרב ז"ל **כִּי** כשיצאו תשעה הספירות התחתונות מפה דא"ק בפעם השניה, לא חזרו האורות לכלים שלהם מעיקרא, אלא כל ספירה התלבשה בכלי העליון ממנה[142]. לכן **כְּשֶׁחָזְרָה** ויצאה מפה דא"ק אור ספירת **הַחָכְמָה** בהתפשטות השניה, בנרנח"י שלם עם המקיפין דליה, לא חזרה החכמה לכלי שלה, **וְאָז** אור החכמה **נִכְנְסָה בּוֹ** ר"ל באור העב והגס והרשימו דכתר, **אָז הִכָּה אוֹר הַחָכְמָה** שהוא אור ישר דחכמה, **בָּאוֹר הָרְשִׁימוּ שֶׁהִנִּיחַ בּוֹ הַכֶּתֶר בִּמְקוֹמוֹ** מעל הכלי, **וְהָיוּ אֵלּוּ** בעצם[143] **הַכָּאוֹת כְּפוּלוֹת** בסוד זיווג[144]

141

כרם שלמה ש"ו פ"ה אות ט"ז – ואז הכלי של הכתר לא נעשה רק בחזרה, ר"ל הואיל ואור הכתר נשאר לעיל ולא ירד בתוך כלי הכתר, כי אם אור החכמה, לזה צריך להיות בכלי הכתר שני בחינות, זכר ונקבה, והואיל וכן, לכן צריך שיהיה בו ב' כלים, ואי אפשר להיות אלו הב' כלים אם לא בחזרת אור החכמה בתוך כלי הכתר. ואז על ידי זה נקרא גמר הכלי של הכתר, כי הואיל ויש בו ב' אורות צריך שיהיה ב' כלים עד שיגמר כלי הכתר.

142

אור הכתר נשאר דבוק במאציל, אור החכמה התלבש בכלי דכתר, אור הבינה התלבש בכלי החכמה, אור החסד התלבש בכלי הבינה, אור הגבורה התלבש בכלי החסד, אור התפארת התלבש בכלי הגבורה, אור הנצח התלבש בכלי התפארת, אור ההוד התלבש בכלי הנצח, אור היסוד התלבש בכלי ההוד, אור המלכות התלבש בכלי היסוד, ובכלי המלכות לא התלבש שום אור.

ע"ח ש"ז פ"ב דל"א ע"ד – ואמנם לעיל ביארנו כי הסתלקות הראשונה של האורות היה כדי לעשות כלי, והנה כאשר חזרו האורות לבא פעם שניה בהתפשטות שניה, הנה היו חוזרים הכלים להתבטל כעת הראשון, לכן הוצרך שישאר אור הראשון שבכולם, שהוא אור הכתר למעלה, ולא יכנוס בכלים אלו. ולא באו רק ט' אורות לבדם, על הסדר זה, אור החכמה בכלי של הכתר, ואור בינה בכלי של חכמה, וכן על דרך זה עד שנמצא שאור מלכות נכנס בכלי יסוד, ועתה אחר שלא חזר בכלי אותו אור הראשון הנוגע אליו, אשר תחלה נסתלק ממנו, אלא הגיע לו אור אחר זולתו קטן ממנו, על כן נשארו הכלים בבחינת כלים, ולא חזרו להיות אורות כבראשונה.

143

כרם שלמה ש"ו פ"ה אות ט"ז – כי הואיל ואור הכתר נשאר לעיל במאציל העליון, אם כן החכמה היא שחזרה ונכנסה בתוך כלי והרשימו של הכתר, ואז הכה אור החכמה ברשימו של הכתר, ר"ל כבר נתבאר לעיל, כי כל בחינת הכאה פירושה הוא בחינת זיווג, ור"ל נזדווג אור החכמה עם הרשימו של הכתר. ולא בלבד החכמה נזדווג עם הרשימו, אלא שגם הרשימו של הכתר נזדווג עם החכמה. וזה שכתב **אלו הכאות כפולות**, פירוש כי יש פעם וצד אחד שהחכמה **תעשה זכר**. ויש פעם וצד אחד שהרשימו **נעשה זכר**, לפי שהרשימו של הכתר להיותו בחינה עליונה מן החכמה, פירוש אף על פי שעכשיו הוא מקומו היה למטה, והוא למטה מן החכמה שבאה עתה, על כל פנים הוא שורשו למעלה מן החכמה, להיותו משורש כתר בא. לכן היה בו כח להעשות זכר, ולהזדווג עם החכמה, ולהוליד ניצוצין. וזה שכתב לכן הוא מכה בחכמה ומוציא ניצוצין. והצד הב' שנחשבת החכמה זכר, הוא לטעם שהחכמה להיותו בא עתה מלמעלה, ונמצא עומדת על הרשימו, והוא גבוה ממנו, ולכן הכה הכה עתה ברשימו, ר"ל **נזדווג** עם הרשימו, והחכמה עכשיו נחשב בחינת זכר, והוציא ניצוצין אחרים.

144

כרם שלמה ש"ו פ"ה אות ט"ז – ואל תתמא מזה העניין שזכר פה אם הם זכר ונקבה, איך היה הזיווג כפול, שזה נזדווג בזה. כי זה דומה לזיווג נשיקין, הנקרא ד' אותיות **אהבה**, הנזכר בזהר ומובא לקמן בשער ט"ז שהוא שער ההולדה פ"ד. כי הנשיקין הם כפולים, בסוד ד' רוחין וכו'. וקיצור העניין הוא כי זיווג התחתון שהוא יסוד ביסוד, הוא שהנקבה מעלה מ"ן, והזכר נותן ומוריד מ"ד. אבל זיווג הנשיקין הוא כפול, שהזכר נותן מ"ד בסוד הבל הנשיקה שנותן בפה הנקבה, והוא בחינה אחת, והבחינה השניה שלו הוא מה שמשאיר בתוך הפה שלו. וכן הנקבה, בנשיקה שלה נותנת בתוך הפה של הזכר בחינה אחת, על ידי ההבל של הנשיקה שלה, שהיא בחינה ג', ומשארת בפיה בחינה אחת של הבל, שהיא בחינה ד'. נמצא שבפה הזכר יש בחינת מ"ן ומ"ד, ובפה הנקבה יש בחינת מ"ן ומ"ד, שכל אחד מהם נותן ומקבל.והוא מבואר באורך בשער הפסוקים פרשת וירא, בענין לידת יצחק וחבקוק, אם כן מיצינו שבזיווג הנשיקין שהוא מכונה לזיווג הג"ר, שהם כה"ב, שגם הנוקבא מזדווגת עם הזכר, ונותנת לו בחינת מה, כדמיון מ"ד, **והמשכיל יבין ויעלה לשורש השורשין**, כי העקודים הם שורשים לעולם האצילות, **ואין בענפים אם לא שיש בהשורשים**, וקרוב אני לומר שאפשר שזה הוא השורש שלהם. ולזה לא נעשה דבר זה כי אם בהכח"ב של העקודים, כמבואר לקמן בפרק ג' דשער מטי ולא מטי. כי ידוע הוא שהג"ר הוא עצמו זיווג דנשיקין, כי זיווג הנשיקין הוא נעשה בהג"ר דווקא. ואין להאריך במקום שאמרו לקצר, ודי בזה לעת עתה.

ע"ח שט"ז פ"ד ד'פ ע"ג – והנה סוד הזווג הזה שבפה נמצא בכל מציאות אצילות, בין בא"א, בין בזו"נ, והם בסוד נשיקין הקודמין אל הזווג, והבן. כי מתחלה המעוררת היא הנוקבא, וזה סוד הנרמז במסכת כתובות היינו דאמרי לאלתר בעוד שהרוק לתוך פיה, כי מבשרי אחזה אלו"ה, כי כשאדם מזדווג באשתו בהכרח מתמצה הרוק בתוך פיהם, וזה סוד סימן הזווג הנזכר בגמרא, נמצא כי הנשיקין הם זווג רוחני מאד, אך יש הפרש]בין א"א ואו"א וזו"ן[כי בא"א הזווג בפה אחד, ולכן אינם נמצאים רק ב' הארות אחא"ה גיכ"ק, אך באו"א וזו"ן הם ב' פיות, בסוד מ"ד ומ"ן בזכרים, מ"ד ומ"ן בנקבות, כי הנשיקין הם כפולים, בסוד ד' רוחין הנזכר בזוהר פרשת תרומה קמ"ו, והם ד' אותיות אהבה, והבן סוד גדול הנעלם הזה, ויהיו כבושים ללבושך.

ע"ח שט"ל פי"ל דע"ח ע"א – גם בזה תבין מה שכתוב - הינו דאמרי לאלתר כגון שהרוק בתוך פיה, פירוש כשאדם מזדווג עם אשתו, אז בהכרח מתמצה הרוק ומתהווה בתוך פיהם, והוא קודם אל הזווג, והוא סימן לו, ואמנם להיות זה הזווג עליון ורוחני מאד, לכן בתחלה מקדים זווג נשיקין לזווג תחתון. והענין כי תחלה מתעוררים ג"ר באדם להזדווג, שהם בחינת ג' מוחין דבריש, ומוציאין הטפה מזווג ההיא מזווג הנעשה על ידו, ואחר שהנוקבא העליונה שהיא בינה שבראש נטלה הטפה מסוד זווג, אז מורידה למטה ביסוד וחוזרת לצאת אל הנוקבא. נמצא שבתחלה מזדוג האדם מניה וביה, להוציא הטפה שלו ממוחין שלו, ואחר כך יורדת עד היסוד בו, ואז נותנה לאשתו ביסוד שלה. וענין זווג זה העליון דנשיקין הוא באופן זה.

שער הפסוקים, פרשת וירא – הנה בכתוב הזה ראיתי, לבאר דרוש גדול, בענין בחינת אנשים שנשמותיהם נמשכות מן הנקבה. וכמו שמצינו בענין חבקוק הנביא, בריש פרשת בשלח, וז"ל - דהוה אתי מסטרא דנוקבא, ובגין דה מותא אתקשרת לרגלוי וכו'. גם מצינו בענין יצחק, על פסוק והנה בן לשרה אשתך, דהוה אתי מסטרא דנוקבא וכו'. גם מצינו בענין בנימין, דכתיב ביה - ויהי בצאת נפשה כי מתה, ותלד בן ותקרא שמו בן אוני. והנה מצינו, כי לכן מת חבקוק, והחיהו אלישע, ויצחק נעקד, ופרחה נשמתו ממנו, כמו שאמרו רז"ל, וצריך לדעת בחינת אלו מה עניינם. הנה נודע כי ב' בחינות של זווגים נמצאו בזו"ן, האחד נקרא בשם זווג עצמו תחתון, דיסוד דיליה ביסוד דילה. הב' **בבחינת נשיקין** הקודמים אל הזווג כנודע. וגם **הנשיקין נקראים זווג עליון**, כמו שיתבאר. ואמנם בנימין היה מן הזווג התחתון. ויצחק וחבקוק מן הזווג העליון דנשיקין. .... ועתה נבאר ענין יצחק וחבקוק, הבאים מן הנשיקין. דע, כי קודם שיזדווגו זו"ן, זווג תחתון דיסוד ביסוד, מקדים להם ענין הנשיקין כנודע. וגם הם בחינת זווג, והוא יותר פנימי ועליון, כי הוא זווג ג"ר דזעיר, עם ג"ר דנוקביה. ועוד יש שנוי אחר ביניהם, כי זווג התחתון הוא גופני, ויוצא ממנו טיפת זרע גופנית דכורא, וכן ממנה טיפת זרע גופנית נוקבא. אבל זה דנשיקין, הוא רוחני, רוחא ברוחא כמו שיתבאר. ואמנם בזווג התחתון הגופניי, יש בו ב' בחינות, והוא, כי רוב הנשמות הבאות מזווג התחתון ההוא, הם בחינת טיפות נמשכות מן החו"ג, המתפשטים בו"ק דגופא דזעיר, או דנוקביה, ואינם נמשכות ממוח הדעת עצמו דברישא דזו"ן. ויש בחינה ב', והם הנשמות שהם מבחינת טיפות זרע, הנמשכות ממוח הדעת עצמו אשר בראש. אבל בחינת נשמות אלו, הם מועטין, ואינם אלא אותם הנשמות, הכלולות בעשר טיפין שנזרקו מבין עשר צפורניו

דנשיקין, כאשר ההכאה[145] האחת היא אור רשימו דכתר מבטש באור החכמה, ובביטוש זה הרשימו הוא בחינת הזכר, כי שורשו גדול מהחכמה, ואור החכמה הוא נקבה בערך אור הרשימו. וההכאה[146] השניה היא אור החכמה מבטש ברשימו דכתר, ובביטוש זה אור החכמה הבא באור ישר הוא זכר, וכל אור ישר הוא בחינת משפיע, בערך הרשימו דכתר שהוא בחינת המלכות דכתר, והוא נקבה, והסיבה שהיו הכאות כפולות, **שלפי שרשימו של כתר** שהוא רק בחינת המלכות דכתר, עם כל זאת **להיותו** בשורשו **בזינה עליונה מן** אור **החכמה** שהוא מאור מהכתר, כי[147] נודע שהבחינה הקטנה הקטנה ביותר שבעליון, גדולה יותר מה שתחת לה, **לכן** בהכאה זאת, הרשימו דכתר **הוא** בחינת הזכר, והוא **מכה באור החכמה** המתפשט בפעם השניה, שהוא בחינת הנקבה בערך אור הרשימו, **ומזיווג** זה הרשימו **מוציא ניצוצין** ר"ל הניצוצין יוצאים מאור החכמה. **וגם אור החכמה** יש לו היתרון על אור הרשימו **להיותו בא עתה מלמעלה** ויוצא מפה דא"ק באור ישר, **ונמצא** אור החכמה **עומדת** צ"ל עומד **מעל** אור **הרשימו, והוא** ר"ל החכמה **גבוה ממנו** ר"ל מאור הרשימו, **לכן הכה** אור החכמה שהוא **עתה** בחינת זכר בערך אור הרשימו הנמצא למטה ממנו, **באור הרשימו** שהוא בחינת נקבה, **והוציא** אור החכמה **ניצוצין אזזרים** מהניצוצין הראשונים שיצאו מזיווג אור הרשימו באור החכמה, וניצוצין אלו יצאים מאור הרשימו דכתר. נמצא שנופלים ב' בחינות של נצוצין, האחד מאור הרשימו המזדווג עם אור החכמה, והשני מאור החכמה המזדווג עם אור הרשימו, **לכן נעשה עתה ב' כלים** לכתר[148] דעקודים[149], כלי **אזזר לרשימו של הכתר** הנעשה מהניצוצין הנופלים מהרשימו דכתר, וכלי

של יוסף, שהם עשרה הרוגי מלכות, ושאר הנשמות הכלולות בהם, כי להיותם מן תאוות הזכר המתעורר מאליו, נמשכת הטיפה ההיא ממוח הדעת עצמו, וכבר נתבאר זה בדרוש עשרה הרוגי מלכות. ואמנם נמצא, כי עיקר זווג זה התחתון, הוא מן הז"ת. אבל זווג הנשיקין הוא מג"ר. ועוד שהוא זווג רוחני דרוחא ברוחא.

145

תרשים ה – כ"ח.

146

תרשים ה – כ"ט.

147

ע"ח ח"ב ש"מ דרוש ג' ד"פ ע"ב- ודע כי אף על פי שתראה כתוב בספרינו בחינת חיצוניות ופנימיות, אל תטעה בהם, כי לפעמים רובן של מקומות אינם מדברים רק בחיצוניות לבד, או בפנימיות לבד, כי הכל שוה כנ"ל. אלא שלפעמים קורא פנימיות אל כלי ג' הפנימי מכולם, ולפעמים קורא פנימיות זה אל נר"ן שבתוך הכלים, שהם בחינת אור פנימי כנודע. אמנם כל זה החיצוניות ופנימיות מדבר בחיצוניות העולמות בלבד, או בפנימיות בלבד, זולת המקומות שנתבאר בפירוש חיצוניות העולמות, ופנימיות נשמות העלמות, וזכור כלל זה. והנה תבין מכמה דרושים כי **חיצוניות העליון גדול מאד מפנימיות התחתון**, וכשעולה התחתון בעליון, הנה הפנימיות של התחתון נעשה חיצוניות אל חיצון העליון, וחיצוניות העליון נשאר בחינת פנימי אל החיצוניות, שהוא בחינת פנימי התחתון.

148

תרשים ה – ל.

149

כתר דעקודים הוא שורש לכתר דאצילות, כתר דאצילות מורכב מב' בחינות, הבחינה הפנימית היא פרצוף עתיק יומין, הנפרט לב' פרצופים, עתיק ונוקבא דעתיק, והוא נבנה מכל חלקי כתר דמ"ה, וחמש ראשונות דכתר דב"ן, ושלוש ראשונות דחכמה דב"ן, וארבעה ראשונות דבינה דב"ן, וגם שבע הכתרים דזו"ן. הבחינה החיצונית דכתר הוא פרצוף א"א, הנפרט לב' פרצופים, א"א ונוקבא דא"א, והוא נבנה מכל חלקי חכמה דמ"ה וחמש תחתונות דכתר דב"ן. כך שהכתר דעולם האצילות נבנה גם מחלקי אור הכתר עצמו, עם חלקי אור החכמה.

51

אזור נעשה לאור הֶחָכמָה שֶׁבָּא עַתָּה באור ישר מלמעלה, וכלי זה נעשה מהניצוצין שנפלו מאור החכמה.

כמו שכל ניצוץ בבריאה כלול מזכר ונקבה, אפילו שעל הכתר נאמר[150] **אחד קראתיו**, ועוד על הכתר נאמר[151] **אין אלהי"ם עמדי**, עם כל זאת גם הכתר כלול מזכר ונקבה[152], **וכבר**[153] **הארכנו בזה במקום אזור**[154]

תרשים ה – ל"א.
150

ישעיהו נ"א ב' – הביטו אל אברהם אביכם ואל שרה תחוללכם **כי אחד קראתיו** ואברכהו וארבהו.
151

דברים ל"ב ל"ט – ראו עתה כי אני אני הוא **ואין אלהי"ם עמדי** אני אמית ואחיה מחצתי ואני ארפא ואין מידי מציל.
152

ע"ח שי"ב פ"ב מ"ת דנ"ז ע"ג – תחלת כל צריך שטרם שנבאר הספיקות האלו, נבאר תחלה ענין אלו הנקבות שיש בעולם האצילות, הן בעתיק יומין, הן בא"א, וכו'. והענין הוא, כי הנה הודיעתיך לעיל שיש בחינת עתיק ונוקבא, וא"א ונוקבא, ואו"א, וזו"ן. אמנם יש חילוק בענין הנקבות הנ"ל, והוא כי הנה הנקבה היא דינין, והוא מבחינת בירור המלכים, ואיך יצדק שם נקבה בעתיק וא"א, שהם תכלית הרחמים, כנזכר בב' האדרות, ועוד כי הנה היות בחינת זכר ונקבה מורה על מיעוט ופירוד, ואין אחדות גמור כמו בהיות הזכר לבדו. והנה מצינו ראינו בהרבה מקומות בזוהר ובאדרא רבא דקמ"א ע"ב - בהאי דיוקנא דאדם שארי ותקין כללא דכר ונוקבא, מה שאין כך בעתיקא. וכן בהרבה מקומות מצינו שלא התחיל בחינת זכר ונקבה אלא מאו"א ולמטה, כנזכר באדרא זוטא דר"ץ ע"א - האי חכמתא אתפשט ואשתכח דכרא ונקבא, שהוא חכמה אב, בינה אם, ובגיניהו כולא אתקיים בדכרא ונקבא, וכו'. אם כן איך אנו אומרים שאפילו בעתיק וא"א יש בחינת נוקבא, והנה מצינו היפך זה בהרבה מקומות, ובפרט בספר הזהר פרשת בראשית דב"ך ע"ב - דעילת כל העילות אמר האי קרא, ראו עתה כי אני אני הוא ואין אלהי"ם עמדי וגו', דאית אחד בשתוף כגון דכרא ונקבא, ואתמר בהון כי אחד קראתיו, אבל איהו חד ולא בחושבן, ולא בשתוף, ובגין כך אמר ואין אלהי"ם עמדי, שהיא בחינת הנוקבא הנקרא אלהי"ם, שהיא דין. והנה ליישב המאמרים אלו, צריך שתדע כי בודאי שבכל העשר ספירות יש דכר ונוקבא, אלא שיש חילוק במציאותן איך הם. וביאור הענין הוא, כי הנה זו"ן אשר בהם עיקר המיתה, כי [הרי] בהם היו ענין ז' המלכים שמתו, ולכן יש בהם בחינת זכר ונקבה בפרצופים נפרדין אחד מחבירו, ומה שתמצא לפעמים שהם מחוברין אינן אלא בהיותן אחור באחור, כי אז אחוריהם דבוקים יחד וכותל אחד משמש לשניהן, וצריך נסירה באחור להפרידם. ואמנם או"א אשר היה בהם ביטול, ולא היה בהם מיתה בפועל כמו שהיה בזו"ן כנ"ל. לכן היה בהם גם כן בחינת זכר ונקבה כל אחד בפני עצמו. פירוש, בבחינת ב' פרצופים כדמיון זו"ן, אבל נתוסף בהם חיבור עצום, והוא שהם דבוקים יחד פנים בפנים תמיד בכותל אחד בלבד משמשת לשניהן, ואין ביניהן פירוד כלל, לא כמו זו"ן שבהיותן אחור באחור מתחברים, ובהיותן פנים בפנים נפרדין. וזהו הטעם שאמרו בהרבה מקומות בספר הזהר פרשת אחרי דף ס"א, ובאדרא זוטא דף ר"צ - אבל או"א לא מפסיק רעותא דתרוייהו לעלמין, כחדא נפקין, כחדא שריין, לא אפסיק דא מן דא, ולכן זווגייהו תדיר דלא פסיק. ואמנם א"א שהוא מבחינת הכתר של הנקודות, לא היה בו אפילו ביטול וכנ"ל, ואמנם הוא מן ה' אחרונות של הכתר דב"ן כנ"ל. ונודע כי א"א של הכתר דנקודים היה קצת ביטול, כאשר ירדו להעשות (כלים) מוחין לאו"א, ולכן גם בו היה בחינת זו"ן, אלא שנתוסף להם תיקון וחיבור נוסף, והוא ששניהן היו פרצוף אחד, הזכר ונקבה שבו, באופן זה כי בחינת שם מ"ה שבו נתון בכל צד ימין, ובחינת שם ב"ן שבו היה בצד שמאלי שבו, ושניהם דבוקים יחד בבחינת פרצוף אחד, וזהו ענין מה שכתוב בזוהר שהכתר הוא זכר לחוד בלי נוקבא, ר"ל בלי נוקבא נפרדת ממנו, ומה שאנו אומרים שיש זכר ונוקבא הוא, היות נמצאים בו ב' בחינות אלו של מ"ה וב"ן בימינו ובשמאלו, אשר הם בחינת זכר ונקבה בכל מקום, אבל לא שיש בו זו"ן נפרדין בב' פרצופים, והבן זה מאד. ובזה תבין איך או"א מלבישין לא"א, זה לימינו וזה לשמאלו, כי כן הדבר בא"א עצמו, צד ימין שבו הוא מ"ה דכורא, וצד שמאל הוא ב"ן נוקבא. ואמנם בעתיק יומין שהוא מבחינת ה"ר של כתר של הנקודים, ששם לא היה שום ביטול כלל מעולם, לכן בחינת זכר ונקבה שבו, שהם מ"ה וב"ן נתערבו יחד

בשער מטי ולא מטי פ"ג[155] **אֵיךְ יֵשׁ בְּכֶתֶר** דעקודים **זָכָר וְנוּקְבָּא** והם שורש לכתר דאצילות, **וְהִנֵּה אֵלּוּ הַב' שֶׁזָּכַרְנוּ פֹּה, שֶׁהֵם** ב' כלים, אחד הכלי הנעשה **הָרְשִׁימוּ** דכתר המכה באור החכמה, ומהכאה זאת נופלים ניצוצין, ומהם נעשה כלי הזכר דכתר, **ו**הכלי השני נעשה על ידי הכאת אור **הַחָכְמָה** באור הרשימו דכתר, ומהכאה זאת נופלים ניצוצין, ומהם נעשה כלי הנקבא דכתר, **וְעַיֵּין שָׁם הֵיטֵב** בפרק ג' דשער מטי ולא מטי.

כמו שבעולם הנקודים היתה בחינת שבירת הכלים, למציאות זאת של ביטול המלכים דנקודים היה שורש בעולמות העליונים, אפילו בעולמות[156] שמעל א"ק היה פגם ושבירה, לכן גם בעולם העקודים היתה המציאות היתה בחינת ביטול

לגמרי, ושניהן מעורבים יחד זה בזה, בימין בפני עצמו, וכן בשמאלו, ואינם כמו א"א. וזה שכתוב באדרא רבא דקכ"ט ע"א - לית שמאלא בהאי עתיקא סתימאה, כולא ימינא. והענין כי בא"א הזכר בימין והנקבה בשמאל, אבל בעתיק יומין צד ימין שבו כלול ממ"ה וב"ן, וכן בצד שמאל, אם כן שוין הם, ואין הפרש בין ימינו לשמאלו. אמנם בחינת הנקבה והזכר שבו הוא באופן אחר, והוא שהם ב' בחינת פנים ואחור, פירוש כי בין צד ימין ובין צד שמאלו יש בו בחינת מ"ה מצד פנים ובחינת ב"ן מצד אחור ובזה **הוא חיבור נפלא גדול מאד**. ובזה תבין כי לא תמצא שיש בעתיק פנים ואחור כו שיש בכל השאר ממנו ולמטה והענין כי העתיק מצד א' יש לו מ"ה ומצד השני יש ב"ן והוא באופן זה כי ודאי שבשם מ"ה יש פנים ואחור וכן בשם ב"ן יש פנים ואחור והם דבוקים אחור דמ"ה באחור דב"ן והפנים דמ"ה מצד זה ופנים דב"ן מצד זה ונמצא שמצד זה ניכרים ונראין פני מ"ה ומצד זה פני ב"ן והאחוריים דשניהם דמ"ה וב"ן מכוסים זה לזה מבפנים תוך ב' בחינת פנים א"כ אין מתגלה בעתיק בחינת אחור כלל ולכן כולו נקרא פנים אבל א"א אשר שם מ"ה עומד לבדו לימינו הפנים מצד זה ואחור מצד זה וכן בשמאלו פנים דב"ן מצד זה ואחור מצד זה והאחוריים מצד זה נמצא שב' הפנים של מ"ה וב"ן הם מצד א' וב' אחוריים של מ"ה וב"ן מצד האחר ולכן יצדק בו בחינת פנים ואחור ואמנם מה שאנו אומרים לפעמים גם בעתיק בחינת פנים ואחור הכוונה על ב' בחינת של מ"ה כי ב"ן ושל ב"ן כי בחינת ב"ן ואפי' הפנים שלו יקרא אחור בערך המ"ה העומד בצד אחר ונמצא כי הפנים דמ"ה נקרא פנים ובחינת הפנים דב"ן העומדים מצד א' נקרא אחור בערך שם מ"ה.
153

בית לחם יהודה ש"ו פ"ה – וכבר הארכנו בזה במקום אחר. הוא בסוף פרק ג' דמטי ולא מטי.
154

הגהות וביאורים)א(– סוף דרוש ג' מן מטי ולא מטי.
155

ע"ח ש"ז פ"ג דל"ג ע"א – כלל הדברים, כי בכל עולם יש שם י"ה, שהוא זו"ן, כתר וחכמה. ובחכמה יש זו"ן, והוא שם י"ה אחר, והוא חו"ב. ובינה שם י"ה אחר, שהוא זו"ן, והוא החכמה)נ"ב י' מן חכמה(המתחדשת מן הזווג העליון שבזו"ן שבחכמה י', ובינה היא נקבה אליו והיא אות ה', הרי שם י"ה גם כן בכאן. ועוד יש בה אור החסד שהוא בחינת בן כל אחד מאלו ג"ר, נקרא אות יו"ד במילוי, כי הכתר יש בה זו"ן י"ו, והכלי עצמו הוא ד' של היו"ד. גם חכמה יש בה יו"ד, שהוא י"ו זו"ן, והד' הוא הכלי. אך הבינה נקראת יו"ד בבחינת ג' אורות שבה, וסדרן יד"ו והם חכמה, בינה, חסד, אך הכלי אינו נזכר עתה, גם טעם אחר למה טפת י' מזווג חכמה הוא בעלה של בינה הזו התחתונה, לפי שכשמזדווג זו"ן שבחכמה אינם מוציאין טפת היא מעצמותה, רק מלמעלה שהוא מן הכתר, לכן גדול כחו מאור בינה התחתונה.
156

שער גן עדן, אורח צדיקים, פתח ה', דרך ח' די"ב ע"ד – והנה אחר שעבר האור מאין סוף דרך הפתח **ונכנס בטהירו**, אזי אותם האורות שהיו בטהירו נעשים כלים לקבל זה האור, וזה האור כבר ביארנו שנעשה ממנו בחינת מקיף ופנימי אל האורות שבטהירו. והנה אור המקיף באשר שירד דרך עיגולים כמו שכתוב לעיל, והיה לו מקום להתפשט תוך הטהירו, לא הלך במרוצה ולא הגיע ממנו שום פגם אל האורות שבטהירו, רק מעט מזעיר כמו שכתוב לפנינו. אבל אור הפנימי שירד דרך קו ישר בתוך הכלים ולא היה לו מקום להתפשט אנה ואנה, ירד במרוצה גדולה, ומחמת זה הגיע פגם גדול בכלים, כמו שכתוב לפנינו. הנה כלי הכתר באשר

שהיא זכה מאוד, היתה יכולה לסבול לאור הפנימי בתוך השלוש ראשונות שלו, אף שהיו מגולים, באשר שהם זכים מאוד, ודומים קצת לאור אין סוף, כמו שכתוב כבר, לכן לא הגיע בהם שום פגם, ושבע אחרונים שלו אף שאינם זכים כל כך באשר כי נפלו זה לזה, וגם נתלבשו באורות חכמה ובינה כמו שכתוב לעיל, יכלו גם כן לסבול האור הגדול. ואף שמצינו מבואר מתוך כתבי האריז"ל שגם בנה"י של הכתר היה בו מעט פגם, אינו מצד עצמותו, רק באשר שנתלבשו חכמה ובינה ונכללו בהם. וחכמה ובינה היה בהם פגם כמו שכתוב לפנינו, אזי בידי הוצא לקו כרבא, ומצדם יתואר בו מעט פגם, שהלבושים שלו נפגמו, אבל לא הוא עצמו. וחכמה ובינה מצד אור פנימי של כליהם לא היה בהם פגם, באשר שקיבלו האור דרך מסך מצד הכתר, שהרי כלי הכתר נעשה מסך בפניהם, רק שהוצרכו להתרחבו לקבל האור דרך מסך בפנימיות שלהם, והיה זה כמו עילוף הלב כמו שכתוב לקמן. אבל מצד חיצון הכלי שלהם שהוא סוד אחוריים שם הגיע הפגם, באשר שאחוריים שלהם היו מגולים, וקבלו אור גדול מן אור המקיף גם כן בלי לבוש, נסדקו מעט אחוריים של הכלים שלהם, היינו החכמה בסוד סדיקת חטה, והבינה בסוד סדיקת שעורה. וכן הוא מבואר מתוך כתבי האריז"ל, ונתן טעם לזה כי סדיקת החטה מועטת מן השעורה, אף כאן היה סדיקת החכמה מועטת מן הבינה, כי כלי של החכמה היא זכה מכלי של הבינה, אבל עיקר טעם שנמשלו לחיטה ושעורה לא נתבאר שם. ולכן אודיעך זה הסוד, והענין הוא כי החטה הוא מאכל אדם, והשעורה מאכל בהמה, ויתבאר לקמן כי התפארת נקרא אדם, ויניקתו ובניינו מן נובלות החכמה, היינו מאותן הנובלות שנפלו מן האחוריים של החכמה בסדיקתו, מזה נתתקן התפארת אחר התיקון כמו שכתוב לקמן בסוד שאמרו ז"ל - נובלות חכמה תורה. רוצה לומר מן החכמה נתתקן התפארת שהיא סוד תורה, כמו שכתוב לקמן. והמלכות נקראת בהמה, בסוד בהמה הרבוצה על אלף הרים, והוא סוד שם ב"ן, שהוא במלכות, כי היא הבת שהיתה לאברהם ובכ"ל שמה, כמו שכתוב הכל במקומו. והמלכות נתקנת מן נובלות הבינה, כמו שכתוב לקמן בסוד שאמרו ז"ל - נובלות בינה שכינה, כי המלכות שהיא סוד שכינה יונקת מהשמאל שהוא הבינה, ולכן נמשלה החכמה לחטה, והבינה לשעורה, והבן. ועוד טעם אחר כי אמרנו שהכ"ב אותיות שירדו בתוך הטהירו היו מסוד רזא דמחשבה, סוד החכמה, וכ"ה הוא סוד חט"ה במספר השווה. ושעורה – מלכות, שיעור ומדה שהוא סוד הבינה, ששם סוד קו המדה, שהיא נותנת מדה לכל הציורים כמו שכתוב כבר, כי בבינה הוא סוד הציור, ולכן נמשל החכמה לחטה ובינה לשעורה. ובזה תבין הסוד מה שרמזנו כבר למעלה בסוד מנחת קנאות, שהוא עומר שעורים שעל ידי הגבורות היורדים מהבינה היא נבדקת, והמשכיל יבין. הנה נתבאר לך הפגם מה שנעשה בשלש הראשונים של הטהירו, אבל השבע אחרונות וגם המלכות מאחר שלא היו כליהם זכים כל כך זכים שיוכלו לסבול האור הגדול, וגם שהיו מגולים בלא לבוש, וגם קבלו האור בלי מסך, כי הכתר נכפל חציו בחציו והם נשארים למטה בלי מסך, וכשירד האור הגדול דרך מעבר כלי הכתר והגיע אליהם, נשברו כליהם לגמרי, הן מצד הפנימיות שלהם הן מצד האחוריים שלהם, אך זה ההפרש היה בין שבע נקודות ובין המלכות, כי שבע נקודות שכולם הם בסוד ווי"ן כמו שכתוב לקמן, והיו כליהם צרים מאוד, ועתה הוצרכו להתרחב לקבל האור הגדול, נתפרקו אבריהם ונשברו לגמרי, ונחשב להם למיתה גמורה כמו שכתוב לקמן, אבל המלכות שכבר קנתה המעלה, שנעשית בצורת אות ב' והיתה מעט רחבה, וגם שהיה לה גג למעלה המעכב את האור מלבוא לפנים הכלי, לכן לא נשברה לגמרי, רק הגג העליון נשבר שעליו, ירד כל האור ולא יכול לסבול, ונשארה שוב בציורה הראשונה שהיא ר' הפוכה, והגג שלמעלה לא נשבר לגמרי אף שהגיע האור גם עליה, לפי שהיתה לה סמיכה מלמטה מחמת קו הרוחב, וזה היה שורש לסמיכת נפילתה אחר התיקון, בסוד סומך הוי"ה לכל הנופלים, כי עיקר מלת נפל קאי על המלכות, בסוד סוכת דוד הנופלת, ודוד היה סוד נפל מזה הטעם כמו שכתוב במקומו, וזכור כלל זה. ולכן בחינת מלכים הנזכרים בפרשת וישלח, דכתיב - ואלה המלכים אשר מלכו בארץ אדום לפני מלוך מלך לבני ישראל, **שקאי על השבע אורות שבטהירו, והמלכות היא השמינית, וכולם הם סוד מלכים**, כי כל הטהירו כבר ביארנו שקודם התיקון היו כולם מרשום אור מנקודת המלכות שנסתלק לצדדים כמו שכתוב למעלה, ולכן שם בחינת מלכים הנזכר לעיל, נזכר מיתה בשבע מלכים, ובמלך השמיני לא נזכר מיתה בתורה, ויתבאר עוד לקמן באר היטב.

שער גן עדן, אורח צדיקים, פתח ה', דרך ט' די"ג ע"ב – ואל יקשה בעיניך מה שאנחנו תוארים מיתה ושבירה ברום גבוהים, שהרי מבואר מתוך כתבי האריז"ל, שאף האורות שיצאו אדם קדמון שיתבאר לקמן בשער השני, לא היה שום שבירה, רק בעולם הנקודות, שהם מנצח הוד ויסוד ולמטה של אדם קדמון, ואיך אנו מכנים בעולם זה העליון שקדם כמה אלפים ורבבות עולמות לאדם קדמון כמו שכתוב לקמן, איך יתואר שם

המלכים בצד מה. **וְהִנֵּה**[157] בעולם הנקודים היתה בחינת ביטול המלכים, שהם סוד מלכי אדום הנזכרים בפרשת וישלח[158], וביטול מלכים אלו דעולם הנקודים חייב להיות שורש בעליונים, ושורש זה הוא בעולם העקודים, **מִכַּאן** תּוּכַל גם **לְהָבִין אֵיךְ יֵשׁ גַּם כֵּן בָּעוֹלָם הָעֲקוּדִים מְצִיאוּת בִּיטוּל מְלָכִים בְּצַד מָה** כמו בעולם הנקודים, **כְּמוֹ וּכְדְמְיוֹן אוֹתָם מְלָכִים שֶׁמָּלְכוּ בָּאֶרֶץ אֱדוֹם** עם כל זה יש הבדל[159] בין הביטול בעולם העקודים לעומת הביטול בעולם הנקודים, וההבדל הוא בעולם העקודים היתה בחינה אחת של ביטול, והיא **שֶׁהָאוֹרוֹת חָזְרוּ לְשׁוֹרְשָׁם, וְהַכֵּלִים נִשְׁאֲרוּ בִּמְקוֹמָם**, ולא ירדו למטה, לכן לא היתה שבירה ממש ח"ו בעולם העקודים. לעומת זאת בעולם הנקודים היו ב' בחינות של ביטול, האחת **הָאוֹרוֹת חָזְרוּ לְשׁוֹרְשָׁם**, והשניה **הַכֵּלִים יָרְדוּ לְבִי"עַ**, לכן **שָׁם** בעולם הנקודים **מֵתוּ** המלכים **וְנִתְבַּטְּלוּ** וזאת מיתה ממש, **כַּנִּזְכָּר בְּדְרוּשֵׁי**[160] **עוֹלָם הַנְּקוּדִים. שֶׁהֲרֵי עִנְיָן** הסתלקות **וְהִתְעַלְּמוּת הָאוֹרוֹת** האלו **שֶׁל הָעֲקוּדִים, וַעֲלִיָּיתָן בְּמַאֲצִילָם** בפה דא"ק, **הוּא גַם כֵּן** סוג ובחינה של **בִּיטוּל מְלָכִים**

מיתה ושבירה. אך אם תדקדק היטב בדבריו תראה **כי מקרה אחד לכל העולמות, אך שאינו רוצה לבארם והכל לפי ערכם, וכאן היה שורש לכל העולמות שלמטה, ואם תשכיל אז תבין.**

157

כרם שלמה ש"ו פ"ה אות י"ז – פירוש, כי ידוע שהביטול של מלכי אדום היו שהאורות נשארו בעולם האצילות, והכלים ירדו לעולם הבריאה, מפני ששם הכלים לא יכלו לסבול האורות שבאו להם. כי היו הכלים קטנים, ולכן נפרדו זה מזה, ולזה נקראים שם ביטול. נמצא שבכל מקום שיש עליית והסתלקות האורות מן בחינת הכלים שלהם, והאורות הם במקום אחד, והכלים במקום אחד, **נקרא ביטול**. וכן כאן נמי בעולם העקודים אמרנו שהאורות נסתלקו מן הכלים שלהם ועלו למעלה, כדי להשתלם במאצילם, נמצא שיש זמן מה שנפרדו האורות מן הכלים, וזה העלייה היא אינה טובה להכלים, כי נשארים בלתי חיות בצד מה, בסוד כי רגע באפו, הנזכר לקמן בפרק ז', ולזה נקרא ביטול להכלים דעקודים בצד מה.

158

בראשית ל"ו ל"א-ל"ט – ואלה המלכים אשר מלכו בארץ אדום לפני מלך מלך לבני ישראל. וימלך באדום **בלע בן בעור** ושם עירו דנהבה. וימת בלע וימלך תחתיו **יובב בן זרח** מבצרה. וימת יובב וימלך תחתיו **חשם מארץ התימני**. וימת חשם וימלך תחתיו **הדד בן בדד** המכה את מדין בשדה מואב ושם עירו עוית. וימת הדד וימלך תחתיו **שמלה ממשרקה**. וימת שמלה וימלך תחתיו **שאול מרחבות הנהר**. וימת שאול וימלך תחתיו **בעל חנן בן עכבור**. וימת בעל חנן בן עכבור וימלך תחתיו **הדר** ושם עירו פעו ושם אשתו מהיטבאל בת מטרד בת מי זהב.

159

כרם שלמה ש"ו פ"ה אות י"ז – ואל תחשוב כי ח"ו שדומה זה לזה, והוא כמו ששם ירדו הכלים דנקודים מעולמם לעולם אחרת, שהיא עולם הבריאה, כך ח"ו כאן. לזה אמר שהרי ענין התעלמות האורות של העקודים ועלייתן במאצילם, הוא גם כן ביטול מלכים בכאן, **דוק ותשכח כי בכל עולם ועולם הביטול נעשה בה הוא כפי ערכו**, כי הביטול של מלכי אדום דנקודים, ביטולם הוא בשני בחינות, והוא אחד הסתלקות האורות למעלה. והשני הוא ירידת הכלים למטה, לעולם אחר. אבל בכאן לה היה רק התעלמות האורות המאצילם, וזה הבחינה לבדה היא שנקראת ביטול של עולם העקודים. וזה שאמר כאן, **שהרי התעלמות האורות וכו', הוא גם כן ביטול מלכים**, בכאן דייקא בכאן, ר"ל בכאן בעולם העקודים, שהיא עליונה וזכה מאוד. כפי ערכה שהיא גדולה, נקרא זה ביטול לגבה.

160

ע"ח ש"ח פ"ה מ"ת דט"ל ע"א – ונחזור לבאר סדר יציאת ז' מלכים אלו מתוך הבינה, ואיך נשברו. הנה ראשונה יצאו כולם מתוך הבינה והיו כלולים באור הדעת, ונכנסו עמו בכלי שלו. והנה נודע כי ו')נ"א ז'(מלכים אלו הם בחינת ו"ק דז"א, וכל אחד אינו גדול מחבירו, כי כל אחד הוא קצה אחד כחבירו, ולכן לא היה כח בשום כלי מהתחתונים לסבול בתוכו יותר מחלק אור המגיע לחלקו בלבד, וכאשר יצאו כולם כלולים בדעת, לא היה יכול הכלי לסבול את כולם, **ונשבר וירד למטה** כמ"ש בע"ה.

בְּכָאן[161], צ"ל[162] וכפי מה שנתבאר בסוד הנקודים תנת"א[163], איך הם מורים על מיתת המלכים, משם תבין גם כן מציאותם כאן בעולם העקודים, **דּוּק וְתִשְׁכַּח** שיש דמיון[164] בין התנת"א דעקודים לתנת"א דנקודים, עם קצת הבדל.

הביטול בעולם העקודים היה שהאורות הסתלקו והכלים נשארו במקומם, ובעולם הנקודים האורות הסתלקו והכלים ירדו ממקומם לבי"ע. ועוד[165] הפרש בין העקודים לנקודים והוא, בעולם העקודים יצאו האורות תחילה, ואחר כל נעשו

___

161

הגהות וביאורים)ב(– נוסח אחר, וכפי מה שכתוב בסוד הנקודים ענין תנת"א, איך מורים על מיתת המלכים, משם גם כן תבין מציאותם בכאן.
162

כך הוא הנוסח באוצרות חיים.
163

ע"ח ש"ח פ"ו מ"ת דט"ל ע"ג – והנה בענין העקודים כבר נתבאר לעיל ענין בחינת תנת"א שבהם. ונבארם פה בבחינת הנקודים, ונאמר כי בחינת הנקודים הם האורות הראשונים שיצאו בראשונה, והאותיות הם הכלים, ואחר כך כשנשברו הכלים ונפרדו איש מעל פני מתו, האורות נשארו בבחינת תגין על האותיות שהם הכלים. והטעמים הוא שם מ"ה החדש שיצא אחר כך מאור המצח לתיקון המלכים, כמו שנכתוב בע"ה. וזה טעם הספר תורה שיש לו בחינת כתיבת אותיות ותגין, וחסרים ממנו טעמים ונקודות, כי כבר ידעת כי ספר תורה הוא בחינת היסוד דאבא, וכבר נודע בזוהר בהרבה מקומות דבמחשבה איתברירו כלהו, ולכן הספר תורה)נ"א ולשון ס"ת(מורה על זה, הנ"ל. ועל ידי מה שהש"ץ קורא הפרשה בתורה בטעמים ונקודות, לתקן מה שחסר ממנו, לכן תמצא כי הטעמים יש בהם הוראה בהוצאת הבל הפה, כי יש ניגון פרטי לכל טעם בפני עצמו בהוצאתן מהפה ולחוץ, וכן הנקודות יש להם הברת כמו **א א א אָ א א א או**, אבל)נ"א כי(התגין אין להם שום תנועה ונדנוד בעת קריאת האותיות, והטעם כי בחינת הטעמים והנקודות הם מורים בזמן שהאורות בתוך הכלים, ולכן הם נרגשין ונדנדים בעת קריאת האותיות, יען כי על ידי הנקודות והקריאה הם מאירין בתוך כליהם, שהם האותיות, אבל התגין מורים על זמן היות האורות על גבי האותיות, וחוץ להם, שאז אין לאותיות שום נדנוד ותנועה, כי רוחניותם נסתלק מתוכם,)מן הכלים הנקודים(אמנם עומדין עליהם מרחוק להאיר להם הארה מועטת, כדמיון התגין העומדים זקופים על האותיות, לא בתוכן.
164

יש דמיון בין תנת"א דעקודים לתנת"א דנקודים, עם כל זה יש הבדל מסוים. **בעקודים** הטעמים הם האור הראשון שיצא מפה דא"ק, הנקודות הם האור החוזר. התגין הם אור הרשימו הנשאר. והאותיות הם אור הניצוצין הנופלין על ידי ביטוש. **בנקודים** הטעמים הוא אור מ"ה החדש. הנקודות הם האור הראשון שנכנס בכלים. התגין הם אורות הרפ"ח. והאותיות הם הכלים שנשברו ונפלו לבי"ע.
תרשים ה – ל"ב.
ע"ח ש"ו פ"ה מ"ת דכ"ז ע"ב – והרי הוא ד' בחינות אור, והם סוד ד' בחינות תנת"א כנ"ל, שהיו כולם נכללין כאן בענין העקודים. וזה פרטן, אור ראשון טעמים. אור אחוריים נקודות, כי הנקודות הם לעולם דין. ואור רשימו תגין. ואור של ניצוצין הנופלין על ידי הכאות האורות זה בזה כנ"ל, הוא אותיות, אשר מהם נעשה בחינת הכלים.
ע"ח ש"ח פ"ו מ"ת דט"ל ע"ג – והנה בענין העקודים כבר נתבאר לעיל ענין בחינת תנת"א שבהם. ונבארם פה בבחינת הנקודים, ונאמר כי בחינת הנקודים הם האורות הראשונים שיצאו בראשונה, והאותיות הם הכלים, ואחר כך כשנשברו הכלים ונפרדו איש מעל פני מתו, האורות נשארו בבחינת תגין על האותיות שהם הכלים. והטעמים הוא שם מ"ה החדש שיצא אחר כך מאור המצח לתיקון המלכים, כמו שנכתוב בע"ה.
165

ע"ח ש"ח פ"ב מ"ת דל"ו ע"ב – אמנם האור הראשון שהיה בתחילה למטה ועלה למעלה, שוב לא ירד ונשאר שם מהטבור ולמעלה, ושם הניח שורשו תמיד, ומשם נתפשט ויצא **דרך העינים, והם הם הנקודים,** ונמשך ונתפשט בחוץ עד סיום רגליו דאדם קדמון כנ"ל. והנה כל האור הנמשך עד הטבור אפילו שהוא

הכלים. ובעולם הנקודים נעשו הכלים, ואחר כך באו האורות להתלבש בהם. **אמנם** יש עוד הפרש בין העקודים

לנקודים, **וההפרש אשר ביניהן הוא זה, כי כאן בעקודים** האור הזך והעב יצאו ביחד,

ולא היה בחינת כלי ממש, לכן המאציל סילק את האור הזך מהאור העב והגס, כדי לעשות כלים, וזה **היה**

הקלקול ר"ל סילוק האורות **על מנת לתקן** את הכלים, **וסותר** ומפריד בין האור הזך לבין האור העב

והגס **על מנת לבנות** את הכלים דעקודים, **כי זה היה עיקר הכוונה** של המאציל **לעלות**

את האורות הזכים **כדי** שיופרד האור העב והגס מהם, **לעשות** מהאור העב והגס את **בזיונת הכלים**

דעקודים, לכן הכלים דעקודים **לא נשברו**, ולא היתה מיתה ממש בעקודים, אלא רק סילוק האור מהם. עם כל זאת אחרי

סילוק האורות דעקודים, וחזרתם, **לא נשתנתה מציאות עולם העקודים. אבל** בעולם ה**נקודים** נעשו הכלים

תחילה, ואחר כך התלבשו בהם האורות שלהם, ולא יכלו הכלים לקבל את האור, ונשברו הכלים, **והיה ביטול**

שהוא סילוק האורות לשורשם, **ושבירת הכלים**, שהוא ירידת שברי הכלים לבי"ע, שהוא **מיתה גמורה ממש**

בסוד[166] בונה עולמות ומחריבן. ואחרי המיתה והחורבן, היתה מציאות של תיקון העולם הנקודים, **והמציאות של עולם**

מבחינת העינים, הכל הוא נבלע ונכלל בעקודים, ולכן איננו ניכר, אבל האור הנמשך מתחת הטבור עד רגליו זהו לבדו נקרא בשם נקודות, לפי שהוא עומד עתה לבדו, וכן אותו אור שיורד דרך הפרסא מחדש על ידי זווג הנ"ל, גם הוא בוקע הגוף והכלי דאדם קדמון, ויוצא לחוץ ומאיר באלו הנקודים, הרי ב' מיני אור לצורך הנקודים. ועוד יש **אור ג'** והוא בהכרח, כי כאשר יורד ומתפשט אור העין למטה דרך העקודים)נ"א ועוד אור ג' הוא לקח כי בהכרח כשירד אור העין הוא עובר דרך אזן חטם פה(, הנה הוא מסתכל באורות אח"פ, והוא שואב משם, **ולוקח מהם אור לצורך עשיית הכלים של הנקודות**, ולוקח מג' בחינות, שהם אורות אח"פ.

ע"ח ש"ח פ"ד פ"ד מ"ת דל"ח ע"ב – עוד יש הפרש שני, והוא **כי בעקודים תחלה יצאו האורות, ואחר כך נעשו הכלים כנ"ל, אבל בנקודים יצאו תחלה עשרה כלים זה זה למטה מזה**, ונעשה על ידי הסתכלות העינים בג' אורות של אח"פ כנ"ל. לכן אחר שיצאו העשרה כלים והונחו במקומן זה תחת זה, כל אחד לבדו, אז יצא האור אחר כך)נ"א אח"פ(על דרך זה, שיצא הכתר תחלה ונכנס בכלי שלו, ובו כלולים כל הט' אורות. וכן החכמה יצאה אחר כך, ובו כלולים כל הח'. וכן עך דרך זה עד שיצאה המלכות לבדה באחרונה. נמצא שיצא הכתר תחלה ונכנס בכלי שלו, והיו כלולים בו כל התשעה אורות. ואחר כך נשאר אור הכתר בכלי שלו, ויצא אור החכמה עם ח' אחרים כלולים בו, ונכנס בכלי החכמה. ועל דרך זה, עד שסיימו כולם לכנוס בכלים שלהם. אבל דע כי כאשר אור הכתר נכנס תחלה בכלי שלו, היו שאר האורות בטלים בו, בערכו שהוא גדול מכולם יחד, ולכן היה יכולת בכלי שלו לסובלו, ולסבול ט' אורות האחרים, ולא נשבר. וכן כאשר יצאה אור החכמה ונכנס בכלי שלו, היו הח' אורות כלולים בו. וכן בצאת אור הבינה כלולה מז' אורות, ונכנסים בכלי שלה, היו הכלים יכולים לסבול ולא נשברו, כי כולם הם בטלים בערך או"א, דמיון הבנים שבתחלה עומדים כלולים במוח אביהם, בסוד טיפת מוח. וכן בהיות בנים בסוד עיבור במעי אמן, יכולין להיות שם, והיא יכולה לסובלם, ונתנה החכמה בבינה בסוד זווג פנים פנים, והיו כולם בכלי הבינה, כי תחלה היו אחור באחור, ונזדווג הכתר מניה וביה, והמשיך מוחין להם, ואז חזרו פנים בפנים וזו"ן ניתנו בה והיו בה בסוד מ"ן, והיו מעמידין מוחין דאו"א על עמדן, ואחר כך בנזדווגו יחד או"א, והוציאו ז' מלכים אלו(ולכן היה בחינת התיקון בג"ר, ולא נשברו כלל. וכאשר היו הז"ת כלולין במעי אמם, היו שם בבחינת מ"ן המעוררין זווג עליון. **אמנם בצאת משם הז"ת שהם הז' מלכים שמלכו בארץ אדום, ורצו ליכנס בכלים שלהם, ולא יכלו הכלים לסבול, ונשברו ומתו,** כמו שנבאר בע"ה.

166

מדרש רבה, קהלת י' י"א – את הכל עשה יפה בעתו, אמר רבי תנחומא בעונתו נברא העולם, לא היה ראוי להבראות קודם, לכן אלא לשעתו נברא, שנאמר - את הכל עשה יפה בעתו. אמר רבי אבהו מכאן שהיה הקדוש ברוך הוא **בונה עולמות ומחריבן, בורא עולמות ומחריבן,** עד שברא את אלו, ואמר דין הניין לי יתהון לא הניין לי.

הנקודים נשתנתה לגמרי, כי תחילה עמד[167] עולם הנקודים בבחינת חד סמכא, ועתה בתיקון עמד עולם הנקודים בבחינת ג' קווין, ונקרא עולם הברודים, או עולם האצילות.

הרב ז"ל כתב כי בעולמות אח"פ היו אורות בלתי כלים, עם כל זאת שרשי[168] הכלים דאח"פ התגלו, אבל הכלים דאורות האזן והחוטם לא נתגלו, מפני שהאור המקיף והפנימי שלהם לא פגעו אחד בשני, ולא היתה הכאה וביטוש, ובאורות הפה דא"ק התחילו הכלים להתגלות. **ואמנם לפי שׁמן העֲקודים התזיִלו הכלים להתגֹלות קֹצֹת** על ידי הכאת האור המקיף באור הפנימי היוצאים מפה דא"ק[169], **לכן גם בכאן** בעולם העקודים **היה** מוכרח[170] להיות]דכ"ז ע"ד 54[**קֹצֹת ביטֹול** כדי שהעולמות התחתונים יכלו להתקיים.

167

ע"ח ש"ט פ"ג מ"ת דמ"ב ע"ד – ונבאר עתה איך בעת מיתת המלכים אלו, ירדו הכלים שלהם לעולם הבריאה כנ"ל. מה שאין כן בד' אחוריים דאו"א. כי הנה נתבאר החילוק שהיה בין או"א לז' המלכים שהם זו"נ, ואמרנו כי הז' מלכים שהם זו"נ **מתו ממש, וירדו אל עולם הבריאה** הכלים שלהם, ואחוריים של או"א נתבטלו ולא מתו, אלא שירדו למטה בעולם אצילות עצמו. ושם ביארנו טעם לזה, ואמרנו שהיה לסיבה שהז' מלכים לא קבלו אורות אח"פ דא"ק, רק מגופא דיליה ואילך. והנה לטעם זה עצמו היה גם כן שינוי אחר בין ג"ר שהם כח"ב, אל הז' מלכים התחתונים, כי הג"ר יצאו בקצת תיקון בראשונה, והוא כי כאשר יצאו בראשונה נתפשטו כסדר ג' קוין, מה שאין כן ז"ת, **שיצאו זו למטה זו**, וזה שכתוב באדרא רבא – עד אימת ניתב בקיימא דחד סמכא, ר"ל נתקן התיקון שהוא דרך קוין, אבל קודם שהיו זה על גבי זה הוי קיומא **דחד סמכא**. וכבר ביארנו כי התיקון האצילות הוא בהיות **ו"ק עשוי בבחינת ג' קוים, קשורים זה בזה, בסוד הג' המכריע ביניהן**, ואז נקרא רשות היחיד, אבל בהיותן זה על גבי זה, והם נפרדין אחת מחברתה, אז נקרא רשות הרבים.

168

ע"ח ש"ד פ"ד די"ח ע"ד – הנה אחר שדברנו בפרק העבר איך נאצל מציאות נר"ן מאח"פ, הנה עתה נבאר **מציאות הכלים שלהם** שהם בחינת גוף אליהם. אמנם כבר בארנו כי מבחינת הראיה עצמה נעשה נשמה לנשמה, אך אין הראייה סוד הבל הנמשך למטה כמו אח"פ. והטעם כי נר"ן שהם אורות אח"פ, הם מתפשטים למטה, אבל הנשמה לנשמה שהוא הסתכלות העין, אינה מתפשטת רק נשארת במקומה, בסוד אור מקיף כנ"ל, ואין בה זולתי הסתכלות דק מאד, והוא סוד הראייה והסתכלות, אכן אינו דומה כמו הבל אח"פ, אשר עצמותו נמשך למטה. לכן מסוד ראייה זו נעשה ל' כלים שהוא הגוף. עשרה כלים לכבל האזן, הנקרא נשמה. ועשרה כלים לכבל החוטם, הנקרא רוח. ועשרה כלים לכבל הפה, הנקרא נפש. אבל ההבל עצמו שהוא האור הפנימי אי אפשר להתפשט למטה, לפי שבחינת הראייה נמשך מהאונין, שהם יותר עליונים מכולם, לכן בראייה זו לבדה יצאו הכלים, מה שאין כן מאח"פ, כי לא היה אפשר להאציל מהם שום מציאות, אם לא מהבל היוצא מהם ממש. ואמנם הסתכלות זו הוא כך, כי נמשכה הראייה זו בנר"ן הנ"ל, ומחמת הסתכלות הזה בהם נעשה **שרשי הכלים.**

169

ע"ח ש"ו פ"א מ"ת דכ"ד ע"ב – אחר כך באו הטעמים התחתונים שמתחת האותיות, והם בחינת אורות היוצאים דרך הפה של א"ק, משם ולחוץ. **והנה בכאן נתחברו האורות חיבור גמור, כי הרי הם יוצאים דרך ציבור אחד לבד.** והטעם כי כל מה שהאורות מתרחקים ומתפשטין למטה, כך יש יכולת להשיגם ולקבלם, לכן אין חשש אם נתחברו המקיפים עם הפנימים יחד. והנה כיון שכבר נתחברו האורות המקיפים ופנימים יחד, לכן מכאן התחיל להתהוות בחינת כלים, אלא שהם זכים בתכלית הזכות כמו שנבאר, לפיכך עדיין לא נתגלה כאן רק בחינת כלי אחד לבד, אבל האורות הם נחלקים לעשרה, ואלו האורות נקראו עקודים.

170

כרם שלמה ש"ו פ"ה אות י"ט – פירוש כי באמת בעולם הזה דעקודים, מפני רוב גדלותו, לא היה ראוי להעשות בו זאת הבחינה של קצת ביטול, אלא מפני שמוכרח הוא להתגלות בכאן התחלת הכלים מפני העולמות התחתונים, וזה הדבר מוכרח הוא להעשות, וזאת המעשה אי אפשר להעשות בלא קצת ביטול, לכן

וְהַמַּשְׂכִּיל[171] **יָבִין כִּי גַם (נ"א כָּאן) בָּ**אצילות **א"ק** עצמו **הָיָה כָּל אוֹתוֹ צִמְצוּם** כאשר הא"ס[172] צמצם את עצמו, וסילק את אורו, כדי לתת מקום לנאצלים, כמו **שֶׁבֵּיאַרְנוּ לְמַעֲלָה** בשער א'.

וְגַם[173] **אוֹתָם** הצמצומים[174] **שֶׁנִּתְבָּאֵר לְקַמָּן בְּעֲ"ה** בשער ח', **בְּעִנְיָן צֵאת הַנְּקוּדִים מִמֶּנּוּ** ר"ל מא"ק, **אֵיךְ** א"ק **צִמְצְמוּ עַצְמוֹ** שאורות התנה"י שלו שהיו מתחת לטבור, עלו מעל הטבור, **וּפָרִיס זֹהַר פְּרִיסָה בְּטִיבּוּרָא דִילֵיהּ** באמצע גופו[176]. **וְכָל**[177] **זֶה** הצמצום שהיה בא"ה

היה כאן גם כאן בחינת קצת ביטול, והוא הוא הסתלקות האור למעלה. כדי שיתרחק מן האור העב ויתגשם, ויעשה בחינת כלים.
171

בית לחם יהודה ש"ו פ"ה – והמשכיל יבין כי גם בא"ק היה כל אותו צמצום שביארנו למעלה. הוא בפרק א' דשער טנת"א, שכתב והנה רצה להוציא גם מן המ"ה והב"ן שלו הפנימים חיצוניותם לחוץ, ואז עלו כל בחינת ס"ג הפנימים וכו', יעו"ש. וזהו הצמצום שביאר למעלה.
172

ע"ח ש"א ענף ב' מ"ת די"א ע"ג – וכאשר עלה ברצונו הפשוט לברוא העולמות, ולהאציל הנאצלים, להוציא לאור שלימות פעולותיו, ושמותיו, וכנוייו, אשר זאת היה סיבה בריאת העולמות כמבואר אצלינו בענף א', בחקירה הראשונה. והנה אז צמצם את עצמו א"ס בנקודה האמצעית אשר בו, באמצע אורו ממש (אמר מאיר בערכינו אמר הרב זה וק"ל), וצמצם האור ההוא, ונתרחק אל צדדי סביבות הנקודה האמצעית, ואז נשאר מקום פנוי ואויר וחלל רקני מנקודה אמצעית ממש.
173

בית לחם יהודה ש"ו פ"ה – גם אותם שנבאר לקמן בע"ה. הוא בריש פרק ב' דשער הנקודים, יעו"ש. ומה שכתב שביארנו וכו', ושנבאר וכו', שניהם הם דבר אחד, אלא לפי שבפרק א' דטנת"א לא ביאר ככל הצורך, משום הכי קאמר גם אותם שנבאר לקמן וכו'.
174

מבוא שערים ש"א ח"א פ"א ד"ג ע"ב – והמשכיל יבין מזה בש"א ח"א פ"א כי בכל יציאות אורות מחודשות נעלמות מספירות, אינו אלא על יד צימצום האור, כי כן היה צימצום הא"ס להוציא הא"ק, וא"ק להוציא הנקודות, הוא האצילות. וכל זה הוא קרוב אל **ביטול המלכים**, ואסור להוציאם בפה, כי זה המקום מקום גבוה.
175

ע"ח ש"ח פ"ב מ"ת דל"ה ע"ד – וכבר נתבאר לעיל כי כאשר רצה המאציל להאציל בחינת נקודים, כוונתו היה לעשות בחינת כלים, לשיוכלו העולמות התחתונים לקבל אורו שמאיר בהם. והנה ראה המאציל כי עדיין לא היה כח במקבלים לקבל האורות של העינים האלה, אשר מקום התפשטותן הוא ממקום הטבור עד סיום הרגלים של א"ק כנ"ל, ולכן מה עשה טרם שהוציא האורות האלו דרך העינים, **צמצם עצמו צמצום אחד**. והוא שכל האור שהיה מתפשט בתוך הא"ק הזה מטבורו עד סיום רגליו, העלהו בחצי גוף העליון מהטבור ולמעלה, ונשאר המקום שמן הטבור ולמטה ריקן בלתי אור, **והמשכיל יבין וידמה מלתא למלתא** איך בכל אצילות בחינת חצי תפארת ונה"י, המאירין בעולם שלמטה, כי נה"י דז"א מאיר אל הנוקבא, ונה"י דאו"א מאיר אל הז"א, ונה"י דא"א לאו"א, ונה"י דעתיק לא"א, ונה"י דא"ק לעתיק, ולכל בחינת האצילות כמו שנבאר בע"ה. **גם תבין כי בכל בחינת הוצאות האורות חדשים, היה קודם להם ענין הצמצום**, כי כן מצינו בא"א שצמצם נה"י שלו כדי לאפקא לזו"ן, כנזכר במקומו. וכן היה בזה הא"ק, ואין להאריך בזה. והנה אחר שצמצם עצמו הניח חד פרסא באמצע גופו, במקום טבורו מבפנים, כדי שיפסיק בנתיים. וזה סוד יהי רקיע בתוך המים, ויהי מבדיל בין מים למים, כנזכר בזוהר בראשית ד' ל"ב – אית קרומא חדא באמצעית מעוי דבר נש, דאיהו פסיק מעילא לתתא, ושאיב מעילא ויהיב לתתא. ואז נשאר כל האור לעילא מהאי פרסא, והיה שם דחוק ומהודק, ואז בוקע בהאי פרסא ויורד והאיר בשאר הגוף, מהטבור ולמטה.
176

תרשים ה – ל"ג.

ובא"ק קָרוב הוא לבִיטוּל הַמְלכים דנקודים, כי **הַצד השוה בכולם הוא הסתלקות והעדר האור, ודברים אלו** של סילוק האור, וביטול המלכים **אסור להֵרהֵזֵויב בהֵם** בעולמות העליונים, וגם אסור **להוֹצִיאם בפֶה, והַמבִין**[178] **יבִין** ראשית דבר מאחריתו, כי[179] כבוד אלהי"ם הסתר דבר.

וְדַע כי הרב ז"ל מבאר[180] כי העשרה ספירות של המלכות דעולם העליון הם שורשים לכל העולם התחתון ממנו.

כמו שלעולם העקודים יש שורש[181] בפה דא"ק, וחיותם עובר דרך הכתר שנמצא בתוך פה דא"ק, כך גם כל אור שיורד

בית לחם יהודה ש"ו פ"ה — כל זה קרוב לביטול המלכים. פירוש, כי בין צמצום דא"ק שעלו האורות למעלה מן הפרסא, ונשארו הכלים שמטבורא ולתתא ריקנים לפי שעה בלא אור, ובין חזרת אורות העקודים אל מקורם בפה דא"ק, ונשארו הכלים ריקנים לפי שעה בלא אור. כל זה הוא קרוב לביטול המלכים, כי גם בעקודים הוחשך הכלי, ועל ידי כך נתעבה. וגם הכלים דא"ק הוחשכו, כמבואר בשער הקדמות דף י' ריש ע"א, יעו"ש.

178

ע"ח ש"א מ"ת ענף ב' די"ב ע"ד — והנה על ידי הצמצום הזה הנ"ל, אשר נעשה האדם הנ"ל, היה בו בחינת עצמות וכלים, כי צמצום האור גורם מציאות הווית הכלים, כמו שנתבאר לקמן בע"ה. ואין לנו רשות לדבר יותר במקום גבוה כזה, והמשכיל יבין ראשית דבר מאחריתו, כמו שנתבאר בע"ה, בדרושים אחרים הבאים לפנינו.

179

משלי כ"ה ב' — כבוד אלהי"ם הסתר דבר וכבוד מלכים חקר דבר.

180

נהר שלום דכ"ה ע"ה — והנה ענין שם מ"ב הוא זה, **הנה נודע כי כל עולם ופרצוף עליון, הוא מקור ושורש למה שלמטה ממנו כנודע**, כי במלכות דיצירה נתפשטו עשרה ספירות ענפים, מעשר ספירות דיצירה, והם שרשים לעשר ספירות דעשיה. וכן במלכות דבריאה נתפשטו עשרה ספירות ענפים, מעשרה ספירות דבריאה, והם שרשים לעשר ספירות דיצירה. וכן במלכות דאצילות נתפשטו עשרה ענפים מעשר ספירות דאצילות, והם שורש עשר ספירות דבריאה. **ובמלכות דעקודים נתפשטו ענפי עשר ספירות דעקודים, והם שורש לעשר ספירות דאצילות**. וכן על דרך זה מעולם לעולם שלמעלה מנו, עד שנמצא שכולם ענפים מסתעפים מעשר ספירות דא"ק, שהם שורש ומקור לכל העולמות, והם משורשים ביחידה שלו, **וכל זה בכללות, וכן הוא בפרטות, מפרצוף לפרצוף, וכן בפרטי פרטות, מספירה לחברתה**. והנה טבע האור העליון חפצו, וחשקו, ותאוותו, לעלות למקורו ושורשו, להכלל ולהדבק שם כשלהבת קשורה בגחלת, ואם ככה יעשה יתבטל מהות תיקונו, לפיכך שם המאציל לכל בחינה יראה פנימית, שלא יעלה האור ההוא ויכנס פנימה יותר מהראוי לו, וגם יראה חיצונית וחק וגבול, שלא ירד למטה, ויצא יותר ממדריגתו. והנה יראה זו היא שם מ"ב, שהוא בחינת גבורה, כמספר יראה, ושם זה הוא האוחז ומעכב לאור העליון שלא יעלה יותר מהראוי לו, ושלא ירד יותר מגבולו.

דעת ותבונה פ"ה דל"ו ע"ב — ודע הקדמה אחת כי בספירת המלכות של העשרה ספירות שבבחינת הפה של א"ק, יש בה נשרשים עשרה ספירות אחרות, הנקראים עשרה שרשים של העשרה ספירות של עולם העקודים, וכן על דרך זה בספירת המלכות של העשרה ספירות דעקודים יש בה עשרה שרשים של העשרה ספירות דעולם הנקודים, וכל דרך זה הוא בכל העולמות כולם, בכללות העולמות, וכן בכל פרטיהם. ובכל פרטיות עשרה ספירות שיש בכל בחינה ובחינה, יש במלכות שבאותם העשרה ספירות עשרה שרשים של העשרה ספירות אשר בבחינה שלמטה ממנה, והדברים מובנים.

181

ע"ח ש"ז פ"ג דל"ב ע"א — והנה דע כי הלא קודם בחינת העקודים אלו, יש למעלה מהם שרשי אלו העשר כתר, חכמה, בינה, כו', עד המלכות. ולמטה משורש מלכות זו, שם הוא התחלת אור הכתר הנ"ל, פניו למעלה נגד השורש שלו, ואחוריו למטה נגד כלי הכתר, של בחינת העקודים. והנה כל החיות הצריך אל העקודים האלו, כולם נמשכין אליהם מהשרשים אלו העליונים, ועוברים דרך אור הכתר הנ"ל, וכל זה בחינת חיות לבד,

מהעולם העליון לעולם יותר תחתון, משאיר שורש במקום שהוא עובר, וכן[182] **במלכות של עולם העקודים** הנמצאת בטבור דא"ק **נשארו בה עשרה שרשים של עשרה** הספירות דעולם **הנקודים** כאשר המלכות דעשרה השרשים היא שורש אל עולם הנקודים, ואחרי תיקון האצילות היא שורש לעולם הברודים, **כמו שנתבאר בע"ה.** וכן[183] **על דרך זה בכל אצילות** ובכל העולמות והפרצופים, ר"ל לכל שיעור קומה של עולם תחתון יש שרשים במלכות של העולם שמעליו, לדוגמה פה דא"ק כולל שיעור קומה של עשר ספירות, ובמלכות דפה דא"ק יש את עשרה השרשים דעולם העקודים, יוצא **כי המלכות של השרשים** שהיא המלכות דפה דא"ק, **אשר** היא נמצאת **בפה א"ק, היא כלולה מעשר** ספירות, **ועשר ספירות אלו הם עשר שרשים אל** ר"ל של **עשר** הספירות **דעקודים. ובמלכות**[184] **ד**עולם **העקודים יש** את **עשר** **השרשים אל** ר"ל של **עשר ספירות הנקודים. מה**[185] שכתוב בכאן שבמלכות דנקודים יש את השורשים דברודים טעות הוא, כי עולם הנקודים ועולם הברודים, הם אותו עולם[186], והם בחדא מחתא. רק שהנקודים הם לפני התיקון, והברודים, שהוא עולם האצילות

אך לא בחינת שפע ממש, רק כאשר יהיה אור הכתר לא מטי בכלי שלו, כי אז יעלו ויקבלו שפע גדול משרשיהם כמו שנברא בע"ה.
182

כרם שלמה ש"ו פ"ה אות כ"א – וזהו מה שכתב הכא כי במלכות של עולם העקודים, נשארו בה עשרה שרשים של עשרה הנקודים. פירוש, כי המלכות דעקודים אשר היא אצל הטיבור של א"ק, יש שם עשרה ספירות, ואלו הכשרה ספירות הם השרשים של עשרה ספירות דנקודים, ותועלת של השרשים הם שמשפיעים להם **חיות המוחין.** והמלכות של השרשים שהיא העשירית שבהם, היא הצילה העשרה ספירות של נקודים, וכן על דרך זה בכל שאר העולמות.
183

נהר שלום, הקדמת אנא בכח דכ"ה ע"ד – והנה ענין שם מ"ב הוא זה, הנה נודע כי כל עולם ופרצוף עליון, הוא מקור ושורש למה שלמטה ממנו כנודע, כי במלכות דיצירה נתפשטו עשרה ענפים מעשר ספירות דיצירה, והם שרשים לעשר ספירות דעשיה. וכן במלכות דבריאה נתפשטו עשרה ענפים מעשר ספירות דבריאה, והם שרשים לעשר ספירות דיצירה. וכן במלכות דאצילות נתפשטו עשרה ענפים מעשר ספירות דאצילות, והם שורש עשר ספירות דבריאה. **ובמלכות דעקודים נתפשטו ענפי עשר ספירות דעקודים, והם שורש לעשר ספירות דאצילות.** וכן על דרך זה מעולם לעולם שלמעלה ממנו, עד שנמצא שכולם ענפים מסתעפים מעשר ספירות דא"ק, שהם שורש ומקור לכל העולמות, והם משורשים ביחידה שלו. וכל זה בכללות, וכן הוא בפרטות מפרצוף לפרצוף, וכן בפרטי פרטות מספירה לחברתה.
184

בית לחם יהודה ש"ו פ"ה – ובמלכות דעקודים יש עשרה שרשים אל עשרה ספירות דנקודים, וכן על דרך זה בכל העולמות. כך צריך לגרוס, ומאי דביני ביני נמחק, כך הוא בע"ח כתב יד, ובשער הקדמות די"ז ע"א, וכן הגיה באש"ל משם הרב עלי נהר, וכך הוא בהגוב"י.
185

כרם שלמה ש"ו פ"ה אות כ"א – ומה שכתב כאן **וכן המלכות דנקודים יש שרשים, והם שרשים דעשר ספירות דברודים**, הקושיא מבוארת כי הברודים היא היא עולם האצילות שהיא הנקודים, ולא עולם אחרת, אלא שקודם התיקון, נקראת עולם הנקודים, ואחר התיקון נקראת עולם הברודים כידוע. וודאי שטעות מדפיס נפל, וכתב במקום מלת **בריאה מלת ברודים**, כי הפרש מועט יש ביניהם, ובנקל יפול טעות כזה, ופשוט.
186

ע"ח שי"א פ"א מ"ק ד"נ ע"ב – דע כי הלא קודם מציאת התיקון של האצילות, יצאו עשר נקודות, וכולם כלולים בכח נקודה אחת, והוא מציאת הכתר, באופן שכל עשר היו בסוד הכתר, נכללין בה, וזה סוד עקודים,

הוא אחרי התיקון. **וכן** [187] **במלכות ד'עולם הנקודים** שהוא עולם האצילות אחרי התיקון **יש עשר שרשים, והם שרשים ד'עשר ספירות ד'ברודים** [188] לא גורסים אלא צריך לגרוס **ד'עולם הבריאה, ועל דרך זה ב'שאר ה'עולמות** [189], כאשר במלכות דאצילות יש עשר שרשים של עולם הבריאה, ובמלכות דבריאה יש עשר שורשים לעולם היצירה, ובמלכות דיצירה יש עשר שורשים לעולם העשיה. וכן בכל פרצוף ופרצוף, ובין ספירה לספירה [190].

דרוש זה מקורו משער ההקדמות וצריך לכתוב מ"ק בראש הדרוש.

בדרך כלל מ"ק הוא מספר הדרושים, דרוש זה לא נמצא בספר הדרושים, אלא בשער ההקדמות, והוא ליקוטים [191] מת"ר נירות. דרוש זה של מ"ק [192] לא שייך לשער העקודים, אלא הוא בעולם האצילות אחרי התיקון.

נקודים, וברודים. כי תחילת הכל היו עקודים, מקושרים זה בזה, והכל בסוד הכתר. אחר כך יצאו כולם יחד מהנקודה ראשונה, ואז נתהוו עשר נקודות, כל אחד נקודה בפני עצמה, וזה סוד נקודים, באופן שלא היו מחוברים העשר נקודות נקודות, רק בהיותן בכתר. אך אחר כך יצאו כולם כאחד, ונתהוו אלו עשר נקודות כל אחת בפני עצמה. וכאשר נתקן רישא דעתיק, **אז נקרא ברודים**, כאשר נבאר בע"ה.
187

איפה שלימה ד"ה ע"א אות ד' – וכן במלכות דנקודים יש עשרה שרשים, והם שרשים לעשר ספירות דברודים עד כן. עיין בשמן ששון אות י"ז מה שהקשה. ועיין בהגהות שבסוף עלי נהר דף ד' סוף ע"ד שמחק לשון זה, עי"ש.
188

הגהות וביאורים)ג(– אלו הדברים אין להם הבנה. כי ידוע הוא שקודם התיקון היו נקראים נקודים, והיו אז המלכיות והב"ן לבד. ואחר התיקון ניתוסף שם מ"ה ונתחבר עם הב"ן, ואז נקראים ברודים ואצילות, ולא שייך לומר כלל כי יש במלכות דנקודים י' שרשים להעשר ספירות דברודים. כי בהמלכות דהנקודים שם היה כל השבירה, ויצא משם מה שיצא. והמ"ה הוא גבוה במעלה ממנה הרבה מאד. והאמת כי בספר אוצרות חיים אשר משם נלקח כל הפרק הזה, ליתא שם אלו התיבות מן - וכן במלכות דנקודים כו', עד דברודים. וכן בספר שער הקדמות)דף י"ז א'(ליתא שם גם כן,)הרב רבי שב"ח(.
189

הגהות וביאורים)ד(– כאן שייך אותה ההגהה דסוף פרק א' מ"ב דשער תנת"א, ד"ה ענין בחינת, דף כ"א ע"ג.
190

נהר שלום דכ"ה ע"ד – והנה ענין שם מ"ב הוא זה, **הנה נודע כי כל עולם ופרצוף עליון, הוא מקור ושורש למה שלמטה ממנו כנודע**, כי במלכות דיצירה נתפשטו עשרה ענפים, מעשר ספירות דיצירה, והם שרשים לעשר ספירות דעשיה. וכן במלכות דבריאה נתפשטו עשרה ענפים, מעשרה ספירות דבריאה, והם שרשים לעשר ספירות דיצירה. וכן במלכות דאצילות נתפשטו עשרה ענפים מעשר ספירות דאצילות, והם שורש עשר ספירות דבריאה. **ובמלכות דעקודים נתפשטו ענפי עשר ספירות דעקודים, והם שורש לעשר ספירות דאצילות**. וכן על דרך זה מעולם לעולם שלמעלה מנו, עד שנמצא שכולם ענפים מסתעפים מעשר ספירות דא"ק, שהם שורש ומקור לכל העולמות, והם משורשים ביחידה שלו, **וכל זה בכללות, וכן הוא בפרטות, מפרצוף לפרצוף, וכן בפרטי פרטות, מספירה לחברתה**. והנה טבע האור העליון חפצו, וחשקו, ותאוותו, לעלות למקורו ושורשו, להכלל ולהדבק שם כשלהבת קשורה בגחלת, ואם ככה יעשה יתבטל מהות תיקונו, לפיכך שם המאציל לכל בחינה יראה פנימית, שלא יעלה האור ההוא ויכנס פנימה יותר מהראוי לו, וגם יראה חיצונית וחק וגבול, שלא ירד למטה, ויצא יותר ממדריגתו. והנה יראה זו היא שם מ"ב, כמספר יראה, ושם זה הוא האוחז ומעכב לאור העליון שלא יעלה יותר מהראוי לו, ושלא ירד יותר מגבולו.
191

בשנת ה'שמ"ז)1587 למנינם(שהה הרב חיים ויטאל בבית אחיו משה ויטאל, ולפתע חלה, ושנה שלימה שכב ללא הכרה, הרב יהושע בן-נון אב"ד העיר צפת שהיה גם עשיר, פנה אז אל הרב משה ויטאל אחיו של המהרח"ו בבקשה שיוציא לו את הכתבים בערמה, והוא הוציא לו ת"ר ניירים)600 דפים(. הרב יהושע בן-נון שכר מאה סופרים, ובמשך שלשה ימים העתיק כל אחד ששה דפים. מיד עם סיום ההעתקה התעורר רבי חיים ויטאל, וחזר לבריאותו. מאז נתפרסמו הכתבים בין חכמי הקבלה בארץ ישראל, מההעתקות אלו סידרו חכמי ארץ ישראל שלשה ספרים, "ספר הדרושים", "ספר הכוונות" ו"ספר הליקוטים". הספרים אינם מסודרים כראוי, כיון שעדיין היו באמצע עריכה, וחלקם היו רק קיצורים ממה שכתב הרב חיים ויטאל לעצמו בחיי האר"י הקדוש.

שם הגדולים, מערכת ח' אות כ"א – מורינו הרב רבי חיים ויטאל, בישראל גדול שמו זצ"ל. והיה תלמיד בפשט מהרב מורינו הרב משה אלשיך זצ"ל. ומרן מורינו הרב יוסף קארו, היה מזהירו בקטנותו של מהרח"ו, משם המלאך הדובר בו על התורה ועל העבודה. והוא בן מורינו הרב יוסף ויטאל קאלאבריס, סופר תפילין, ונשמתו היתה גדולה מאוד ונקיה יותר מכל בני דורו, והיה גלגול הרב המגיד. ומלבד הכתוב בשער הגלגולים, זכיתי וראיתי ספר החזיונות מכתיבת יד מהרח"ו ממש מכל מה שאירע לו מקודם יצירתו עד סוף ימיו, ורבו ענייניו ונוראותיו. והוא קיבל מרבינו האר"י זצ"ל חכמת האמת, וכתב אשר שמע מפי רבו בספר עץ חיים כתב יד כמפורסם. ויען אבדורי אבדורי כתבי הקודש על ארבע כנפות הארץ בכמה מני סדרים ונסחאות, אמרתי אעלה בקצר אמיץ להודיע לבני אדם. הנה, רבינו האר"י צוה ששום אחד מתלמידיו לא יכתוב זולת מהמרח"ו. אך הם לחשקם בתעלומות חכמה היו כותבים, ומאלו הקונטרסים משאר תלמידים נתהוו טעיות ונסחאות. **ועוד כי מהרח"ו לא נתן רשות להעתיק מכתביו לשום אחד, וחלה חולי גדול וכבד. ועל ידי ממון לקחו מבני ביתו ת"ר)600(ניירים, ונתנום למאה סופרים ונעתיקום המהירות בעוד שלשת ימים, וזו סיבה שנית לטעיות ושנוים.** וזה שלושים שנה ויותר שיצאו לאור שמונה שערים מסודרים מבן מהרח"ו מורינו שמואל, ועליהם יש לסמוך. אך אין בשערים הנזכרים מהדורא בתרא, כי מהרח"ו צוה לגונזה בקברו, ורבנן קדישי אשר בדור על ידי יחודים הוציאוה מקברו ברשותו על ידי שאלת חלום, ובאה ליד מהר"ר יעקב צמח ומהר"ר מאיר פאפירוש כ"ץ. ולכן תמצא בספר דרך עץ החיים שסידר מורנו הרב מאיר הנזכר מהקדמות, וזה הספר קורין אותו הכל עץ חיים, חידושים רבים ועמוקים אשר אינם בשער ההקדמות, אשר סידר מורינו הרב שמואל ויטאל הנזכר. כי לא היה ביד מורינו הרב שמואל המהדורא בתרא. ולכן הרוצה ללמוד בספרים היותר מדויקים, ילמוד שמונה שערים שסידר מורינו הרב שמואל, ודרך עץ החיים שסידר מורינו הרב מאיר פאפירוש הנקרא עץ חיים, שבו המהדורא בתרא. אך לענין המהדורא קמא, לשון שער ההקדמות הוא יותר מיופה ומסודר, ונראה שלשון שער ההקדמות הוא מהדורא אחרת מציעתא. גם ספר מבוא שערים היה עם מהדורא בתרא, כי לא היה ביד מורינו הרב שמואל. וספר אוצרות חיים הוא סידור מורינו הרב יעקב צמח, והוא מובלע הלשון ממש בתוך ספר דרך עץ החיים להרב מאיר הנזכר. ואני הצעיר ראיתי בארץ מצרים השמונה שערים מכתב יד מהרח"ו עצמו, רק דמהרח"ו סידר שער הפסוקים ומצות שער אחד, ושער אחד אשר נמצא מטהרת יד הקודש האר"י זצ"ל עצמו. גם בסוף כל שער יש קונטרס מאשר שמע מהרח"ו משאר החברים ששמעו מהרב, וזה עשאו קונטרס מיוחד בסוף כל שער. ובנו מורינו הרב שמואל לקח השער אשר נמצא מכתב יד האר"י, וגם הקונטרס שבסוף כל שער הנזכר, וסידר ועירב הכל כאחד, והלך בסדר הרב אביו, רק שחילק שער הפסוקים ושער המצות לשנים, והיו שמונה שערים. גם ראיתי מכתב יד מהרח"ו כמה חיבורים בכל חכמה, וספר עץ הדעת טוב, דרשות על כל התורה ממנו על דרך פרד"ס. גם חידושים על הש"ס והתוספות מכתב ידו.

אגרות הרב שלמה שלומל, אגרת שניה – וזיכני הקב"ה לכל החיבורים שחיבר איש האלהי"ם, הקדוש רבן של כל ישראל, מוהר"ר יצחק לוריא ז"ל, ביתר שאת וביתר עז ממה שיש ביד שום חכם מחכמי ארץ ישראל, וזכיתי אני אותם על ידי אשתי שלקחתי בארץ ישראל, כי היא ירשה אותם כמוהר"ר ישראל, אשר כל ימיו יגע אחריהם יגיעות רבות, והוציא עליהם מב' מאות טליר, עד שהשיג אותם על השלימות, **והם ת"ר ניירות גדולים,** ואני זכיתי בהם עתה תהלה לא"ל, ואני משתעשע בהם מדי יום ביום. ונתנני השם יתברך לחן ולחסד בעיני כל חכמי צפת תוב"ב. והנה רבי ומורי אשר אני יושב לפניו ולומד ממנו תורה, בפרט חכמת הקבלה, הוא החכם השלם והעניו הגדול כמהר"ר מסעוד סגי נהור מפיס נר"ו, ומפורסם הוא לעיני כל ישראל ברוב קדושתו, ועוצם ידיעתו ובקיאותו בכל התורה, השם יתברך ישמרהו ויחייהו.

מ"ק[193], הרב ז"ל ביאר כי יש ב' בחינות, האחת עצמות אורות הנרנח"י, והשניה בחינת הכלים. כאן הרב ז"ל מחלק את ב' בחינות אלו לארבעה בחינות[194], אחת בחינת כלים, ושלשה בחינות של אור. מבאר הרב ז"ל כי **בכל בזוינה ובזוינה** בין בכלל ובין בפרט, בין בעולמות ובין בפרצופים, **יש ארבעה מציאות, שהם**[195], בחינה **אזר** הם ה**כלים** והם בחינת הגוף, והכלים האלו מתחלקים[196] לכלי פנימי, אמצעי, וחיצון.

כנסת ישראל אות יו"ד דש"ן ע"ג – הרב רבי ישראל סרוק, או סרוג. מגדולי ותלמידי הרב רבי יצחק לוריא)האר"י ז"ל(, ושל הרב רבי חיים ויטאל מחכמי צפת, האמצע המאה השלישית לששי. יגע יגיעות הרבה והוציא הוצאות גדולות לפי ערכו, להשיג את כל כתבי האר"י בחכמת הקבלה, **כתובים על ת"ר ניירות גדולים.** ואחרי אשר השתלם בחכמה זאת, יצא לחוץ לארץ להפיץ מעינות קבלת האר"י במדינות אירופה, במקום קבלת הרב רבי משה רבי קורדובירו אשר פשטה שם.
192

בית לחם יהודה ש"ו פ"ה – מ"ק זה אינו מדבר בעולם העקודים, אלא בעולם האצילות כמבואר בשער הקדמות דף ע"ה ע"ד. והוא ענין בפרק עצמו.
193

הגהות וביאורים)ה(– עיין שער הקדמות פרק י"ב, מדרושים אבי"ע דף ע"ה ע"ד.
194

כרם שלמה ש"ו פ"ה אות כ"ב – מה שכתב **בכל בחינה יש ד' מציאות**, במקום אחר קורא אותם ב' בחינות, שהם עצמות וכלים. אבל כאן, מה שקרא אותם כאן ד' בחינות, כי העצמות עצמו מחלקו לג' בחינות, שהם אחד פנימים ושנים אור מקיף. ולזה כתב אחד כלים, פירוש כל הג' כלים ביחד, שהם כלי חיצון, וכלי אמצעי, וכלי פנימי, כולם קורא אותם בחינה אחת, ולזה החיות והאורות שלהם שהם גם כן שלושה בחינות, גם כן קורא אותם בחינה אחת. כי ידוע שהנפש היא מתפשטת בכלי חיצון, והרוח בכלי אמצעי, והנשמה בכלי פנימי. והואיל והכלים חשבם כולם לבחינה אחת, לכן האורות גם כן שלהם מנאם כולם לבחינה אחת.
195

תרשים ה – ל"ד.
196

כמו אורות הנרנח"י שהם ה' בחינות, כך גם לכלים יש ה' בחינות, והם עור, בשר, גידין, עצמות, ומוח שבעצמות.

תרשים ה – ל"ה.

נהר שלום די"ב ע"ב – והענין הוא בקיצור עם מה שכתב במקום אחר, כי בכל עת שנמשך צלם דמוחין לז"א, הוא נמשך כלול מה' בחינת נרנח"י דנפש, ורוח, ודנשמה, ודחיה, ודיחידה, והוא נמשך מלובש בה' בחינות כלים דאו"א, שהם עור, בשר, וגידים, ועצמות, ומוח שבעצמות. והם כתר, וחכמה, ובינה, וו"ק, ומלכות דפרצוף ההוא דאו"א, המתייחס אל הצלם דמוחין ההם, כפי המצוה והעת ההיא. והנה הנרנח"י דיחידה המלובש במוח שבעצמות דאו"א, נמשך ומתלבש תוך פרצוף הכתר, שהוא המוח שבעצמות דפרצוף ההוא דז"א, הראוי והמתייחס למוחין הם. והנרנח"י דחיה המלובש בעצמות דאו"א, נמשך ומתלבש בפרצוף החכמה, שהוא העצמות דפרצוף ההוא דז"א. והנרנח"י דנשמה המלובש בגידים דאו"א, נמשך ומתלבש תוך פרצוף הבינה, שהוא הגידים דפרצוף ההוא דז"א. והנרנח"י דרוח המלובש בבשר דאו"א, נמשך ומתלבש תוך פרצוף הו"ק, שהוא הבשר דפרצוף ההוא דז"א. והנרנח"י דנפש המלובש בעור דאו"א, מהראוי היה שימשך ויתלבש בפרצוף המלכות, שהוא העור דפרצוף ההוא דז"א, אבל לא כן הוא, אלא שהוא נמשך מחוץ לפרצוף המלכות, הוא העור דפרצוף ההוא דז"א, סובב ומקיף עליו כולו מכל צדדיו, ומתחת רגליו, והוא בחינת הצפרניים, ונעשה עור על גבי עור, והוא להפסיק בין עור דז"א לקליפת נוגה שלא תתאחז בו. ולכן הושם העור ההוא דבינה ביניהם, כנשר יעיר קינו, ונקרא חשמל, אבל אינו חשמל ממש, אלא כעין החשמל, ואינו מכל המלבושים שהם המקיפים עליו מבחוץ, והם חוץ מגופו, אבל זה העור הוא נחשב מכלל גופא דז"א, אבל המלבושים הם אורות מקיפים הנמשכים גם כן עם הצלם דמוחין הנז"ל,)הנמשך לז"א בכל עת שנמשכים לו מוחין והם דוגמת הצלם הנזכר)שנמשך ונתלבש תוך ה' בחינת עור, בשר, גידין, עצמות, מוח העצמות, הנז"ל

בחינה **השנּיה** הם אורות הנּר"ן הפּנּימים כאשר שורש הנפש הוא מספירת המלכות, שורש רוח הוא מו"ק, ושורש הנשמה הוא מהבינה. ובחינות אלו מתלבשים בתוך המוחין, לבושים, וצלמים, וכל אלו בתוך הכלים, כאשר אור הנפש מתלבש בכלי החיצון, אור הרוח בכלי אמצעי, ואור הנשמה בכלי פנימי◆ בחינה ה**שׁלישׁית**[197] הוא אור זּזיּה והוא **מקּיף** הראשון, שנקרא **מקיף** חוזר, הנכנס בתוך הכלים, ומגודל מעלתו לא נשאר בתוכם, ויוצא בסוד השערות, והוא חופף על הגוף מבחוץ, עם[198] כל זאת בחינות נר"ן דחיה מאירים לנר"ן הפנימים, ומקיפין להם◆ בחינה ה**רבּיעּית** הוא אור היזּזיּדה והוא **מקּיף אל מקּיף** החיה◆ וב' **בזזיּנּות** המקיפים ה**אלו האזזרונּים, האזזד נּקּרא** זזיה, **שהּוא מקּיף ראשׁון**, וגם **נּקּרא נּשׁמה לנּשׁמה,** ושורשה **הּוא מן** ספירת ה**זזכמה**, בסוד הפסוק[199] **והזזכמה תזזיּה את בעּליה** ר"ל החכמה היא חיה, **וכן זזיּי"ם** הוא בג'**ּימטּריא זזכ"ם** בסוד הפסוק[200] ימותו ולא בחכמה◆ **והשׁנּי שהּוא מקּיף הב' נּקּרא** יזזידה, והשורשה **הּוא מן** ספירת ה**כּתר**, וספירת הכתר היא מתייחסת לפרצוף א"א, ולפּי[201] **שׁאין נּוקּבא**[202] נפרדת **לאריּך כמו** שׁיׁשׁ **לז"א** נוקבא

דז"א. כך דוגמתו ממש נמשך צלם דמוחין מקיפים, כלול מה' בחינות נרנח"י מקיפים עליו מבחוץ, ה' מקיפים כל מקיף, כלול מנרנח"י, וכולם הם נקראים בחינת אור מקיף דיושר דז"א. ועליהם יסובבו העיגולים דז"א, וגם הצלם דמוחין המקיפים ההם, הם וגם הם נמשכים מלובשים תוך ה' בחינות כלים דמקיפים, שהם המלבושים דאו"א, ונמשכים ומתלבשים תוך חמשה בחינות כלים דמקיפים דלבושים דז"א, על דרך הנז"ל בצלם דמוחין הפנימים. וכן על דרך זה בכל צלם דמוחין הנמשך לזו"ן בכל עת, וכן בפרטי פרטות דפרצופי אבי"ע.
197

בית לחם יהודה ש"ו פ"ה – שלישי חיה מקיף, ד' יחידה מקיף אל המקיף. אין מקיפין אלו בחינת הל"ם דצלם, אלא הם מקיפין אחרים העיקרים שמקיף החיה הוא בחינת אור חוזר היוצא מדרך שערי רישא, ומקיף היחידה הוא בחינת יו"ד מקיפין דיושר. כן משמע מדבריו דלקמן שכתב דמקיף החיה הנזכר הוא בחינת אבא, המכה בחיצוניות הכלי מבחוץ, ואם כן הוא בחינת החיה היוצאה באור חוזר, וכמבואר בענף ג' דשער ב', ובהגהות השמ"ש ז"ל באות ג', ובדברינו דהתם ד"ה ויש בחינה ב' וכו'.
198

נר"ן הפרטים דחיה מאירים לנר"ן הפנימיים שבתוך הכלים, נפש דחיה מאירה לנפש הפנימית השוכנת בכבד, ומקיפה אותה. רוח דחיה מאיר לרוח הפנימית השוכנת בלב, ומקיפה אותה. ונשמה דרוח מאירה לנשמה הפנימית השוכנת במוח, ומקיפה אותה.
תרשים ה – ל"ו.
כרם שלמה ש"ו פ"ה אות כ"ב – ומהראוי היה גם כן שיחשוב הב' אורות המקיפים שהם חיה ויחידה, שניהם לבחינה אחת. כי שניהם הם מין אחד, זה מקיף, וזה מקיף. אלא מפני שמקיף החיה הוא מתחלק ומאיר לנר"ן, לכל אחד ואחד כפי מדרגתו. ומקיף דיחידה אינו מתחלק ומאיר כי אם בבחינה אחת, ולטעם זה נקרא יחידה, כמבואר כל זה לקמן בסוף פרקין. והואיל וחלוקים הם החיה והיחידה זה מזה בבחינה זאת, לזה מנה כל אחת ואחת בפני עצמה, אף על פי ששניהם מקיפים, וסוג אחד הם.
199

קהלת ז' י"ב – כי בצל החכמה בצל הכסף ויתרון דעת החכמה תחיה בעליה.
200

איוב ד' כ"א – הלא נסע בם ימותו ולא בחכמה.
201

נפרדת, ר"ל[203] גם לא"א יש נוקבא, אבל היא לא ניכרת, ולא נפרדת כמו הנוקבא דז"א, **לכן נִקְרא** אור הכתר **יְחִידָה** ששורשה מא"א שהוא יחיד **וְאֵין שֵׁנִי** לו[204], **דְעֲלֵיה אִתְּמַר** ועליו נאמר הפסוק[205] **כִּי אֶזֹד**

בית לחם יהודה ש"ו פ"ה – לפי שאין נוקבא לא"א כמו שיש לז"א. הוצרך לומר כמו שיש לז"א, כדי שלא תקשה ממה שכתב במ"ב דפרק ב' דלעיל וז"ל - וכבר ביארנו כי ע"ב הוא בכתר, יש בו א"א ונוקביה וכו', יעו"ש. לזה אמר הכא שאין נוקבא לא"א בפני עצמו, כמו שיש לז"א נוקבא בפני עצמו.
202

הגהות וביאורים)ו(– נוסחא אחר לא"ק, א"ה עיין בהקדמת רחובות הנהר דף קי"א ריש ע"א.
203

הרב ז"ל מבאר בשער ט' פ"ז שאין לך **שום ניצוץ בכל האצילות** שאינו כלול מזכר ונקבה. עם כל זה שהפרצופים מתרחקים מהמאציל, כך הם חסרי שלמות, וחסרונן הוא כי החבור בן בחינות המ"ה והב"ן, שהם הזכר והנקבה שבאותו פרצוף הולכות ונפרדות. כאשר החיבור של דוכרא ונוקבא דעתיק הוא **חיבור נפלא**, כאשר בכל נקודה שבו מעורבים בחינות מ"ה וב"ן. לעומת זה בפרצוף אריך בחינות הזכר והנקבה הם בחיבור, **אבל הדוכרא בצד ימין דא"א, והנוקבא דא"א בצד שמאל**. או"א הם הפרצופים נפרדים, עם כל זאת הם מחוברים תמיד פנים בפנים, וזיוגם תדיר ולא פסיק. התחתונים מכולם הם פרצופי זו"ן, כאשר כל פרצוף נפרד מחבירו, ועומדים אחור באחור, ורק לעיתים נוקבא באה לפנים, ודוכרא מזדוג עימה.
תרשים ה – ל"ז.

ע"ה ש"ט פ"ו דמ"ו ע"ב – דע כי אין לך ספירה וספירה, אפילו בעשר ספירות הפרטיות שבכל פרצוף ופרצוף, שאין בו בחינת זכר ונקבה, והם ב"ן דנקודות ומ"ה החדש. ואמנם אין ענין ב"ז הזה והנקבה זו בחינת מלכות העשירית שיש בכל ספירה וספירה, שהיא בחינה עשירית שבכל ספירה וספירה, אלא שיש בכל ספירה עשר בחינות וכולם דמ"ה, ועשר בחינות וכולם דב"ן. והתשעה ראשונות דמ"ה וב"ן הם נקרא ט' בחינות הראשונות של ספירה ההוא, והבחינה עשירית שהוא מלכות שבאותו ספירה עצמה, היא כלולה ממ"ה וב"ן.
כלל הדברים בקיצור נמרץ, כי אין לך שום ניצוץ קטן בכל האצילות, שאין בו מ"ה וב"ן.
ע"ח שי"ב פ"ב דנ"ז ע"א – נבאר תחלה ענין אלו הנקבות שיש בעולם האצילות, הן בעתיק יומין, הן בא"א וכו'. והענין הוא כי הנה הודעתיך לעיל שיש בחינת עתיק ונוקבא, וא"א ונוקבא, ואו"א, וזו"ן. אמנם יש חילוק בענין הנקבות הנ"ל, והוא כי הנה הנקבה היא דינין, והוא מבחינת בירור המלכים, ואיך יצדק שם נקבה בעתיק וא"א שהם תכלית הרחמים, כנזכר בב' האדרות, ועוד כי הנה היות בחינת זכר ונקבה מורה על מיעוט, ופירוד, ואין אחדות גמור, כמו בהיות הזכר לבדו. והנה מצינו ראינו בהרבה מקומות בזוהר ובאדרא רבא דקמ"א ע"ב - בהאי דיוקנא דאדם שארי ותקין כללא דכר ונוקבא, מה שאין כך בעתיקא, וכן בהרבה מקומות מצינו שלא התחיל בבחינת זכר ונקבה אלא מאו"א ולמטה, כנזכר באדרא זוטא דר"ץ ע"א - האי חכמתא אתפשט ואשתכח דוכרא ונוקבא, שהוא חכמה אב בינה אם, ובגיניהו כולא אתקיים בדוכא ונקבא וכו', אם כן איך אנו אומרים שאפילו בעתיק וא"א יש בחינת נוקבא, והנה מצינו היפך זה בהרבה מקומות, ובפרט בספר הזהר פרשת בראשית דב"ך ע"א - דעילת כל העילות אמר האי קרא, ראו עתה כי אני אני הוא ואין אלהי"ם עמדי וגו', דאית אחד בשתוף כגון דוכרא ונוקבא, ואתמר בהון כי אחד קראתיו, אבל איהו חד ולא בחושבן, ולא בשתוף, ובגין כך אמר ואין אלהי"ם עמדי, שהיא בחינת הנוקבא, הנקרא אלהי"ם, שהיא דין. והנה ליישב המאמרים אלו צריך שתדע כי בודאי שבכל העשר ספירות יש דכר ונוקבא, **אלא שיש חילוק במציאותן איך** הם, וביאור הענין הוא כי הנה זו"ן אשר בהם הוא עיקר המיתה, כי]הרי[בהם היו ענין ז' המלכים שמתו, ולכן יש בהם בחינת זכר ונקבה **בפרצופים נפרדין** אחד מחבירו, ומה שתמצא לפעמים שהם מחוברין אינן אלא בהיותן אחור באחור, כי אז אחוריהם דבוקים יחד וכותל אחד משמש לשניהן, וצריך נסירה באחור להפרידם. ואמנם **או"א** אשר היה בהם ביטול, ולא היה בהם מיתה בפועל כמו שהיה בזו"ן כנ"ל. לכן היה בהם גם כן בחינת זכר ונקבה, כל אחד בפני עצמו, פירוש בבחינת ב' פרצופים כדמיון זו"ן, **אבל נתוסף בהם חיבור עצום והוא שהם דבוקים יחד פנים בפנים** תמיד בכותל אחד בלבד משמשת לשניהן, **ואין ביניהן פירוד כלל**, לא כמו זו"ן שבהיותן אחור באחור מתחברים, ובהיותן פנים בפנים נפרדין. וזהו הטעם שאמרו בהרבה מקומות בספר הזהר פרשת אחרי דס"א, ובאדרא זוטא דר"ץ - אבל או"א לא מפסיק רעותא דתרוייהו לעלמין, כחדא נפקין, כחדא שריין, לא אפסיק דא מן דא, ולכן זווגייהו תדיר דלא פסיק. ואמנם **א"א** שהוא מבחינת הכתר של

קְרָאתִיו וְגו'. וְזֶה סוֹד מַה שֶׁאָמְרוּ רוֹ"כ[206] חֲמִשָּׁה שֵׁמוֹת יֵשׁ לַנְּשָׁמָה[207] שֶׁהֵם
נפש, רוח, נשמה, חיה, ויחידה, **וְהֵם נֶגֶד חֲמִשָּׁה פַּרְצוּפִים** א"א, או"א, וזו"ן. **נֶפֶשׁ** כנגד **הַמַּלְכוּת**

הנקודות, לא היה בו אפילו ביטול וכנ"ל, ואמנם הוא מן ה' אחרונות של הכתר דב"ן כנ"ל. ונודע כי בנה"י של
הכתר דנקודים היה קצת ביטול, כאשר ירדו להעשות (כלים(מוחין לאו"א, ולכן גם בו היה בחינת זו"ן, אלא
שנתוסף להם תיקון וחיבור נוסף, והוא **שֶׁשְׁנֵיהֶן הָיוּ פַּרְצוּף אֶחָד הַזָּכָר וּנְקֵבָה** שבו, באופן זה כי בחינת שם
מ"ה שבו נתון בכל צד ימין, ובחינת שם ב"ן שבו היה בצד שמאלי שבו, ושניהם דבוקים יחד בבחינת פרצוף
אחד, וזהו ענין מה שכתוב בזוהר שהכתר הוא זכר לחוד בלי נוקבא, ר"ל **בְּלִי נוּקְבָא נִפְרֶדֶת מִמֶּנּוּ**, ומה שאנו
אומרים שיש פרצוף זכר ונוקבא הוא היות נמצאים בו ב' בחינות אלו של מ"ה וב"ן בימינו ובשמאלו, אשר הם בחינת
זכר ונקבה בכל מקום, אבל לא שיש בו זו"ן נפרדין בב' פרצופים, והבן זה מאד. ובזה תבין איך או"א מלבישין
לא"א זה לימינו וזה לשמאלו, כי כן הדבר בא"א עצמו צד ימין שבו הוא מ"ה דכורא, וצד שמאל הוא ב"ן
נוקבא. ואמנם **בְּעַתִּיק יוֹמִין** שהוא מבחינת ה"ר של כתר של הנקודים, ששם לא היה שום ביטול כלל מעולם,
לָכֵן בְּחִינַת זְכַר וּנְקֵבָה שֶׁבּוֹ שֶׁהֵם מ"ה וב"ן נִתְעָרְבוּ יַחַד לְגַמְרֵי, וּשְׁנֵיהֶן מְעוֹרָבִים יַחַד זֶה בָּזֶה, בימין בפני
עצמם, וכן בשמאלו, ואינם כמו א"א, וזה שכתוב באדרא רבא דקכ"ט ע"א - לית שמאלא בהאי עתיקא
סתימאה, כולא ימינא. והעניין כי בא"א הזכר בימין והנקבה בשמאל, אבל בעתיק יומין צד ימין שבו כלול
ממ"ה וב"ן, וכן בצד שמאל, אם כן שוין הם ואין הפרש בין ימינו לשמאלו. אמנם בחינת הנקבה והזכר שבו
הוא באופן אחר, והוא שהם ב' בחינות פנים ואחור, פירוש כי בין צד ימינו ובין צד שמאלו, יש בו בחינת מ"ה
מצד פנים ובחינת ב"ן מצד אחור, **וּבָזֶה הוּא חִיבּוּר נִפְלָא גָּדוֹל מְאֹד.**

זהר וַיֵּצֵא דְקנ"ז ע"ב תרגום והסבר – **קָמוּ וְאַזְלוּ** קמו ממקום ישיבתם והלכו בדרך, **עַד דַּהֲווּ אַזְלֵי** עד שהיו
הולכים, **חָמוּ תְּרֵי דְרָמוֹסְקִין** ראו שני קלחים ממיני הכרוב היוצאים וצומחים זה אצל זה, **חַד דְכַר וְחַד נוּקְבָא**
אחד זכר ואחד נקבה, **אָמַר רַבִּי יוֹסִי לֵית לָן מִלָּה בְּעָלְמָא דְּלָא הֲוֵי דְכַר וּנְקֵבָא** אין לך דבר בעולם שלא יהיה
בהם בחינת זכר ונקבה, כי כל ניצוץ וניצוץ שנברא מרום המעלות עד תחתית המעלות כולל בתוכו זכר ונקבה,
וְכָל מַה דִי בְּאַרְעָא הָכִי נַמֵּי בְּיַמָּא וכל מה שיש ביבשה יש בים, היבשה רומזת לז"א, והים רומז לנוקבא.

גמרא בבא בתרא דע"ד ע"ב – אמר רב יהודה אמר רב, כל מה שברא הקדוש ברוך הוא בעולמו, זכר ונקבה
בראם. אף לויתן נחש בריח ולויתן נחש עקלתון, זכר ונקבה בראם, ואלמלי נזקקין זה לזה, מחריבין כל העולם
כולו, מה עשה הקדוש ברוך הוא, סירס את הזכר, והרג הנקבה, ומלחה לצדיקים לעתיד לבא, שנאמר והרג את
התנין אשר בים. ואף בהמות בהררי אלף, זכר ונקבה בראם, ואלמלי נזקקין זה לזה מחריבין כל העולם כולו,
מה עשה הקדוש ברוך הוא, סירס הזכר וציננן הנקבה, ושמרה לצדיקים לעתיד לבא, שנאמר הנה נא כחו
במתניו זה זכר, ואונו בשרירי בטנו זו נקבה.
204

שער הגילגולים, הקדמה ב' – דע, כי כמו שנתבאר אצלינו, שבכל עולם ועולם יש חמשה פרצופים, א"א,
ואו"א, וזו"ן. כך יש כנגדם חמשה בחינות בנשמות האדם, והם בסדר זה ממטה למעלה, נרנח"י. והנה הנפש
היא מנוקבא דז"א. והרוח, מז"א. והנשמה. מאימא. וחיה מאבא. שהוא חכמה, כי שם מקום החיים, כנודע
בסוד והחכמה תחיה בעליה. והיחידה, מא"א, הנקרא כתר, לפי שהוא יחיד ומיוחד, מכל שאר הספירות, שאין
לו נקבה, כנודע מפסוק ראו עתה כי אני אני הוא, הנדרש בספר הזהר פרשת בראשית.
דברים ל"ב ל"ט – ראו עתה כי אני אני הוא ואין אלהי"ם עמדי אני אמית ואחיה מחצתי ואני ארפא ואין מידי
מציל.
205

ישעיהו נ"א ב – הביטו אל אברהם אביכם ואל שרה תחוללכם כי אחד קראתיו ואברכהו וארבהו.
206

בראשת רבה פרשה י"ד ט' – חמשה שמות נקראו לה, נפש, רוח, נשמה, חיה, יחידה. **נפש** זה הדם, שנאמר
- כי הדם הוא הנפש. **רוח** שהיא עולה ויורדת, שנאמר - מי יודע רוח בני האדם העולה היא למעלה. **נשמה** זו
האופיה, דברייתא אמרין האופיתא טבא. **חיה**, שכל האברים מתים והיא חיה בגוף. **יחידה**, שכל האברים
משנים שנים, והיא יחידה בגוף, הדא הוא דכתיב - אם ישים אליו לבו רוחו ונשמתו אליו יאסוף.
207

והיא פרצוף נוקבא. **רוֹחַ** כנגד ה**תפארת** שהוא שם כללי לחג"ת נה"י, והוא פרצוף ז"א. **נְשָׁמָה** כנגד ה**בִּינָה** והיא פרצוף אימא. **חַיָּה** כנגד ה**חָכמה** והוא פרצוף אבא. **יְחִידָה** כנגד ה**כתר** והוא פרצוף א"א.

יש מחלוקת בסוגיה זאת לקמן בין גדולי המקובלים, והמפרשים, המחלוקת היא אם סוגיה זאת היא המשך הדרוש דעקודים, המבאר את ה**השתלמות בחינות הנרנח"י לכל אחת מהנרנח"י שיצאו מפה דא"ק**, או סוגיה זאת היא הסוגיה בתיקון העולמות, והיא בסדר[208] ה**תכללות, ההתחלפות, והתקשרות** של הנרנח"י אחת בשניה. דעתו הקדושה של

נשמה הוא שם כלל לכל בחינות הנרנח"י.
תרשים ה – ל"ח.
208

סוגיה זאת היא סוד תיקון העולמות, והתכללות כל האורות והכלים אחד בשני, והיא סוד כל ישראל ערבים זה בזה.

ע"ח ח"ב שמ"ב שער דרושי אבי"ע פ"ב דצ"ד ע"א – בענין האורות שאנו אומרים ששרשם נשאר במקומן, והארתן יצא לחוץ. נבאר לך בז"א, וממנו נקיש אל השאר. הנה בהיות שהאציל א"ס את הכתר, עשאו מכללות ה' פרצופים, שהם כתר שבו, ואו"א, וזו"ן שבו. ודע שבעת שהאציל כתר שבו, היו כלולים בתוכו כל הכתרים שיש משם ולמטה, עד העשיה זה תוך זה. כיצד כתר דאצילות מלביש אותו כתר דבריאה, ועליו כתר דיצירה, ועליו כתר דעשיה מלביש אליו)שער י' פרק ה'(. וכן בענין הפרטי, המשל בזה כתר דא"א, ועליו כתר אבא, ועליו כתר אמא, ועליו כתר ז"א, ועליו כתר נוקבא, וכל זה באצילות. ועל דרך זה בכתרים דבריאה, וכן אחר כך בכתרים דיצירה, וכן אחר כך בעשיה. ובעת שהאציל חכמה היו כלולין בו כל החכמות שיש בכל העולם, על דרך הנזכר, וכן על דרך זה בבינה שבו כל הבינות, ובז"א כל הזעירין שבכל העולם, ובנוקבא כל הנקבות. וכאשר האציל א"א את אבא דאצילות, הנה הכתר שבו לקח א"א לעצמותו, וכל מה שלמטה ממדרגתו נתן הכל באבא, ונמצאו כל החכמות כולם נתונים באבא, על דרך שנזכר בא"א. וכן על דרך זה באמא, ובזו"ן, ובכל ג' עולמות בי"ע. ונבאר לך ענין ז"א בפרטות, כי תחלה נאצל ז"א מכתר א"א, ובו כלולין כל הז"א, ואחר כך לקח א"א שאר החלק המגיע לבחינת א"א, ויצאו כל השאר, וכן על דרך זה בא"א. ונמצא שבחינת בן ובת, שהם זו"ן דא"א דכתר דאצילות, נשארים שם, ויצאו כל שאר הבחינות דזו"ן בנה"י דתבונה, ואז נשארים שם זו"ן באופן ששורש זו"ן הוא אותו חלק הכתר שלהם, שהיה כלול בכתר דאצילות כנ"ל, ושאר זעירין ונוקבא של שאר עולמות ופרצופים הם הארות לבד, וכן תקיש אל שאר הפרצופים הנודעים כנ"ל.

ע"ח ש"י פ"ה ד"נ ע"א – וכבר ידעת שמלבד שהם עשר כלים גמורים בכל פרצוף, וגם כל כלי מהם כולל עשר כלים וכו', ונמצא כי עשר כלים נתרחבו לאין תכלית ושיעור, קומתן לא נשתנה, כי הרי נתלבשו זה תוך זה, והבן זה מאד מאד, ובזה יוכלו לסבול האורות. והרי נתבאר מה שהיה קודם התיקון ומה שהיה אחר תכלית כל התיקון, אבל באמצע היו שינוים רבים כי התחילו לתקן מעט מעט, כי כשנתקן עתיק נתקן כל בחינות עתיק שיש בכל העשר ספירות]שמנמו ולמטה[. וכשנתקן א"א ניתקנו כל בחינות כתרים שיש בכל הכלים ממנו ולמטה, ונעשה הכלים דכתרים בהם. וכשנתקנו או"א נתקנו כל בחינת כלים של חו"ב, שיש מהם ולמטה. וכשנתקן ז"א נתקנו כל הכלים של ו"ק, שיש מהם ולמטה בכל כלי מהם. וכשנתקן הנוקבא שהיא מלכות, נתקנו כלים של מלכות בכל כלי מהם, ואז נתקנה הנוקבא.

נהר שלום די"א ע"ג – והנה בתיקון העולמות נכללו ונתקשרו כל העולמות זה בזה, באופן כי א"ק ואבי"ע דא"ק, נעשו א"ק לכל העולמות, כי א"ק שבו נשאר בבחינת א"ק לאבי"ע הפנימי שבו. והאצילות שבו נעשו א"ק לאבי"ע דאצילות. ובריאה שבו נעשה א"ק לאבי"ע דבריאה. ויצירה שבו נעשה א"ק לאבי"ע דיצירה. ועשיה שבו נעשה א"ק לאבי"ע דעשיה. באופן כי מה שהיה אבי"ע דא"ק, מתפשט באורך נעשה בעובי. וכן על דרך זה, א"ק ואבי"ע דאצילות נעשה אצילות לאבי"ע דא"ק, ואבי"ע. וכן א"ק ואבי"ע דבריאה, נעשה בריאה לכולם בעובי. וכן א"ק ואבי"ע דיצירה, נעשה יצירה לכולם בעובי. וכן א"ק ואבי"ע דעשיה, נעשה עשיה לכולם בעובי. כמבואר כל זה באורך בהקדמה עיין שם. באופן כי א"ק ואבי"ע דא"ק, המתפשט עתה באורך, שהוא הא"ק ואבי"ע הפנימי, המלביש לקו האור של הא"ס, כל פרטי בחינותיו נעשו מא"ק דכל החמש עולמות. כי הא"ק שבו, הוא הא"ק שהיה בו תחלה. ותחתיו האצילות שבו, שנעשה מא"ק דאבי"ע דאצילות.

הבל"י היא שמדובר בסוגית השתלמות בחינות הגרנה"י, ודעת הרב יפה שעה מדובר בסוגית התכללות והתקשרות. כאן

ותחתיו בריאה שבו, שנעשה מא"ק דאבי"ע דבריאה. ותחתיו יצירה שבו, שנעשה מא"ק דאבי"ע דיצירה. ותחתיו עשיה שבו, שנעשה מא"ק דאבי"ע דעשיה. ועל הא"ק ואבי"ע הזה דא"ק, מלבישים א"ק ואבי"ע דאצילות שוה בשוה, אשר כל בחינותיו נעשו מאצילות דכל החמשה עולמות. כי א"ק שבו, נעשה מהאצילות דאבי"ע דא"ק. ותחתיו אצילות שבו, שנעשה מאצילות דאבי"ע שבו. ותחתיו בריאה שבו, הנעשה מאצילות דאבי"ע דבריאה. ותחתיו יצירה שבו, ותחתיו עשיה שבו, שנעשו מאצילות דאבי"ע דיצירה ועשיה. ועליהם מלבישים א"ק ואבי"ע דבריאה, הנעשה מבריאה דכל החמשה עולמות. ועליהם מלבישים א"ק ואבי"ע דיצירה, ועליהם מלבישים א"ק ואבי"ע דעשיה, הנעשים מיצירה ועשיה דכל החמשה עולמות, על דרך הנז"ל. וכן הוא בפרטי פרטות, כי החמש בחינות הנזכרות, שהם שורש, ונשמה, וגוף, ולבוש, והיכל, הוא בכל עשר ספירות דכל פרטי פרצופי א"ק, וכן הוא בפרטי פרצופי האצילות.

נהר שלום ד"י ע"א – והנה נתבאר לעיל בהקדמה, כי בתיקון העולמות ניתוספו לכל עשר ספירות דכל פרצוף, כלים ואורות רבים, ונכללו זה בזה, ונתלבשו זה בזה, ונעשו העשר ספירות ההם עשרה פרצופים מלבישים זה לזה בשוה. המשל בזה כי לעשר ספירות דפרצוף הכתר דא"א דאצילות ניתוספו ט' ספירות לכל ספירה, באופן זה, כי לספירת הכתר ניתוספו ט' ספירות חוץ מהכתר שכבר היה בו. וט' ספירות לחכמה חוץ מהחכמה שכבר היה בו. וט' ספירות לבינה חוץ מהבינה שכבר היה בו. וכן על דרך זה כולם. ונעשו עשרה פרצופים, ונכללו זה בזה, ונתלבשו זה בזה, כי פרצוף הכתר נעשה מעשרה כתרים דכל עשרה פרצופים הנזכרים, והעשר ספירות שבו נעשו כתרים לכולם. וכן פרצוף החכמה נעשה מחכמות דכולם, והעשר ספירות שבו נעשו חכמות לכולם. וכן על דרך זה כולם. הרי פרצוף הכתר כלול מעשרה פרצופים, וכן על דרך זה היה בפרצוף חכמה דא"א, וכן לפרצוף הבינה דאריך אנפין, וכן על דרך זה היה לכל פרצוף ופרצוף דכל פרטי פרצופי אדם קדמון ואבי"ע, וכמבואר בהקדמה עיין שם. **כי זהו סדר ההתכללות וההתלבשות.** אמנם זה היה בפרטי פרטות, כי נפרטו כל עשר ספירות לאין קץ, עיין שם. וזה היה במחצב הספירות, וכן היה בא"ק ואבי"ע דמחצב הנשמות, המלביש לאדם קדמון ואבי"ע דמחצב הספירות.

דע כי אין כל מצוה כלולה אלא מתרי"ג מצות המתייחסות אליה בשמה, והוא באופן זה, כי כמו שביארנו סדר ההתכללות וההתלבשות בכל עשר ספירות דכל פרצוף, ואמרנו כי בעשר ספירות דפרצוף הכתר דא"א נתוספו תשעים ספירות, ט' ספירה לכל ספירה ונכללו זה בזה, ונתלבשו זה בזה, ונעשו עשרה פרצופים מלבישים זה לזה בשוה. ונמצא כי העשר ספירות דפרצוף הכתר שהוא הפרצוף הפנימי דעשרה פרצופים הנזכרים, נעשו מעשרה כתרים דכל העשרה הפרצופים, ואין נמצא בו שום ספירה אשר לא תקרא כתר, ובתוכו נתפשטו נרנח"י דיחידות דנרנח"י דעשרה הפרצופים הנזכרים. אמנם בערכו אלו העשרה כתרים שבו, נקרא עשר ספירות חב"ד חג"ת נהי"ם ממש, כי ספירת החכמה שבו אף על פי שהיא כתר דחכמה, ובה נתפשט יחידה דחיה, הנה בערך הכתר שבו נקרא חכמה, כיון שעיקרה משורש חכמה, וכן ספירת הבינה שבו, אף על פי שהיא כתר דבינה, ובתוכה נתפשטו יחידה דנשמה, הנה בערכו נקרא בינה ממש, כיון שעיקרה משורש בינה, וכן על דרך זה בכל העשר ספירות שבו.

וכן הוא בעשר ספירות דפרצוף החכמה, שנעשה מחכמות דעשרה הפרצופים, אמנם בערכו נקרא עשר ספירות כחב"ד חג"ת נהי"ם ממש, כי ספירת הכתר שבו אף על פי שהיא חכמה דכתר, ובה נתפשט חיה דיחידה, הנה בערך החכמה שבו נקרא כתר, כיון עיקרה משורש פרצוף הכתר, וכן על דרך זה תקיש לכל השאר ולכל העשרה פרצופים.

אמנם ידוע כי זהו סדר של עשר ספירות דפרצוף אחד, שנתוספו בהם מאה ספירות, ונעשו עשרה פרצופים כנזכר, אבל ידוע שעוד נתוספו בהם אלף ספירות, ונעשו מאה פרצופים, ונכללו זה בזה, ונתלבשו זה בזה, על דרך הנזכר, ונעשה כל פרצוף כלול מעשרה פרצופים.

עוד ניתוספו בהם כלים ואורות רבים, ונכללו זה בזה, ונתלבשו זה בזה, על דרך הנזכר, עד שנעשה כל פרצוף כלול מתרי"ג פרצופים. עוד נכללו ונתלבשו זה בזה, על דרך הנזכר, **עד שנעשה כל פרצוף כלול ממשים רבוא פרצופים**, והכל על דרך הנזכר. שאין כל פרצוף נכלל אלא מספירות המתייחסות אליו, ונקראים על שמו. אמנם בערכו הם עשר ספירות ממש, כיון שמשורש העשר ספירות חוצבו, ודי למבין וכנזכר בהקדמה באורך, עיין שם. וכנזכר בע"ח ברוב המקומות, ובפרט בשער כ"ד, שער פרקי הצלם, ובפרק ז' שבו, עיין שם, ודי למבין, כי זהו שורש ויחוד התקון כנודע.

גמרא שבועות דט"ל ע"א – והכתיב וכשלו איש באחיו, איש בעון אחיו, מלמד שכל ישראל ערבים זה בזה.

מבואר לפי הסוגיה אדירה נוראה ועמוקה, הנקראת ההתכללות וההתקשרות. **והמלכות** הכללית שהיא רחל עקרת הבית **יש בה כל הזומש בזוינות** הנרנח"י **אלו** לפני ההתחלפות וההתקשרות, וכן לכל שאר הבחינות דז"א, חו"ב, וא"א יש את בחינת הנרנח"י פרטים[209], **כי** המלכות[210] **היא עצמה** בחינת ה**נפש** הכללית, והנפש דנפש דליה נשארת בה. **ומאיר בה** בזמן ההתקשרות בחינת ה**נפש** הפרטית **של התפארת** שהוא ו"ק, והוא כללות הרוח, ובחינת נפש דו"ק **הוא** נכלל במלכות, ונעשה ה**רוח אל המלכות** הנקרא רוח דנפש. **ובינה** שהיא כללות הנשמה, ה**נפש** הפרטית **שלה** נכללת במלכות, ונעשית **נשמה למלכות** או נשמה דנפש. **וחכמה** שהיא כללות החיה, ה**נפש** הפרטית **שלו** נעשית **נשמה לנשמה למלכות** שהיא חיה דמלכות, או חיה דנפש. **והכתר** שהוא כללות היחידה, ה**נפש** הפרטית של ה**כתר** נכללת במלכות, ונעשית **יחידה למלכות** הנקרא יחידה דנפש.

וכן[211] **בז"א**[213][212] הנקרא כאן בלשון הרב ז"ל **תפארת, יש בו** את כל בחינות הנרנח"י הפרטים שלו, **בזוינת רוח של מלכות** שהיא רוח דנפש, בזמן ההתכללות נעשית **נפש אליו** ר"ל לז"א, ונקראת

209

תרשים ה – ט"ל
210

תרשים ה – מ.
211

יפה שעה)א(– וכן בתפארת יש בו בחינת רוח של המלכות נפש אליו, והוא עצמו רוח, ורוח מבינה הוא נשמה אליו, ורוח מאבא הוא חיה אליו, ורוח מא"א הוא יחידה אליו. וכן בבינה יש בה נר"ן מצד עצמה, ונשמה מאבא הוי בה חיה כו'. כל אלה דברי רז"ל אינם מתיישבים לפי הדרוש, שהרי לפי הדרוש גם בהיות באבא נפש לבד, שהוא לא יצא אלא בבחינת נפש לעצמו, היה נותן לכל פרצופים שתחתיו לכל אחד כפי מה שצריך לו, נתן לאימא בחינת רוח, ולז"א בחינת נשמה, ולמלכות בחינת חיה, אלמא כל אחד לקח כפי מה שצריך לו, ולפי דברי רז"ל אלה נמצא שאבא נותן לכל הפרצופים בחינת חיה ולא אחרת. וכן א"א לפי הדרוש כשיצא, יצא בבחינת נפש לעצמו לבד, ונתן לכל פרצופים שתחתיו בכל אחד ואחד כפי מה שצריך, בחינת רוח לאבא, ונשמה לאימא, וחיה לז"א, ויחידה למלכות. ולפי דברי רז"ל אלה אינו נותן לפרצופים שתחתיו אלא בחינת יחידה לכולם בשוה. וכן יש להקשות מאימא ומז"א. ועוד קשה שלפי דברי רז"ל אלה נמצא כל פרצוף ופרצוף נותן מבחינתו לכל הפרצופים, בין שלמעלה ובין שלמטה, וגם הוא לוקח מהם, כמבואר ולפי דרושינו, בצאת החכמה היה נותן לכל פרצוף ופרצוף שתחתיו כפי מה שצריך לו, והוא לא היה לוקח משלהם כלום. אמנם הדבר הזה תלוי בהקדמה אחת שצריך לדעת, והוא כי הנה נודע כי א"א דאצילות נקרא בחינת יחידה. ואבא נקרא בחינת חיה. ואימא נקרא בחינת נשמה. ורוח ז"א. ונפש מלכות. כמו שכתב רז"ל בכמה מקומות. וצריך לדעת למה א"א נקרא בחינת יחידה, והלא הוא כלול נרנח"י שלם שבו, כמו שאר כל הפרצופים. וכן אבא הנקרא חיה דכללות, למה נקרא חיה, מאחר שכולל נרנח"י שלם כו'. וכן במה תעלה מעלת א"א שהוא נקרא יחידה דכללות האצילות, וכן אבא במה הוא גדלה מעלתו שנקרא חיה דכללות האצילות. אי משום מעלת המקום שהוא קאי למעלה מפרצופים שתחתיו, אין זה כדי לגדל מעלתו, כי אין המקום מכבד את האדם, אדרבא האדם מכבד את המקום כנודע. ומאחר שכל פרצופי האצילות, כל אחד ואחד כלול מנרנח"י שלם, ונרנח"י דנרנח"י, כמו שכתב רז"ל בפרק ה' דשער המוחין, במה תעלה מעלת כל אחד על חבירו, שזה נקרא א"א בחינת יחידה, וזה אבא בחינת חיה. אבל סוד הענין צריך שתדע שברצון המאציל העליון כשנתקן עולם האצילות, אז נעשה בחינת התחלפות, כי כל אחד לקח בחינתו מפרצופים שתחתיו ושעליו, ונתן להם מחלקו לכל חד כפי מה שראוי לו, ועל ידי כן נמצאו כולם כלולים זה בזה. הנה א"א נרנח"י שבו נעשו בזה האופן. יחידה שבו הרי היא בחינתו עמדה לו, ובחינת יחידה דאבא נעשה לו בחינת חיה. ובחינת יחידה דאימא נעשה

לו בחינת נשמה. ובחינת יחידה דז"א נעשה לו בחינת רוח. ובחינת יחידה דמלכות נעשה לו בחינת נפש. והרי נמצא נרנח"י שבא"א נעשה מיחידות דכל ה' פרצופים הכוללים כל עולם האצילות, וכל ד' בחינותיו נתן להם, ונעשה בחינת יחידה לכולם. וכן אבא יחידה שבו נעשה מבחינת חיה שלקח מא"א, וחיה שבו היא בחינת עמדה לו, וחיה דאימא נעשה לו בחינת נשמה, וחיה דז"א נעשה לו בחינת רוח. וחיה דמלכות נעשה בו בחינת נפש. הרי נמצא נרנח"י דאבא נעשה מחיות דכל ה' פרצופים הכוללים, ובחינותיו נתן להם. וכן אימא נשמה דא"א נעשה בחינת יחידה אליה. ונשמה לאבא נעשה בחינה חיה אליה. ונשמתה היא בחינת עצמה, עמדה לה. ונשמה דז"א נעשה רוח אליה. ונשמה דמלכות נעשה בחינת נפש אליה. וכן בז"א, רוח דא"א נעשה בחינת יחידה אליה. ורוח לאבא נעשה בחינה חיה אליו. ורוח דאימא נעשה נשמה אליו. ורוח שבו הוא בחינתו עמדה לו. ורוח דמלכות נעשה נפש אליו. וכן המלכות נפש דא"א נעשה אליה בחינת יחידה. ונפש דאבא נעשה אליה בחינה חיה. ונפש לאימא נעשה אליה בחינת נשמה. ונפש דז"א נעשה אליה בחינת רוח. ונפש שלה היא בחינתה עמדה לה. ועל ידי זה גדלה מעלת כל הפרצופים שתחתיו, שהרי א"א בחינת נרנח"י שבו נעשה מיחידות דכל ה' פרצופים הכוללים. וכן אבא נרנח"י שבו נעשה מחיות לכל ה' פרצופים. וכן באימא. וכן בז"א. וכן במלכות. ומה שכתב רז"ל גם בבינה יש בה נר"ן מצד עצמה כו', גם באבא יש כל ד' בחינות אלו כו', לא חש להאריך לבאר שהם מבחינות שלוקח מפרצופים שתחתיו, ודברי אלה כתבם רז"ל בפרק ח' משער חיצוניות ופנימיות, וז"ל - וכן על דרך זה באורות מה שהוא רוח לזה, הוא נשמה לתחתון. ומה שהוא נפש לעליון נעשה רוח לתחתון, עד כן לשונו. ר"ל מה שהוא רוח לאימא, נעשה נשמה לז"א, שהוא תחתון אליה. ומה שהוא נפש עליון, ר"ל בחינת נפש דז"א נעשה רוח למלכות שהיא תחתיו, יע"ש. ועיין עוד בשער דרושי אבי"ע פרק ה', וכל זאת אינו אלא בשעת ובזמן שהיו מתתקנים כל פרצוף האצילות, אבל השתא בעולם העקודים בעת יציאתם מן מאצילם בראשונה שהיו כולם יוצאים מחוסרי התשלום, עד שצריכים לחזור פעם ב' במאצילם כדי להשתלם, ולא היה יוצא כל אחד ואחד אלא בבחינת נפש לעצמו, דהיינו שהיה בו כח להשלים לכל פרצופים שתחתיו, לכל אחד מדרגה אחת כפי הראוי לו באותה שעה.

212

בית לחם יהודה ש"ו פ"ה – וכן בתפארת יש בו בחינת רוח של מלכות נפש אליו. עיין בהרב יפה שעה שכתב שזה הוא סוד התחלפות הנרנח"י של החמשה פרצופים זה בזה, שכל אחד מהם לקח נרנח"י שלו מכל הפרצופים, ונתן נרנח"י שלו לכל אחד מהם, כפי מה שראוי לו, ועל ידי כך נמצא שכל אחד מהם הוא כלול מכולם. והיינו דקאמר רז"ל - וכן בתפארת יש בו בחינת רוח של מלכות נפש אליו. ומה שכתב חז"ל בסוף פרק א' - גם בבינה יש בה נר"ן וכו', גם באבא יש בו כל ד' בחינות אלו וכו'. ואי קאי ל בבחינת התחלפות, אם כן היה לו לומר גם בבינה יש בה נשמה מצד עצמה, ולא לימא דיש בה נר"ן. וכן באבא היה לו לומר יש בו חיה מצד עצמו, ולא לימא דיש בו כל ד' בחינות אלו. כתב הרב יפה שעה על קושיא הנזכרת, דלא חש רז"ל להאריך ולבאר שהם מבחינות שלוקחים מפרצופים שתחתיהם, יעו"ש. וכמו כן כתב בהגהות עץ חיים כתב יד על מה שכתב רז"ל גם בבינה יש בה נר"ן מצד עצמה וכו'. וז"ל **יוס"ד** - מצד עצמה אנשמה קאי, אבל נפש ורוח הם נשמות לזו"ן, וכן על דרך זה חיות דכולם הם נר"ן, ויחידה דאבא ויחידות דכולם הם נרנ"ח לא"א עד כאן לשונו. וכל זה הדוחק שנדחקו הרב יפה שעה, והיוס"ד, בפירוש הנר"ן דבינה וד' בחינות דבאבא, הוא מסיבת דקתני ברישא. וכן בתפארת יש בו בחינה רוח של מלכות, נפש אליו וכו', למלשון זה מוכח דנפש הז"א היא בחינת הרוח דנוקבא, ואינה מבחינת עצמו, ואי אפשר להיות אופן זה, כי אם בבחינת חליפין כנזכר, וכמו כן פירשנו בפרק ב' דשער מ"ב של שער הב' בד"ה וכן על דרך זה באימא ובזו"ן וכו', יעו"ש. אמנם מלשון שער הקדמות דף ע"ה ע"ד מבואר שדברי חז"ל דהכא הם כפשוטן, ולא איירי בבחינת חליפין כלל, ומה שכתב הכא וכן בתפארת יש בו בחינת רוח למלכות, נפש אליו וכו', אינו בדקדוק, שהרי כתב שם וז"ל - והנה במלכות לבדה יש בה כל אלו החמשה בחינות)שהם נרנח"י(, לפי שהיא עצמה בחינת נפש, והנפש דז"א)שהיא עטרת היסוד שבו(מאיר בה, ונעשה בה בחינת רוח, כי הרי כללות הז"א נקרא רוח. והנפש מבינה מאיר בה, ונעשה בה בחינת נשמה. והנפש מחכמה מאיר בה ונעשה בה בחינת חיה. והנפש מא"א מאיר בה, ונעשה בה בחינת יחידה. וכן על דרך זה יש גם בתפארת, כי בחינת המלכות שבו)שהיא עטרת היסוד שבו, כמבואר בריש ענף ה' דשער א'(, נקראת נפש שבו. והוא בעצמו נקרא רוח. והרוח מן בינה מאיר בו, ונעשה בו נשמה. והרוח מחכמה ונעשה בו חיה. והרוח מן א"א ונעשה בו יחידה. וכן על דרך זה גם בבינה, כי המלכות, והתפארת, והבינה שבה הם נר"ן שבה. והנשמה מאבא נעשה בה חיה. והנשמה מא"א נעשה בה

אחרי ההתחלפות נפש דרוח, **והוא** הז"א **עצמו רוח** דליה, ונקרא רוח דרוח. **ורוח** של ה**בינה** הוא **נשמה** [דכ"ח ע"א 55] **אליו** ונקרא נשמה דרוח. **ורוח מאבא** שהוא החכמה **זזיה אליו** ונקרא חיה דרוח. **ורוח מכתר והוא** פרצוף א"א, נעשה **יזזידה אליו** ונקרא יחידה דרוח.

גם[214] כן **בבינה יש נר"ן מצד עצמה,** כאשר הנשמה דמלכות, נעשית נפש דבינה, שהיא נפש דנשמה. והנשמה דז"א נעשית רוח דבינה, שהיא רוח דנשמה, והנשמה דבינה נשארת בה, ונקראת נשמה דבינה, או נשמה דנשמה. **ונשמה דאבא** שהוא החכמה **הוא** נעשה זזיה דבינה, שהיא חיה דנשמה. **ונשמה דא"א** שהוא הכתר, **היא** נעשית יזזידה **אליה** ר"ל לבינה, והיא יחידה דנשמה.

וכן[215] **גם באבא** שהוא החכמה יש לו כל **ארבעה בחזינות אלו** של הנר"ן שקיבל, ומצד עצמו את בחינת החיה. ר"ל החיה דמלכות נעשית נפש דחכמה, והיא נפש דחיה. החיה דז"א נעשית רוח דחכמה, והיא רוח דחיה. החיה דבינה נעשית נשמה דחכמה, והיא נשמה דחיה. והחיה דחכמה נשארת בו, ונקראת חיה דחכמה, או חיה דחיה. **זזוק מיזזידה** דחכמה, ש**את** היחידה דחכמה **נוטל מן זזיה דא"א**[216] שהוא הכתר, והיא נקראת אחרי ההתחלפות יחידה דחיה.

ועל דרך זה גם[217] בכתר הלוקח אחרי ההתחלפות את בחינות היחידה דכל השאר. כאשר היחידה דמלכות נעשית אחרי ההתחלפות נפש דכתר, והיא נפש דיחידה. והיחידה דז"א נעשית אחרי ההתחלפות רוח דכתר, והוא רוח דיחידה. והיחידה דבינה נעשית נשמה דכתר, והיא נשמה דיחידה. ויחידה דחכמה נעשית חיה דכתר, והיא חיה דיחידה. ובחינת

יחידה. עד כאן לשונו. הרי מבואר מזה דכוונתו היא על סדר המדרגות דבנוקבא, איכא בחינה אחת לחוד שהוא נפש, והז"א כולל ב' בחינות שהם נפש ורוח, ואימא כוללת ג' בחינות שהם נר"ן, ואבא כולל ד' בחינות שהם נרנ"ח, וא"א כולל ה' בחינות שהם נרנח"י. ולא קאי על בחינת החליפין כלל. וכסדר זה ממש כתב רז"ל במבוא שערים דף נ"ה ע"ד, בדרוש פנימי ומקיף, בענין כללות ד' עולמות דא"ק, הוא יחידה וכולל ה' בחינות נרנח"י, ואצילות היא חיה וכוללת ד' עולמות, והבריאה היא נשמה וכוללת ג' עולמות, ויצירה היא רוח וכוללת ב' עולמות, והעשיה היא נפש בלבד יעוש"ב. ותשלום הנרנח"יי החסרים מכל אחד מחמשה פרצופים הם הנמשכין לכל אחד מפרצופים שלמעלה ממנו. והיינו דקתני הכא ומאיר בה נפש של התפארת וכו', וכדקתני נמי בשער הקדמות הנזכר - ומאיר בה וכו', ומאיר בה וכו', כי אינו כי אם **הארה לבד**, כי עיקר הרוח הוא נשאר בז"א, ועיקר הנשמה היא נשארת לאימא, וכיוצא בזה באבא, וא"א. וכמבואר בריש פרק ח' דשער כ' וז"ל - וביאור הדבר כי תחלה היה לו (לז"א(בחינת עצמו, שהוא רוח, ובחינת נוקבא הכלולה בו)שהיא עטרת היסוד שבו(והיא נפש, ובלקחו מישסו"ת כל אותם הצלמים, אז יש לו נשמה, יעו"ש. הרי מבואר מזה כמו שביארנו.
213

תרשים ה – מ"א.
214

תרשים ה – מ"ב
215

תרשים ה – מ"ג
216

הגהות וביאורים)א(– פירוש חיה דמלכות נפש אליו, וחיה דז"א רוח אליו, וכן על דרך זה בבינה.
217

תרשים ה – מ"ד.

היחידה דכתר משאיר הכתר לעצמו, והיא יחידה דיחידה. וכן הוא בבחינת העולמות[218], הפרצופים[219], הספירות[220], ואורות[221] הנרנח"י, וכן הוא בבחינות שנגל"ה[222].

הרב ז"ל מבאר את בחינות האורות הפנימיים והמקיפים, ואת בחינת הכלים שבאדם התחתון, וממנו יתבאר האדם העליון, והם הפרצופים[223] הרוחניים, **וְהִנֵּה**[224] מבשרי אחזה אלו"ה **בְּ**תוך גופו של **הָאָדָם** התחתון **יֵשׁ לוֹ זָוִיּוֹת** שהוא האור הַ**פְּנִימִי** שלו, **שֶׁהוּא נֵר"ן**, ובחינת הנר"ן הנ"ל המתלבשים[225] בג' כלים, הנפש בכבד,

---

218

תרשים ה – מ"ה.

219

תרשים ה – מ"ו.

220

תרשים ה – מ"ז.

221

תרשים ה – מ"ח.

222

תרשים ה – מ"ט.

223

כלל – כל פרצוף ופרצוף שבכל עולם ועולם נקרא אדם בפני עצמו.

224

כרם שלמה ש"ו פ"ה אות כ"ד – עכשיו בא לתת טעם למה צריך ב' אורות להכלים של הפרצופים, שהם אור פנימי ואור מקיף, לזה אמר הנר"ן הם דווקא לצורך חיות הפנימי מספיק לבד, ולא היה די לו בזה, אלא צריך לו עוד אור גדול מזה האור הפנימי, עד שיספיק לו ויאיר לו בשלמות. ולזה נעשה לו האור המקיף, שהוא בחינת אור יותר גדולה מן האור הפנימי, ולא היה אפשר לתת זה האור בתוך פנימיותו מרוב גודלו, ולכן מקיף לו חוץ לגוף, ומאיר לו מחוץ. ואז על ידי שנים אלו מאיר הגוף ומתקיים, ואי אפשר לו באופן אחר. ולזה כתב כאן – ולכן צריך שיהיה לו גם כן נשמה לנשמה מקיף מבחוץ. ר"ל האור שהונח מבחוץ הוא בחינת נשמה לנשמה, שהוא אור גדול, ואי אפשר להכנס זה האור בפנים, ולזה נשאר מבחוץ, מפני שאין כלי ומקום להחזיקו. ומה שכתב כאן **והנה באדם יש לו חיות וכו'**, משמע שמדובר על האדם התחתון, הוא הדין הוא על הפרצופים העליונים, שכל פרצוף ופרצוף נקרא אדם. ומן האדם התחתון **נלמד לעליון**. וכן כתב בשער ההקדמות וז"ל דף ע"ה ע"א – ונבאר עתה כל אלו הבחינות באדם התחתון, וממנו נבאר לעליון וכו', וסיים כמו הכא, ופשוט.

225

בחינת הנר"ן מתלבשת בגוף בג' מקומות, הנפש מתלבשת בכבד, והיא מאירה לכלי החיצון. הרוח מתלבשת בלב, ומאירה בכלי האמצעי. והנשמה מתלבשת במוח, ומאירה בכלי הפנימי. ג' בחינות אלו נקראות עי"מ.

תרשים ה – נ.

ע"ח ח"ב ש"מ דרוש י"ב דפ"ה ע"ב – ואחר שנתבאר לך כל זה דרך כללות, צריך להאיר עיניך שלא תטעה במה שכתבנו לעיל, ותחשוב כי כמו שיש בכל פרצוף ופרצוף שבכל עולם ועולם ה' בחינות נרנח"י הנקרא פנימיות, שכן יש גם ה' בחינות כלים כנגדן, כי אין הדבר כן. והענין כי הנה הכלים הם חיצוניות ועביות, ולא יכלו להתלבש כל ה' מיני נשמה, רק הג' תחתונים לבד שהם נר"ן, ולאלה בלבד היו כנגדם כלים וגופים, אך חיה ויחידה שבכל פרצוף, אין כנגדן כלים בפרצוף ההוא עצמו שיתלבשו בהם, אך נשארין בחוץ בלתי כלים בסוד מקיף, כמ"ש. ואם כן נמצא כי בחיצוניות לא יש רק ג' בחינות לבד, שהם ג' כלים חיצון אמצעי ופנימי, כדי שיתלבשו בתוכם נר"ן, שיש כנגדן כלים, אך היחידה וחיה אין כנגדן כלים לשיתלבשו בתוכם, ונשארין בסוד אור מקיף, כמ"ש. ונבאר ענין הפנימיות תחלה, הנה הנפש נכנסה תחלה בתוך כלי החיצון, ועיקר הארתו הוא בכבד, ואח"כ נכנס הרוח בכלי התיכון, ועיקר גילוי הארתו הוא בלב, ומשם

ומאירה בכלי החיצון, ובחינה זאת כנגד עיבור. הרוח בלב, ומאירה בכלי האמצעי, ובחינה זאת כנגד יניקה. והנשמה במוח, ומאירה בכלי הפנימי, ובחינה זאת כנגד מוחין, **ולא היה מספיק זה האור** הנר"ן הפנימי **להאיר בחומר הגופני** **שלו** כדי לזכך את הכלים כי האור הפנימי מספיק לזכך רק חלק מחומר הכלי, והוא פנימיות הכלי, **ולכן** כדי לזכך את הכלי מבית ומבחוץ **צריך שיהיה לו גם כן** בחינת אור החיה הנקרא **נשמה לנשמה** **מקיף**, ואור החיה היה מאיר את בכלים **מבחוץ**, כך שאורות הנר"ן מאירים בכלים מבפנים, ואור היחידה מבחוץ, וכך הכלים מזדככים בשלמות. **כי**[226] **בהיות** ג' בחינות נר"ן תוך הגוף, עם כל זאת בחינת **הנשמה**[227] היא עיקר האור הפנימי **שנמצא בפנים** הגוף, לכן האור הפנימי נקרא **בחינת אימא** בערך האור המקיף, ואור החיה הנקרא **נשמה לנשמה** (נ"א והמקיף)[228] **עצמה** **מקיף**

מתפשט למטה עד הכבד, מתלבש תוך הנפש שבכבד, אך מן הלב עד הכבד היא מתגלית, ומשם ולמטה מתלבשת תוך הנפש. ואח"כ נכנסה הנשמה בכלי הפנימי, ועיקר הארתו במוח, ומשם מתפשט למטה עד הלב, ומתלבשת תוך הרוח, אשר שם וגם היא מתפשט עד הכבד, בהיותו מלובשת תוך הרוח, המתלבש תוך הנפש שבכבד כנ"ל. והבן זה מאד.

ע"ח ש"כ פ"ג מ"ק דצ"ז ע"ג – אמנם נבאר ענין ז"א, ומשם תקיש אל השאר. הנה ג' כלים יש בז"א, חיצון, ואמצעי, ופנימי, ואין לך אבר ואבר שאין בו ג' בחינות אלו, עובי החיצון מצד אחור, ועובי הפנימי מצד הפנים, ומה שביניהן בסוד אמצעי. אכן ג' שרשי כלים אלו, החיצון שבכולם נמשך חיותו מן הכבד, על ידי ורידי הכבד, שבהם שולח המזון שהוא הדם, אל אותו החיצון. והכלי אמצעי נמשך חיותו מן הלב, על ידי עורקים הדופקים הנמשכין מן הלב, שבהם שולח (המזון) החיות הרוחני, כעין רוח דק וזך, והוא בחינת דם חומרי גם כן, אלא שחזר ונזדכך בלב כנודע, כי הכבד שולח דם הממשי אל כל אבר ואבר, והיותר מובחר שולח אל הלב, ואז הלב חוזר ומזככו (פעם ב'), ונעשה בו בחינת (דם) רוחניות זך, ומשלחו אל כלי האמצעי אשר בכל אבר ואבר. ואחר כך הלב שולח (דם) רוחניות היותר זך אל המוח, ושם חוזר ומזדכך פעם ג', ואז שולחו המוח אל הכלי הפנימי של האבר דרך גידין הנמשכין מן המוח כנודע, ואותו הרוחניות הזך נקרא כח ההרגשה. אמנם הצד השוה שבשלשתן שכולם הם מיני דם, אלא שזה מזוכך מזה, וזה מזוכך מזה. והנה בתוך ג' שרשים אלו שהם מוח, לב, כבד, אשר הם ג' שרשים של ג' בחינות הכלים של כל אבר ואבר כנ"ל, הנה בתוכם הוא נר"ן. ואם כן נמצא כי הנפש שורה בכבד, ובאמצעיתו משלח הארותיה אל הכלים החיצונים, על ידי ורידי הדם כנזכר, ואם כן נמצא כי אורות הנפש יאירו בכלי החיצון. ורוח שורה בלב, ובאמצעיתו שולח פארות הארותיו אל הכלים האמצעים, על ידי העורקים הדופקים כנ"ל. והמוח שורה בו הנשמה, ובאמצעיתו שולח הנשמה פארות הארותיו אל הכלים הפנימים, על ידי הגידין כנ"ל. ואמנם נגד חיה ויחידה אין עוד בחינת כלים דז"א כנגדן, כי אורם גדול, ואין כלי סובל אורם.

226

הגהות וביאורים (ב) – עיין תו"ח דף קנ"ז ע"ב.

227

כרם שלמה ש"ו פ"ה אות כ"ה – ומה שכתב כאן כי בהיות הנשמה בפנים בחינת אימא, אף על פי שהאורות שבפנים אינם בחינת נשמה דווקא, שהיא אימא, אלא הם ג' בחינות, שהם נפש ורוח ונשמה, עם כל זאת להיות **שהעיקר אורות שבפנים היא הנשמה**, כי היא המתפשטת מראש עד סוף, מה שאין כן הרוח והנפש, כי זה בנה"י לבד, וזה בחג"ת לבד, ועוד שהנפש והרוח הם כמידתו, ואין זה חידוש אצל הפרצוף שהוא ז"א, כי אם הנשמה שהיא יותר מבחינתו, לזה נקטה.

228

הגהות וביאורים (ג) – קצת קשה, לפי זה משמע כאן שאין חיה ויחידה פנימי, כי אם מקיפים, ובפירוש כתב הרב לעיל שיש בחינת חיה ויחידה פנימיות גם כן. ואפשר ליישב שבוודאי סברי החברים שיש חיה ויחידה פנימיים גם כן, ומה שכתב כאן מקיף לאפוקי נר"ן, שאין בהם בחינת מקיף כי אם בשני אלו. אבל זה דוחק מאד, ואם כן מה דחקו לומר שמאירין זה בזה המקיף בפנימי, על ידי או"א שהם לא מתפרשין כנ"ל, הרי בלאו

אותה ר"ל את אימא הנמצאת בתוך הכלים **מבזוזוך**, ונקרא **בזוינת אבא** בערך האור הפנימי, ובחינת הנר"ן דחיה מקיפין לנר"ן הנמצאים בתוך הכלים, כמו שהרב ז"ל יבאר לקמן בהמשך הסוגיה.

לפי כך יוצא **ששניהם הם בזוינת או"א**, ועליהם נאמר[229] כחדא נפקין, כחדא שריין, **דלא מתפרשין לעלבוין**, לא אפסוק דא מן דא, ולכן זוווגייהו תדיר דלא פסיק. כדי שהכלים יזדככו צריך שיאירו האורות בכלים, גם אור הנשמה מבפנים הכלי, וגם אור החיה מחוץ לכלי. כי אם רק האור הפנימי היה מאיר בכלי מבפנים, הכלי לא היה מזדכך כראוי, וכן אם רק האור המקיף היה מאיר מבחוץ, הכלי לא היה מזדכך כראוי. לכן היו צריכים גם המקיף וגם הפנימי להאיר גם מבפנים וגם מבחוץ. **הנה**[230] **האור פנימי דאמא** שהוא אור

הכי יתחברו פנימי ומקיף על ידי חיה ויחידה פנימיים, וצריך עיון, כך נראה לעניות דעתי יצחק)מע"ח כתב יד הנ"ל(.

229

זהר אדרא זוטא דר"צ ע"ב – פרצופי או"א **לא אפסיק רעותא דתרווייהו לעלמין** לא מפסיק הרצון של שניהם לעולם, כי או"א מרוצים, ותמיד מחוברים ומאוחדים יחד, אפילו אם ח"ו ישראל לא עושים רצונו של מקום, או"א לא נפרדים, ותמיד מתיחדים, להשפיע שפע לחיות העולמות. **בחד נפקין** ביחד יצאו ונאצלו מפרצוף א"א, **בחד שריין** ביחד הם עומדים תמיד פנים בפנים. **לא אפסיק דא מן דא** לא נפסקים ונפרדים זה מזה, כי אם ח"ו יפרדו יפסק שפע חיות העולמות, והעולמות התבטלו, **ולא אסתלק דא מן דא** ולא מסתלקים זה מזה אפילו בזמן הגלות.

ע"ח שער הכללים פ"ב ד"ה ע"ד – ואחר שנעשה פרצוף שלם דא"א, נעשו ב' פרצופין דאו"א. וזהו כוונת אדרא זוטא - כחדא נפקין וכחדא שריין ולא מתפרשין לעלמין. והכוונה שהזהו"ב לא נאצלו כמו זו"ן, אשר נוקבא יוצאת מבין חדוי ודרועוי מאחוריו, אך או"א כחדא נפקין, הוא שבעת הלידה יצאו שניהן יחדיו, ולא קדם אחד לחבירו. וכחדא שריין הוא כי זו"ן אחור באחור, אבל או"א כחדא שריין פנים בפנים. ומה שכתוב - ולא מתפרשין לעלמין, כי זו"ן אי זיווגם תדיר, כמו שכתוב בזוהר פרשת ויקרא, על פסוק אכלו רעים, שתו ושכרו דודים, אכלו רעים דא אינון או"א, שתו ושכרו דודים דא אינון זו"ן.

שער מאמרי רשב"י, פרשת תרומה דקס"ו ע"ב – הנה אמר כי בהגלות חכמה זו היתה הבינה כלולה בתוכה, ונתפשטה ונמצאת כל אחת בפני עצמו. וענין התפשטות הוא האצילות ברא בוכרא, ואז יקראו אב ואם, ולא זכר ונקבה לבד, וזה מה שכתוב - ואשתכח דדכר ונוקבא, הוא חכמה אב, בינה אם. ואמר עוד כי חכמה ובינה בחד מתקלא אתקלו דכר ונוקבא. כי אין חכמה ובינה כז"א ונוקבא. כי הנקבה דז"א ירדה ממנו שלשה מדרגות, כי מקומה בזרועותיו מאחוריו, כמבואר באדרא דנשא. **אבל חכמה ובינה שוין בחד מתקלא אתקלו.** ומכל מקום זה זכר וזו נקבה, כי היא צריכה לקבל שפע ואור מהזכר. וזהו שחזר ואמר דכר ונוקבא, כלומר כדרך זכר ונוקבא, וכן נזכר במאמר שהבאתי למעלה שאמר ואב טמיר וגניז יתיר כו'. וזה שכתב שם דף ר"ץ ע"ב. **אבל האי אימא לא אפסיק רעותא דתרוייהו לעלמין, בחד נפקין, בחד שריין, לא אפסיק דא מן דא, ולא אסתלק דא מן.** דא פירוש כי חסד עלאה שהוא נקרא רצון, וממנו נמשכו שניהם, כדפירשתי והוא ראיתי דתרווייהו, והוא הנקרא מזל, אינו פוסק משניהם תמיד, לא בעת האצילות, וזהו בחד נפקין שקולין ושוין זה בזה. ולא גבוה אחד מחבירו כז"א ונוקביה, וגם אחר האצילות. כחדא שריין, ולא כז"א מנוקביה שנטרדה ממנו אחר כך וירידה למטה, לא אפסיק דא מן דא מלהזדווג, כדרך ז"א ונוקביה, שאף בשעת שלום אין זווגם אלא לפרקים, ולא תמידי. ולא אסתלק דא מן דא בשעת הגלות, כדרך שמסתלק ז"א מנוקביה, וכדאמר לעיל.

230

ע"ח ש"ו ענף ג' דט"ז ע"א – דע כי הנה האור כולו שוה, וכאשר נכנס ונתלבש תוך הכלי, אין הכלי יכול לסובלו כולו, אז בחינת אור שלא יוכל לישאר בפנים נשאר בחוץ, בבחינת אור מקיף עליו, ואז ב' אורות אלו מאירים בכלי. כי אור פנימי מאיר חצי עובי כותל מצד הפנימי, ואור מקיף מאיר חצי עובי הכותל מצד החיצון, ועל ידי ב' אורות אלו מאיר ומזדכך הכותל של הכלי מבית ומחוץ.

ע"ח ש"ו פ"ב מ"ת דכ"ה ע"א – התשובה בזה, דע כי האור כולו הוא בהשוואה אחד, וכאשר רצה לכנוס ולהיות מוגבל תוך הכלי, אז האור ההוא שאינו יכול לישאר בכלי נשאר מבחוץ בבחינת מקיף, ואור

הנשמה **מרוב זשקו** ותשוקתו[231] **להדבק** באור החיה המקיף, והוא **של אבא**, **מכה** האור
הפנימי ובוקע את הכלים מפנימיותם, **ויוצא בזוזק ועובר דרך** הכלים של **הגוף הזוומרי** מבפנים
ומאיר בזוק, (נ"א ומשם) ושם **נדבק** באור החיה הנקרא **אבא. וכן להיפך,** האור
המקיף, שהוא **אור** החיה הנקרא **אבא, עובר ונוקב** מחיצוניות הכלי לפנימיותו, **ונכנס מבפנים**
הכלי, **ושם נדבק באמא**[232], **ועל ידי זה** הכלי שהוא **הגוף מתקיים** ומזדכך, **שמאירין**
בו האור הפנימי והאור המקיף, שהם או"א **מכל צדדיו** מבית ומבחוץ[233]. **והנה מקיף זה הוא**
בחינת **נשמה לנשמה, הנקרא זיה** נפרטת לנרנח"י פרטים, הנקראים נרנח"י דחיה, **והנה** כשאור
החיה נכנס לתוך הגוף, אין הגוף יכול לסובלו בגלל אורו הגדול, לכן **הוא** יוצא מהגוף **ומקיף** סביב לכל
הגוף בכללות ר"ל[234] לחב"ד, חג"ת נה"י אשר בתוכם מתלבשים הנר"ן, לאפוקי מקיפי דצל"ם הנמצאים מעל
הראש.

אבל אור המקיף דחיה הנפרט לנרנח"י, לא מקיף רק את הגוף מבחוץ, אלא בכניסתו[235] לגוף **הוא** גם **מקיף**
ומאיר בכל זולק מחלקי הנר"ן שבתוך הכלים **כפי** ערכו ובמה **שהוא, כי** כאשר נכנס אור החיה
לגוף הוא מאיר **בזולק הנשמה** שמקומה העיקרי במוח, **ומקיף לה בבזונת אור נשמה**

פנימי הוא מאיר מבפנים בכלי, ועובר האור עד חצי עובי דופני הכלי מצד פנימיותו, ואור המקיף הוא מאיר
מבחוץ לכלי, ועובר עד חצי עובי דופני הכלי מצד חיצוניותו, ועל ידי ב' אורות אלו, מאיר הכלי ומזדכך.
231

בראשית ג' ט"ז – אל האשה אמר הרבה ארבה עצבונך והרנת בעצב תלדי בנים ואל **אישך תשוקתך** והוא
ימשל בך.
232

הגהות וביאורים)ד(– באופן שהוא התדבקות כפול. שער הקדמות שם.
233

תרשים ה – נ"א.
234

הגוף מחולק באופן כללי לג' חלקים, החלק העליון נקרא חב"ד, והם הכלים דמוחין, ובהם מתלבשת הנשמה.
החלק האמצעי נקרא חג"ת, והם הכלים דיניקה, ובהם מתלבשת הרוח. החלק התחתון נקרא נה"י, והם הכלים
דעיבור, ובו מתלבשת הנפש.
תרשים ה – נ"ב.

ע"ח ש"י פ"ה ד"נ ע"ב – עוד שורש אחד בתיקון ז"א, וממנו נלמד לכל השאר, כי אינו דומה עת תיקון ג'
תחתונים, לעת תיקון ג' אמצעים, ולעת תיקון ג"ר. והנה הז"א הז' כלים שבו היה באופן זה, כי תחלה היו ז'
כלים, וכל כלי מהם היה אחד לבד, חסד מחסד, וגבורה מגבורה, תפארת מתפארת, נצח מנצח, הוד מהוד, יסוד
מיסוד, מלכות ממלכות. ובעיבור נתוספו נה"י בכל אחד שבכל כלי וכלי שבהם שבז' כלים. אחר כך ביניקה
נתוספו חג"ת בכל כלי מהם מן הז' כלים הראשונים. ואחר כך במוחין נתוספו ג"ר בכל אחד מז"ת.
235

ע"ח ש"יד פ"א מ"ק די"ז ע"ד – ודע כי נר"ן מתלבשים תוך פנימיות הכלים, שהוא הגוף. אך הנשמה
לנשמה אין יכולת בגוף האדם לסובלה, ונשארת מבחוץ בסוד אור מקיף. וכשהוא מקיף את המוח, מדור
הנשמה, אז הוא בחינת מקיף אל הנשמה. וכשהיא מקפת את הלב, שהיא מדור הרוח, אז הוא בחינת מקיף אל
הרוח. וכשהיא מקפת לכבד, מדור הנפש, אז הוא מקיף לנפש. **כי כמו שיש ג' בחינות אלו שהם נר"ן, כך**
הנשמה לנשמה צריך שיהיה בה בחינת ג' אלו כולם, בסוד אור מקיף.

דחיה. **ולאור הרוח** שמקומה העיקרי בלב, **ומקיף** לה **בבזיונת רוח** דחיה, **ולאור הנפש** שמקומה העיקרי בכבד, **ומקיף** לה **בבזיונת נפש** דחיה. יוצא[236] לפי זה כי נר"ן דחיה מקיפין לנר"ן הכללים הנמצאים בגוף, וחיה דחיה הוא המקיף האמיתי שמקיף את הגוף בכללות. **אבל**[237] **המקיף הגדול שהוא** בחינת היחידה, **שהיא בבזיונת (נ"א מבזוז') א"א** והיא בחינת הכתר, המכתר ומקיף, **אינו מקיף בצד חלקים** כמו אור החיה שמאיר לנר"ן הפנימים באופן פרטי, אלא **רק**[238] **מקיף את הכל** גם את הגוף שבתוכו הנר"ן, וגם את המקיף דחיה **בהשוואה אזות** בלי התחלקות, **ולכולם** אור היחידה **נותן אור** שוה **של בזיונת נשמה** לנשמה לכולם, ובחינת אור היחידה לא מתחלק.

ולכן זהו הטעם השני[239] למה בחינה זאת **נקראת** יחידה, **מפני שאין לה אלא בזיונה אזות לבד** הכולל את כל בחינות בהעלם[240] ובדקות גדול, ומאיר לכולם מבחוץ **בהשוואה אזות**, והוא

236

כל כלי נחלק לשלושה בחינות, שהם כלי פנימי, אמצעי, וחיצון, אורות נר"ן נכנסים לתוך הגוף, כאשר אור הנפש שוכן בכבד ומאיר לכלים החיצונים שבגוף. אור הרוח שוכן בלב, ומאיר לכלים האמצעים שבגוף. ואור הנשמה שוכן במוח, ומאיר לכלים הפנימים שבגוף. כמובן שלכל חלק מהנר"ן יש את הנרנח"י הפרטי שלו. אור החיה שגם לו יש את הנרנח"י הפרטים שלו, מתפשט בגוף, ובגלל גודל מעלתו הגוף לא יכול לסבול אותו, לכן הוא יוצא מהגוף בסוד אור חוזר, ורק חלק מאור החיה נשאר בגוף. וכאשר אור החיה נכנס לגוף, בעצם נכנסים בחינות הנר"ן דחיה, את בחינת חיה ויחידה דחיה הרב לא מזכיר בסוגיה זאת. בחינת הנשמה דחיה שנכנסת לגוף היא המקיף לנשמה השוכנת במוח. בחינת הרוח דחיה שנכנסת לגוף היא המקיף לרוח השוכן בלב. ובחינת נפש דחיה היא המקיף לנפש השוכן בכבד. והמקיף האמיתי של הגוף שהרב מדבר בסוגיה זאת הוא בחינת חיה דחיה, אשר היא מקיפה את כל הגוף. על כללות בחינת היחידה הרב לא מדבר בסוגיה זאת. **(ראה תרשים ה – ל"ו)**

237

כרם שלמה ש"ו פ"ה אות כ"ה – ומה שכתב אבל מקיף שהוא יחידה. אינו מקיף בבחינת חלקים, ולכולם נותן להם בחינת נשמה וכו'. פירוש כי החיה אף על פי שהיא בבחינת מקיף, על כל פנים יש בה כוח להקיף לכל הנר"ן לכל אחד מבחינתו, והטעם מפני שהחיה נמשכת מן אבא, שהוא חכמה, וידוע כי הכתוב אומר – כולם בחכמה עשית, שכוח כולם כלולים בה בפועל, וזהו עשית ולא בהעלם. מה שאמר כאן היחידה אין הארתה של המקיף, מקפת בבחינת חלקים לכל אחד כפי בחינתו, אף על פי שכולם כלולים בכתר יותר מן החכמה. על כל פנים בם בם שם כלולים בהעלם ולא בגילוי, ולזה אין מתגלית הארתם, ולזה לכולם אינו נותן אלא בבחינה אחת, שהיא הגדולה שבכולם שהיא בחינת נשמה. ולזה נקרא יחידה, מפני שאורה יחיד, ולא מתחלק, ולעיל נתן טעם שנקרא יחידה, מפני שנמשכת מן הכתר, שאין לא נוקבא, וזהו טעם על מקום שנמשכת ממנו. וכאן הוא נותן טעם על ההארה שלה עצמה, למה נקרא יחידה, והוא לפי שאינה מתחלקת לחלקים כמו החיה, אלא להארה אחת דווקא. ובזה נמצא שאינו חולק על הטעם הנזכר לעיל, ופשוט.

238

בית לחם יהודה ש"ו פ"ה – רק מקיף את הכל בהשואה אחת. זאת היחידה היא בחינת יו"ד מקיפין דיושר, הנקראים יחידה, ואינה בחינת מקיף מ' דצלם, וכמבואר בדברינו בפרק א' דאה"פ ד"ה וכולה וכו', יעו"ש.

239

את הטעם הראשון לשם יחידה מביא הרב ז"ל בש"ד פ"א.
ע"ח ש"ד פ"א מ"ק די"א ע"ד – אמנם הגלגולת שהוא סוד הכתר, משם שורש לנשמה עליונה הנקרא יחידה. **וטעם קריאתה יחידה לפי שהיא מקפת כל העולמות**, בבחינת נשמה לנשמה לבדה, ולא בחינת נר"ן, כמו שכתוב בנשמה לנשמה כנ"ל. כי הלא לא יש רק ג' בחינות נר"ן וכנגדם יש ג' בחינות אלו בנשמה לנשמה,

מקיף לאור החיה, ולאורות הנר"ן המלובשים בגוף. הרב ז"ל מבאר את מקומם העיקרי של הנר"ן המתלבשים בגוף, עם

כל זאת צריך לדעת כי נר"ן אלו[241] שולחים הארות לכל חלקי הגוף. **וְהִנֵּה נר"ן שֶׁהֵם** האורות מתלבשים

בְּפְנִימִיּוֹת דְּאָדָם כנ"ל, הִנֵּה בחינת אור **הַנְּשָׁמָה מְאִירָה בְּרֹאשׁ הָאָדָם** ר"ל

בַּמּוֹחַ ושם מקומה העיקרי. ובחינת אור **הָרוּחַ** מאיר **בַּלֵּב** האדם, ושם מקומו העיקרי. ובחינת אור **הַנֶּפֶשׁ**

מאיר **בַּכָּבֵד, וּבַבָּשָׂר, וָדָם. וְדַע**[242] כל זה בכללות, שמקום הנשמה במוח, ומקום הרוח בלב, ומקום

אבל דוגמת הנשמה העליונה הנקרא יחידה, אין למטה דוגמתה בחינת ד' כנ"ל, וכולה היא מציאות אחת, וזה סוד הנקרא יחידה, לפי שאין דוגמתה למטה כנ"ל.
240

נהר שלום די"א ע"ב – כתב כי מן האין סוף נמשך ונתפשט ניצוץ אחד, שהוא בחינת אלהו"ת, וזה הניצוץ נתלבש בכח ניצוץ אחד נברא, מכח עוצם הארתו, והוא נשמה דקה מאד, והיא נקרא יחידה, וזו יחידה יש בה שורשי כל העשר ספירות **בהעלם ודקות גדול**, שאי אפשר להיות לנאצלים יותר דקות ממנו, ועל הניצוץ הנזכר נאמר - בנים אתם להוי"ה אלהיכ"ם, ואני אמרתי אלהי"ם אתם.
241

נהר שלום, דרוש הדעת, דמ"א ע"ג – ונבאר עתה כל זה בפרטות פרצוף אחד, שהוא זעיר, וממנו תקיש בכללות כל הפרצופין יחד. דע כי ז"א הוא פרצוף אחד, כולל עצמות וכלים, והכלים שבו הם נכללים בג', כי הכבד למטה וכולל עשר מדות, ומתלבש על ידי הורידין, שב בכל הגוף. והלב גבוה ממנו, וכולל עשר מדות, ומתלבש תוך בחינת הכבד על ידי הדפקים שבו, ומתפשט בכל הגוף. והמוח גבוה מכולם, וכולל עשר מדות, מתלבשים תוך בחינת הלב על ידי הגידים המתפשטים ממנו, ומתפשט בכל הגוף. ועל דרך זה ממש נחלק העצמות בג' נשמה, ורוח, ונפש, מתלבשים זה בתוך זה, ומתפשטים בכל הגוף. לכן הכבד משכן הנפש, והלב משכן הרוח, והמוח משכן הנשמה.

חסדי דוד אות ב' דמ"ח ע"ג – כל בחינות האורות הנז"ל הנקראים נר"ן ח"י, הנר"ן נקרא אור פנימי, ונקרא צ' דצלם, יען מתלבשים בכל התשע ספירות דאותו פרצוף, דהיינו הנשמה בחב"ד, ועיקרה במוח, ומשם משלחת פארות אורותיה על ידי הגידין הלבנים, בכל כלי הפנימי. והרוח בחג"ת, ועיקרו בלב, ומשם משלח פארות אורו על ידי העורקים הדופקים בכל כלי האמצעי. והנפש בנה"י, ועיקרה בכבד, ומשם מאיר על ידי הגידין הגסים המלאים דם, בכל כלי החיצון דאותו פרצוף. והחיה נכנס בפנים וחוזרת לצאת דרך השערות, ומתחלקת לג' מקיפים כדי להקיף לנר"ן דאותו פרצוף בלבד, ונקרא ל' דצלם, ומקיף החוזר. והיחידה מתחלקת לד' מקיפים כנגד הנרנ"ח ומקפת לאותו פרצוף, והפרצופים שממנו ולמטה, ונק' מ' דצלם, ומקיף הישר. וזהו בין בכללות, דהיינו מפרצוף לפרצוף, ובין בפרטיות, דהיינו מספירה לספירה שבכל פרצוף ופרצוף.
242

בית לחם יהודה ש"ו פ"ה – ודע כי גם בראש עצמו יש כל ג' בחינות. מבואר היטב בסוף פרק ב' דשער כ"ז וז"ל - כי הנפש מתלבשת בכלי החיצון, ורוח בתיכון, והנשמה בפנימי, ונמצא כי יש במוח נר"ן, אלא שכולם הם בחינת נשמה, שהוא נשמת הנשמה, ונשמת הרוח, ונשמת הנפש, ולכן אנו אומרים כי הנשמה במוח. אחר כך בלב יש נר"ן, וכולם בחינת רוח, שהוא רוח הנשמה, ורוח הרוח, ורוח הנפש, לכן אנו אומרים שהרוח בלב. ואחר כך בכבד יש נר"ן, וכולם בחינת נפש, שהם נפש שבנשמה, ונפש דרוח, ונפש דנפש, לכן אנו אומרים שהנפש בכבד, יעו"ש. ולפי המתבאר מדברי רז"ל דפרקין צ"ל - כי אף על פי דג' נשמות לנר"ן הם בראש, מכל מקום אין אורכם שוין זה לזה, אלא שנשמה לנשמה היא מתחלת מן המוח, ונשמה ורוח מתחלת מהחוטם, ונשמה לנפש מתחלת מהפה, והוא כדוגמת ע"ב וס"ג דא"ק, כי ע"ב דע"ב הוא בגולגלתא, וע"ב דס"ג באזן, וחוטם, ופה, כמבואר בפרק א' דשער תנת"א. ובעץ חיים כתב יד נ"ב **יוס"ד** פירש הנשמה של הרוח היא בחינת רוח דנשמה בחוטם. ונשמה דנפש היא בחינת נפש דנשמה בפה. וכן על דרך זה בלב, שבלב ג' רוחות דנר"ן בג' כלים המיוחסים אליו. וכן על דרך זה בנפש, שבכבד ג' נפשות דנר"ן, והוא על דרך מה שכתב לקמן בשער כ' פרק ו' ופרק ז', עד כאן לשונו.

הנפש בכבד. עם כל זאת כל בחינה ובחינה דנר"ן מתחלקת[243] גם היא לג' בחינות, הנקראים נר"ן דנר"ן. **כי גם בראש עצמו** בפרטות **יש כל ג' בחינות** דנר"ן, הנקראים נר"ן דנשמה, **רק שגובר בראש** בחינת **הנשמה, ועיקרה** של הנשמה **במוח** והיא נשמה דנשמה. **ועיקר הרוח** נמצא **בזרוע** והיא בחינת רוח דנשמה, **ועיקר הנפש** נמצאת **בפה** והיא בחינת נפש דנשמה. **וכן בכל בחינה ובחינה** של הרוח והנפש **יש** את **כל הנזכר,** כאשר לרוח יש נר"ן דרוח, ולנפש יש נר"ן דנפש. ובדברי הרב ז"ל אין גילוי איפה מתפשטים הנר"ן דרוח, ואיפה מתפשטים הנר"ן דנפש, רק לנר"ן דנשמה יש גילוי בדברי הרב, כאשר נשמה דנשמה מתפשטת במוח, רוח דנשמה בחוטם, ונפש דנשמה בפה. **אפשר** שנר"ן דרוח מתפשטים בחג"ת דנפש מתפשטים בנה"י, כמו שמבואר[244] בדרוש הקדוש, דרוש הדעת.

243

תרשים ה – נ"ג.

244

נהר שלום, דרוש הדעת דמ"א ע"ג – ונתחיל מן הראשון, הנה ספירת הכתר היא נשמת האצילות, ונחלק לג' מוחין חב"ד, שהם נר"ן, ג' חלקי הנשמה. כיצד, עתיק ונוקבא חכמה ובינה, והם נשמה ורוח, ואריך ונוקבא הם זו"ן שבכתר, ונקרא דעת, ונפש, ושלשתם ג' חלקי הנשמה. אחר כך ספירת חכמה ובינה הם רוח דאצילות, ונחלקים לג' מוחין חב"ד, שהם נר"ן, ג' חלקי הרוח. כיצד, או"א חכמה ובינה, והם נשמה ורוח, והדעת שהוא זו"ן שבהם, שהם ישסו"ת, נקרא נפש, ושלשתם שלשה חלקי הרוח. ואחר כך ספירת הדעת, היא נפש דאצילות, ונחלק לשלשה מוחין חב"ד, שהם נר"ן, ג' חלקי הנפש. כיצד, זו"ן חכמה ובינה, והם נשמה ורוח, והדעת של הדעת שהוא זו"ן שבהם, הם יעקב ולאה, הם נקראים נפש, ושלשתם הם ג' חלקי הנפש.

עץ חיים

לרבינו חיים ויטאל

שֶׁקִיבֵּל ממרן האר"י זלה"ה

שער ו'

שער העקודים

פרק ה'

חלק התרשימים טבלאות וציורים

שמחת חיים

הקדמה קצרה

דע כי כל התרשימים הציורים והטבלאות, הם אך ורק לשכך את האוזן, ולשבר את העין. וכל הציורים הם לא שלמים.

כתב הרי"ח הטוב ברב פעלים ח"ב בסוד ישרים ה' - אך דע לך כי סדר התלבשות המחצבים שכתב מהרח"ו בשערי קדושה עד עולם הזה שאנחנו עומדים בו. וכן סדר התלבשות הפרצופים אשר בכל מחצב ומחצב, וסדר התלבשות העולמות זה בזה, והיושר והעיגולים, לא אית אינש דכיל למנלע רזא דנא, איך היא עשוי, איך הוא עומד, ולא אפשר לשכל אנושי לצייר כל הנזכר על אמתיתם, ועל בוריין מפני כי שכל האנושי בהיותו עצור ומונח בגוף גשמיי, אי אפשר לי להשיג דבר רוחני, והוא זה דומה לאדם סומא מן הבטן שלא ראה מאורות מימיו, דודאי אי אפשר לו לצייר מראות השמש והירח הנראין לעיני הבריות, וכל שכן מה שיש למעלה למעלה.

וכן כתב ברב פעלים ח"א בסוד ישרים א' - סוף דבר הכל נשמע, ה' אחד ושמו אחד, ואין לו גוף ולא דמות הגוף, ואין לו שום ציור, ותמונה ודמיון כלל ועיקר, וגם כל העולמות וספירות הקדושים למעלה אין להם ציור ודמיון של גופים האלה כלל, ואין מי שיוכל לידע איך הוא עמידתם וסדרם, ואיך עומדים עולמות היושר ועולמות העיגולים, ואיך מתחברים זה עם זה, ואיך נמשך השפע מזה לזה, ואיך הוא תוארם ומראיהם, ואיך הוא מהות השפע המחיה אותם, ומקיים אותם, וכמה הוא שיעור אורכם וגובהן ורחבם, ואיך הם נכללים זה בזה, ומלבישים זה לזה, כי בכל זאת אין שום שכל אנושי יוכל לדעת, ולהבין, ולהשיג, כלל ועיקר.

הרב ז"ל כתב בשער אח"פ תחילת פ"א וז"ל - כבר ידעת כי אין בנו כח לעסוק קודם אצילות עשר ספירות, ולא לדמות שום דמיון וצורה כלל ח"ו, אך לשכך האזן, אנו צריכים לדבר דרך משל ודמיון, לכן אף אם נדבר במציאות ציור שם למעלה, אין הדבר רק לשכך האזן. אמנם דע כי עשר ספירות דאצילות הם שתי עניינים. האחד הוא התפשטות הרוחניות, והשני הוא כלים ואברים אשר העצמות מתפשט בהם. והנה צריך שיהיה לכל זה שורש למעלה לשתי בחינות אלו, ולכן צריכין אנו לדבר בסדר המדרגות מראש עד סוף, והנה נתחיל ונאמר כי הלא הא"ס ב"ה אין בו שום ציור כלל ח"ו כמבואר.

הרב ז"ל כתב בשער טנת"א פ"א - והנה אף על פי שאנו מכנים וקוראים כאן כנויים אלו כגון אדם ראש אזנים וכיוצא אינו רק לשכך האזן לשיובנו הדברים לכן אנו מכנים כנויים אלו במקום גבוה, עד כאן לשונו.

וכן הרמ"ק בפרדס רימונים ש"ו פ"א - וציירו להם המקובלים צורות ביריעות גדולות וקראום אילן. הרב ז"ל כתב בסוף ש"ה פ"ד וז"ל - ואמנם דבר גלוי הוא כי אין למעלה גוף ולא כח גוף חלילה. וכל הדמיונות והציורים אלו לא מפני שהם כך חס ושלום. אמנם לשכך את האוזן לכשיוכל האדם להבין הדברים העליונים הרוחניים בלתי נתפסים ונרשמים בשכל האנושי, לכן ניתן רשות לדבר בבחינת ציורים ודמיונים, כאשר הוא פשוט בכל ספרי הזוהר. וגם בפסוקי התורה עצמה כולם כאחד עונים ואומרים בדבר הזה כמו שאמר הכתוב עיני ה' המה משוטטים בכל הארץ. עיני ה' אל צדיקים. וישמע ה'. וירח ה'. וידבר ה'. וכאלה רבות וגדולה מכולם מה שאמר הכתוב ויברא אלהים את האדם בצלמו בצלם אלהים ברא אותו זכר ונקבה וגו'. ואם התורה עצמה דברה כך גם אנחנו נוכל לדבר כלשון הזה, עם היות שפשוט הוא שאין שם למעלה אלא אורות דקים, בתכלית הרוחניות, בלתי נתפשים שם כלל, וכמו שאמר הכתוב כי לא ראיתם כל תמונה, וכאלה רבות. ואמנם יש עוד דרך אחרת כדי להמשיך ולצייר בה הדברים העליונים, והם בחינת כתיבת צורת אותיות, כי כל אות ואות מורה על אור פרטי עליון, וגם תמונת זו דבר פשוט הוא כי אין למעלה לא אות, ולא נקודה, וגם זה דרך משל וציור לשכך את האוזן כנזכר. ולכן נבאר עתה הקדמה הנזכר על דרך ציור האותיות גם כן ובבחינת ציורים אלו, הן ציור האדם, והן ציור אותיות, שתיהן מוכרחים להבין ענין הארות העליונים, כאשר תראה ספרי הזוהר בנויים על שתי בחינות הציורים האלה, עד כאן לא.

ולכן גם אנחנו הרשינו לעצמינו לצייר ציורים, תרשימים וטבלאות, אך ורק כדי לשכך את האוזן, ולשבר את העין, כדי להבין את הסוגייה.

אח"י

סדר שמות שמות ההיכלות והשערים בעץ חיים

שם היכל	שער	שם השער	א	ב	ג	ד	ה	ו	ז	ח	ט	י	יא	יב	יג	יד	טו
אדם קדמון	א	עיגולים ויושר	א	ב	ג	ד	ה										
	ב	השתלשלות י"ס דרך עגו'	א	ב	ג												
	ג	סדר אצילות למהרח"ו	א	ב	ג												
	ד	אח"פ	א	ב	ג	ד	ה										
	ה	טנת"א	א	ב	ג	ד	ה	ו	ז								
	ו	עקודים	א	ב	ג	ד	ה	ו	ז	ח							
	ז	מטי ולא מטי	א	ב	ג	ד	ה										
נקודים	ח	דרושי נקודות	א	ב	ג	ד	ה	ו									
	ט	שבירת הכלים	א	ב	ג	ד	ה	ו	ז	ח							
	י	תיקון	א	ב	ג	ד	ה										
	יא	מלכים	א	ב	ג	ד	ה	ו	ז	ח	ט	י					
הכתרים	יב	עתיק	א	ב	ג	ד	ה										
	יג	א"א	א	ב	ג	ד	ה	ו	ז	ח	ט	י	יא	יב	יג	יד	
או"א	יד	או"א	א	ב	ג	ד	ה	ו	ז	ח	ט	י					
	טו	זווגים	א	ב	ג	ד	ה	ו									
	טז	הולדת או"א וזו"ן	א	ב	ג	ד	ה	ו	ז								
ז"א	יז	ז"א	א	ב	ג	ד											
	יח	רפ"ח נצוצין	א	ב	ג	ד	ה	ו									
	יט	אב"ד	א	ב	ג	ד	ה	ו	ז	ח	ט	י					
	כ	המוחין	א	ב	ג	ד	ה	ו	ז	ח	ט	י	יא	יב			
	כא	לידת המוחין	א	ב	ג												
	כב	מוחין דקטנות	א	ב	ג												
	כג	מוחין דצלם	א	ב	ג	ד	ה	ו	ז	ח							
	כד	פרקי הצלם	א	ב	ג	ד	ה	ו	ז								
	כה	דרושי הצלם	א	ב	ג	ד	ה	ו	ז	ח							
	כו	צלם	א	ב	ג	ד											
	כז	פרטי עי"מ	א	ב	ג	ד											
	כח	עיבורים	א	ב	ג	ד	ה										
	כט	נסירה	א	ב	ג	ד	ה	ו	ז	ח	ט						
	ל	פרצופים	א	ב	ג	ד	ה	ו	ז								
	לא	פרצופי זו"ן	א	ב	ג	ד	ה										
	לב	הארת המוחין	א	ב	ג	ד	ה	ו	ז	ח	ט						
	לג	אונאה	א	ב	ג	ד	ה										
נוק' דז"א	לד	תיקון הנוקבא	א	ב	ג	ד	ה	ו	ז								
	לה	הירח	א	ב	ג	ד	ה										
	לו	מעוט הירח	א	ב	ג	ד											
	לז	יעקב ולאה	א	ב	ג	ד	ה										
	לח	לאה ורחל	א	ב	ג	ד	ה	ו	ז	ח	ט						
	לט	מ"ן ומ"ד	א	ב	ג	ד	ה	ו	ז	ח	ט	י	יא	יב	יג	יד	טו
	מ	פנימיות וחצוניות	א	ב	ג	ד	ה	ו	ז	ח	ט	י	יא	יב	יג	יד	טו
	מא	חשמל	א	ב	ג												
אבי"ע	מב-א	דרושי אבי"ע	א	ב	ג	ד	ה	ו	ז	ח	ט	י	יא	יב			
	מב-ב	כללות אבי"ע	א	ב	ג	ד											
	מג	ציור עולמות אבי"ע	א	ב	ג	ד											
	מד	שמות	א	ב	ג	ד	ה	ו	ז								
	מה	מקיפין	א	ב	ג	ד											
	מו	כסא הכבוד	א	ב	ג	ד	ה	ו									
	מז	סדר אבי"ע	א	ב	ג	ד	ה	ו									
	מח	קליפות	א	ב	ג	ד											
	מט	קליפת נוגה	א	ב	ג	ד	ה	ו	ז	ח	ט						
	נ	קיצור אבי"ע	א	ב	ג	ד	ה	ו	ז	ח	ט	י					

תרשימים שעַר ו' פרק ה'

טבלת ערכים

עולמות	אדם קדמון	אצילות	בריאה	יצירה	עשיה
פרצופים	ע"י וא"א	אבא	אמא	ז"א	נוקבא
ספירות	כתר	חכמה	בינה	חג"ת בה"י	מלכות
הוי"ה	קוץ של י'	י	ה	ו	ה
אורות	יחידה	חיה	נשמה	רוח	נפש
מלוי	שורש הוי"ה	ע"ב - יוד הי ויו הי	ס"ג - יוד הי ואו הי	מ"ה - יוד הא ואו הא	ב"ן - יוד הה וו הה
טנת"א	שורשים	טעמים	נקודות	תגין	אותיות
נקודות	קמץ	פתח	צרי	סגול, שוה, חולם חיריק, קבוץ, שורוק	אין ניקוד
אדם	גולגולתא	מוח ימין	מוח שמאל	גוף וברית	עטרת היסוד
מל"צ	מ' - מקיף, יחידה	ל' - מקיף, חיה	מוח	לב	כבד
שנגל"ה	שורש	נשמה	גוף	לבוש	היכל
י"ב פרצופים	ע"י ן אאו"ן	או"א עלאין	ישסו"ת	זו"ן	יער"ר
כל צמא	אורות	מוחין	צלמים	לבושים	כלים
אברים	מוח	עצמות	גידין	בשר	עור
חושים	מוח	ראיה	שמיעה	ריח	דיבור
מחצבים	א"ס	ספירות	נשמות	מלאכים	חושך
צלם	מ' מקיף ב'	ל' מקיף א'	צ' מוח	צ' לב	צ' כבד
דחצ"ם	אלוקות	מדבר	חי	צומח	דומם
יסודות	יולי	מים	אש	רוח	עפר
רקיעים	ערבות	ערבות	ערבות	מכון, מעון, זבול שחקים, רקיע	וילון
גלגלים	גלגל השכל	גלגל היומי	מזלות	ככבים	לבנה
היכלות	קודש קודשים	קודש קודשים	קודש קודשים	אהבה, זכות, רצון, עצם השמים, לבנת הספיר	לבנת הספיר
מלוי הוי"ה		מו - וד י יוד י	לז - וד י אוי	יט - וד א או א	כו - וד ה ו ה
אהי"ה		קס"א - אלף הי יוד הי	קס"א - אלף הי יוד הי	קמ"ג - אלף הא יוד הא	קנ"ב - אלף הה יוד הה

תרשימים שער ו' פרק ה'

תרשים ה - א

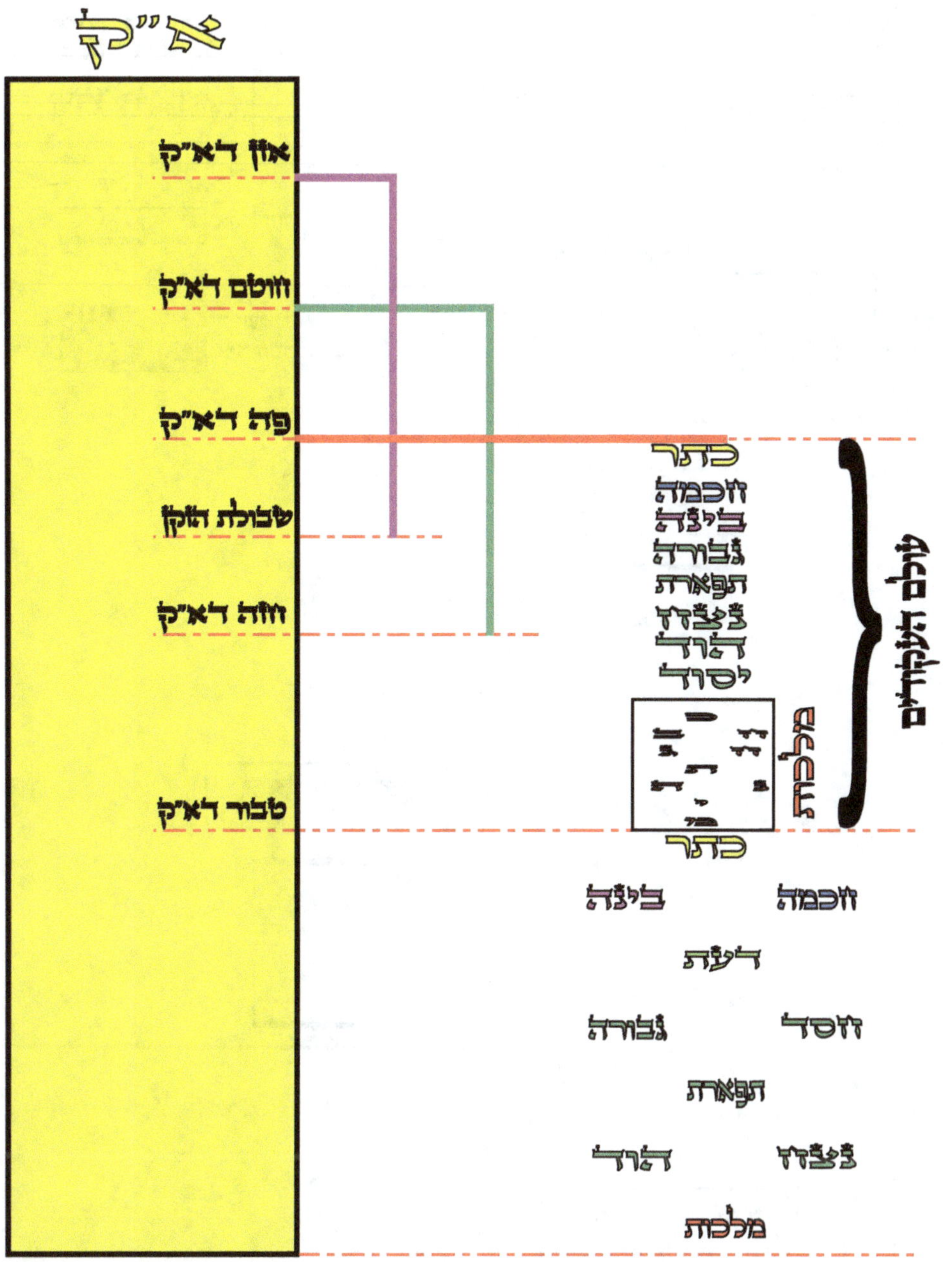

א"ק
אזן דא"ק
חוטם דא"ק
פה דא"ק
שבולת הזקן
חזה דא"ק
טבור דא"ק
כתר
חכמה
בינה
גבורה
תפארת
נצח
הוד
יסוד
מלכות
עולם הנקודים
כתר
חכמה
בינה
דעת
חסד
גבורה
תפארת
נצח
הוד
מלכות

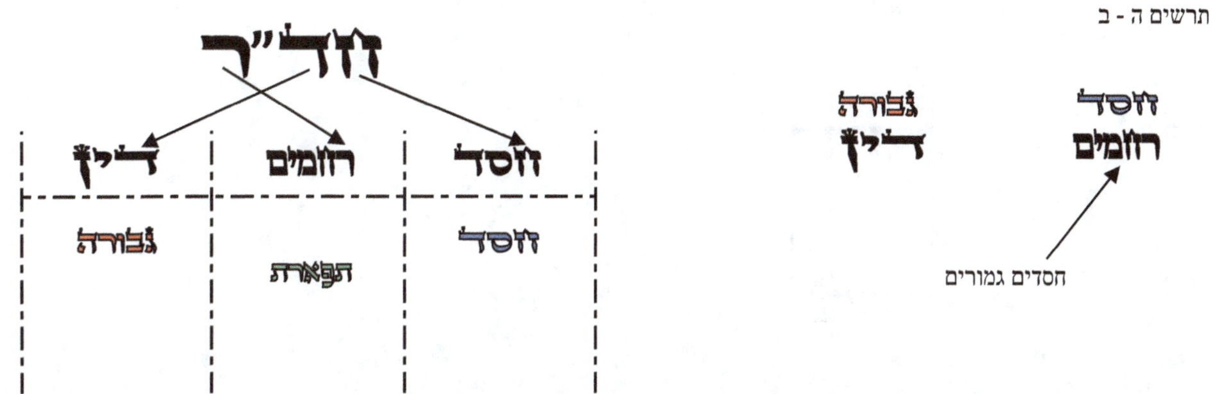

תרשים ה - ב

חד"ר
חסד
רחמים
דין
חסד
תפארת
גבורה
חסד
גבורה
רחמים
דין
חסדים גמורים

תרשימים שער ו' פרק ה'

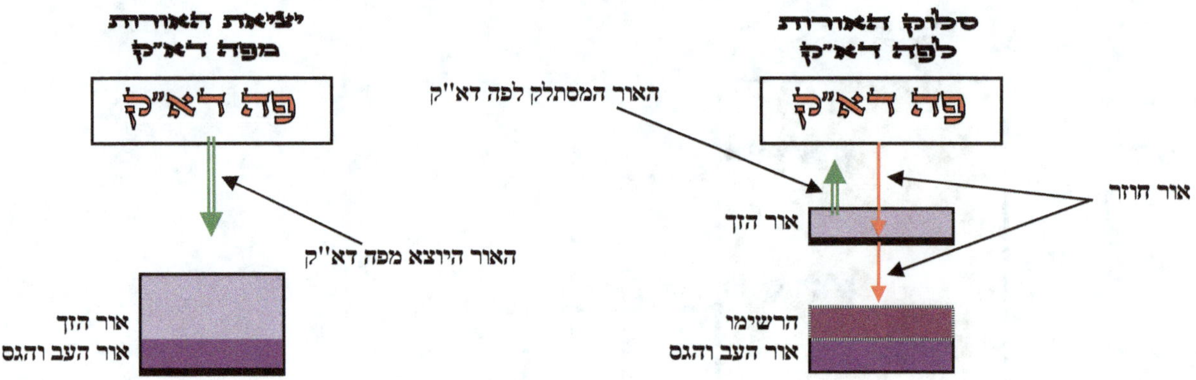

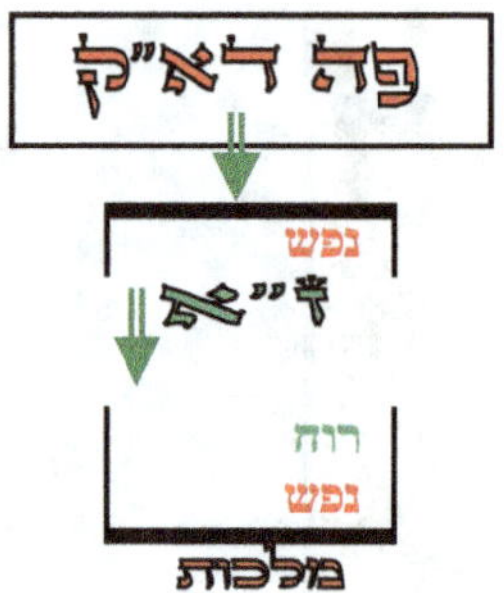

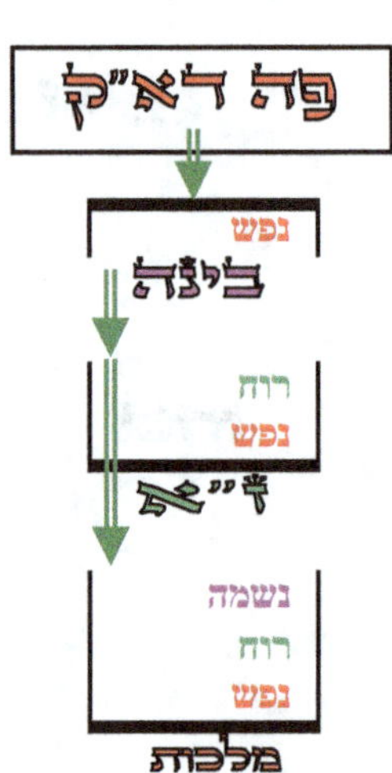

תרשים ה - ז

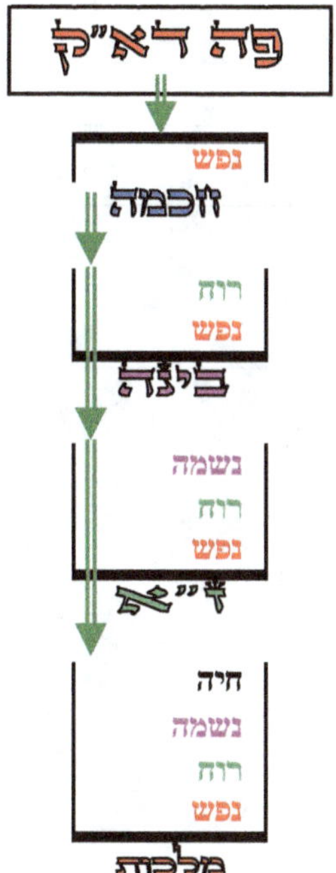

תרשים ה - ח

תרשים ה - ט

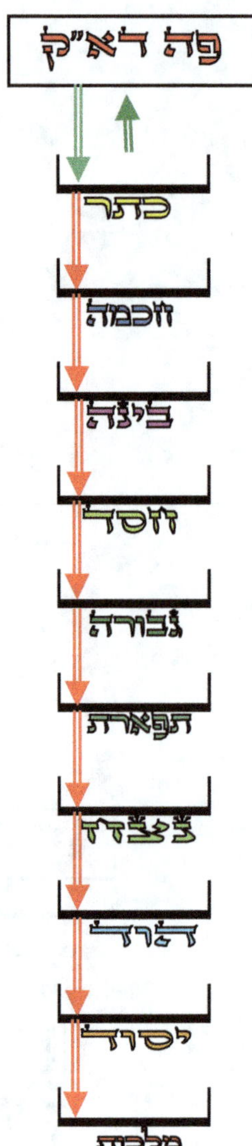

תרשים ה - י

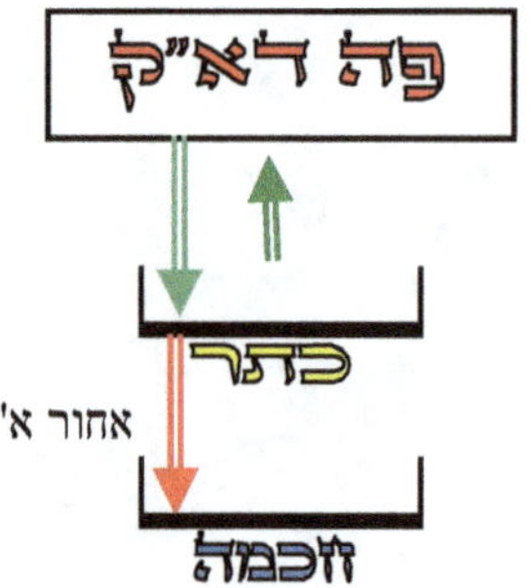

תרשים ה - י"א

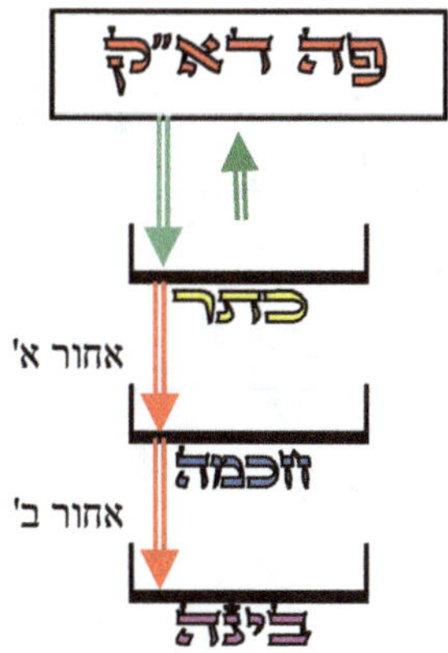

תרשים ה - י"ב

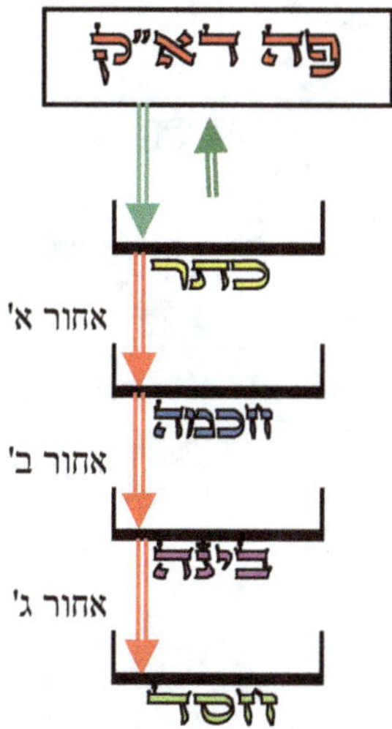

תרשים ה - י"ג

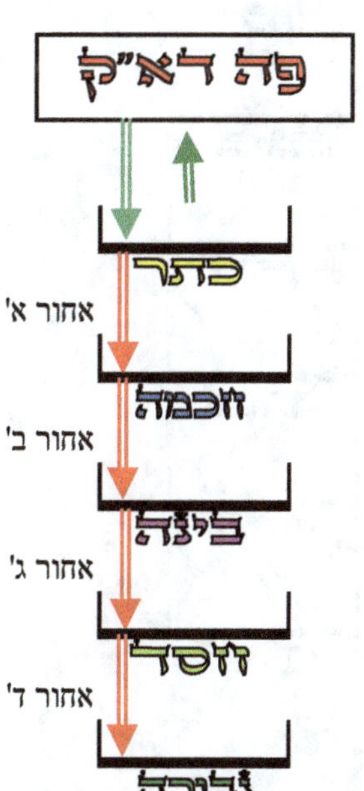

תרשׁימים שׁעַר ו' פרק ה'

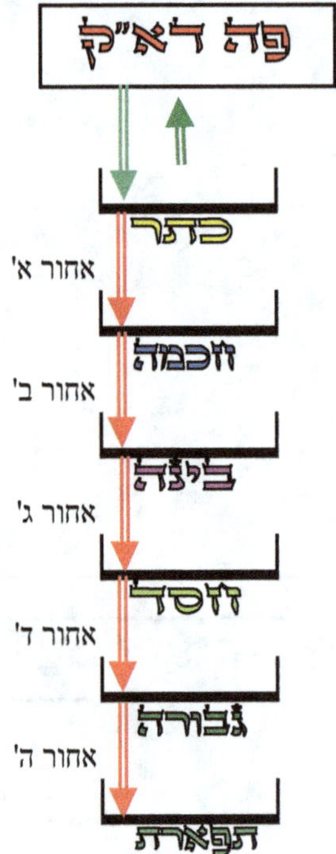

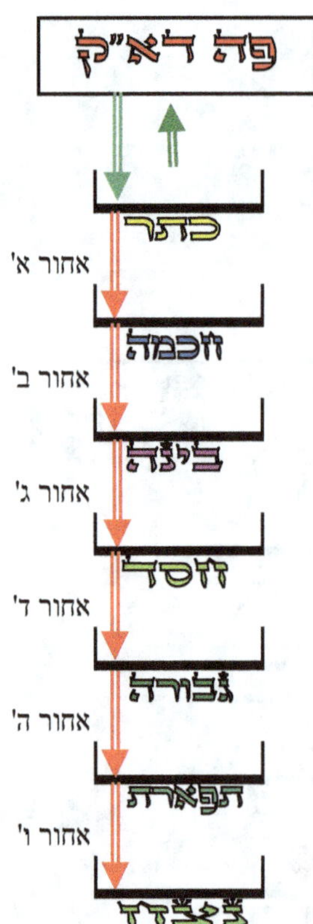

פה דא"ק
כתר
אחור א'
חכמה
אחור ב'
בינה
אחור ג'
חסד
אחור ד'
גבורה
אחור ה'
תפארת
אחור ו'
נצח
אחור ז'
הוד

תרשים ה - י"ז

פה דא"ק
כתר
אחור א'
חכמה
אחור ב'
בינה
אחור ג'
חסד
אחור ד'
גבורה
אחור ה'
תפארת
אחור ו'
נצח
אחור ז'
הוד
אחור ח'
יסוד

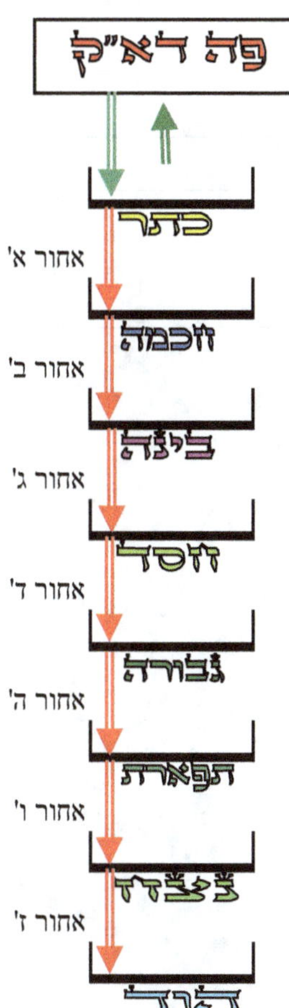

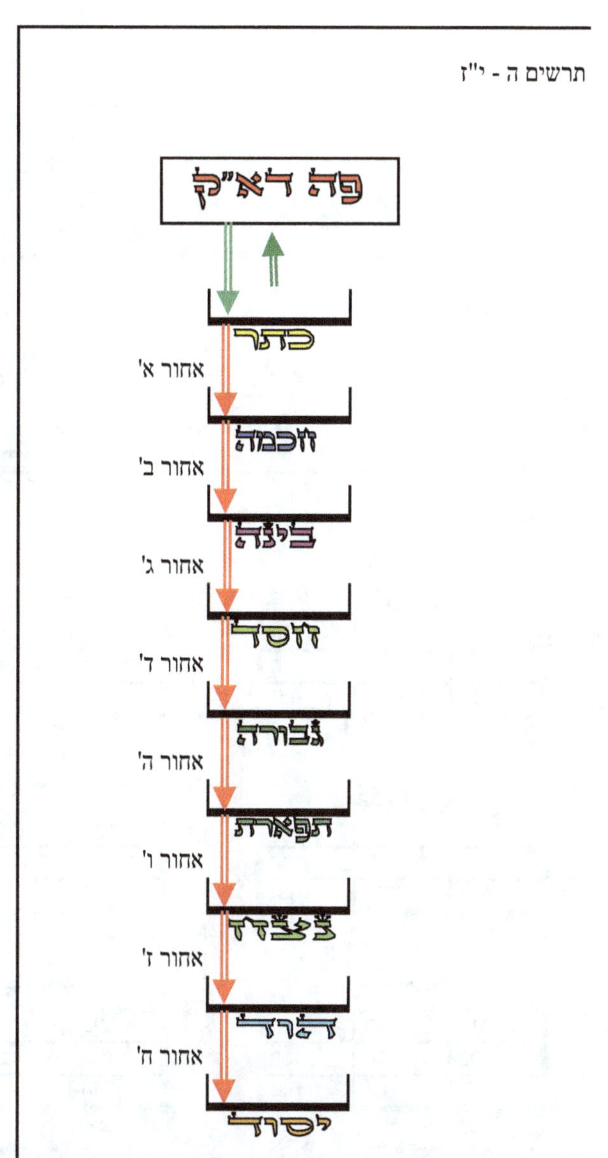

תרשימים שער ו' פרק ה'

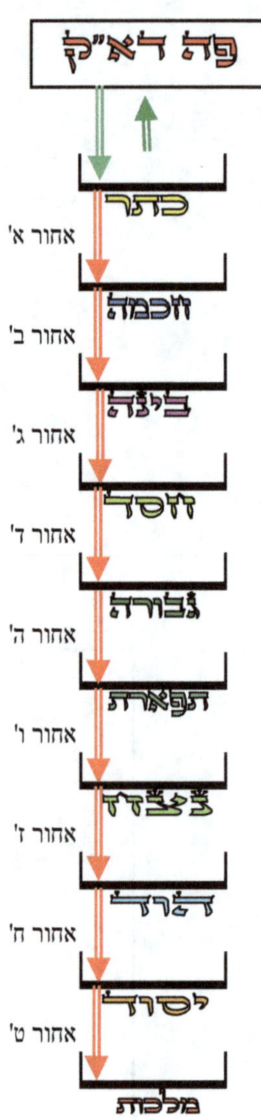

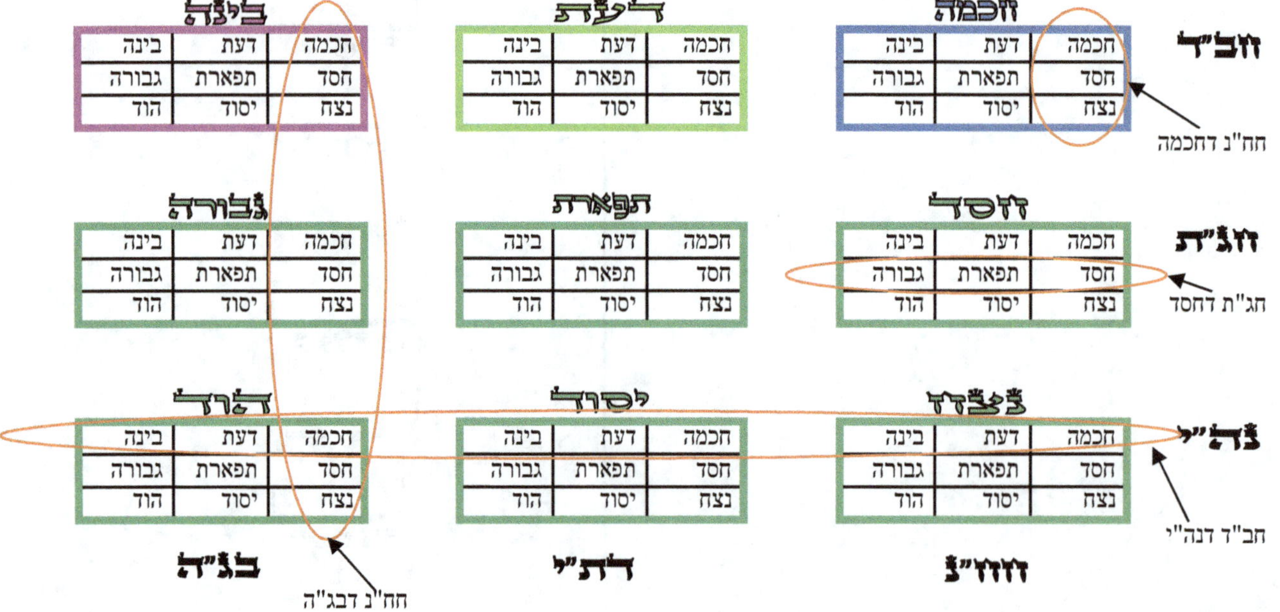

תרשימים שער ו' פרק ה'

תרשים ה - ג

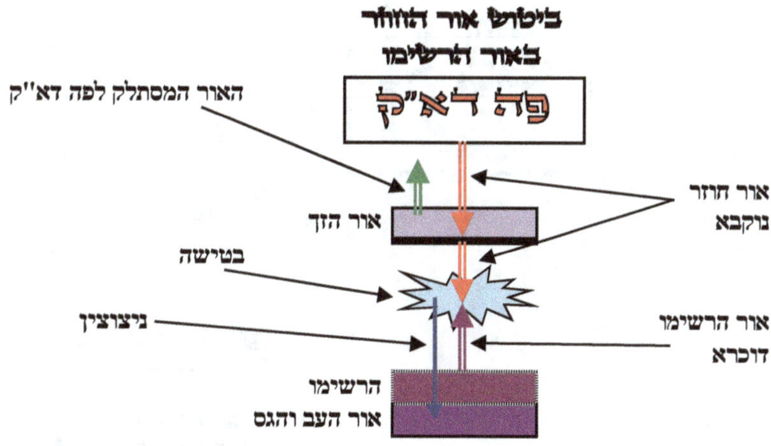

תרשים ה - כ"א

תנת"א	אורות	דיב"ה	מעל"ה
טעמים	אור ישר	ראשון	ראשון
נקודות	אור חוזר	שליש	שני
תגין	אור הרשימו	שני	שליש
אותיות	אור הניצוצין	רביעי	רביעי

תרשים ה - כ"ב

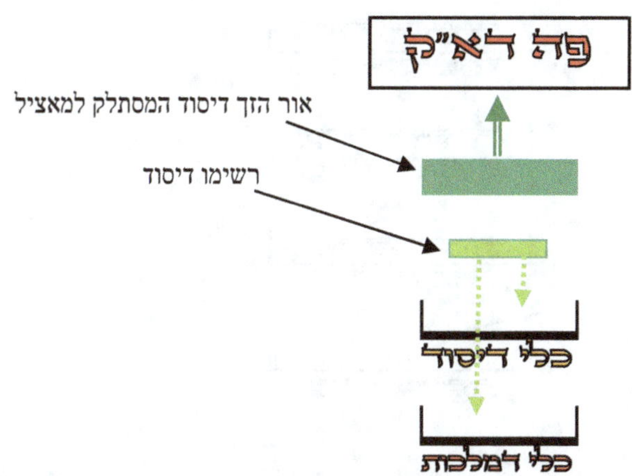

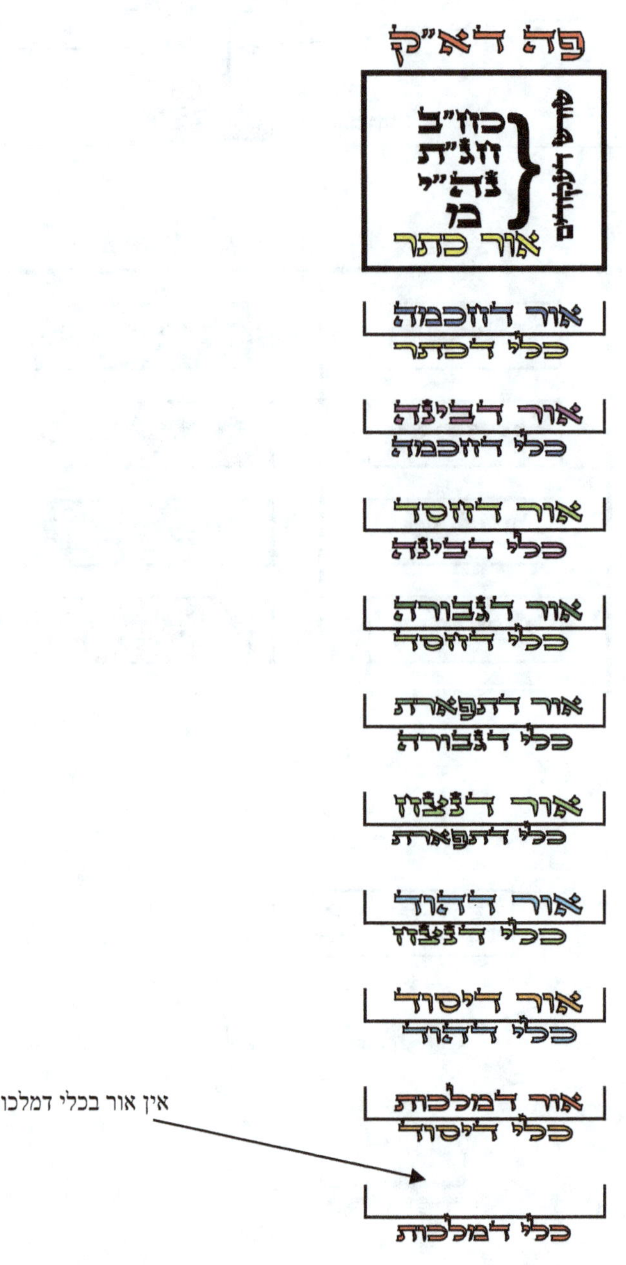
אין אור בכלי דמלכות

תרשים ה - כ"ה

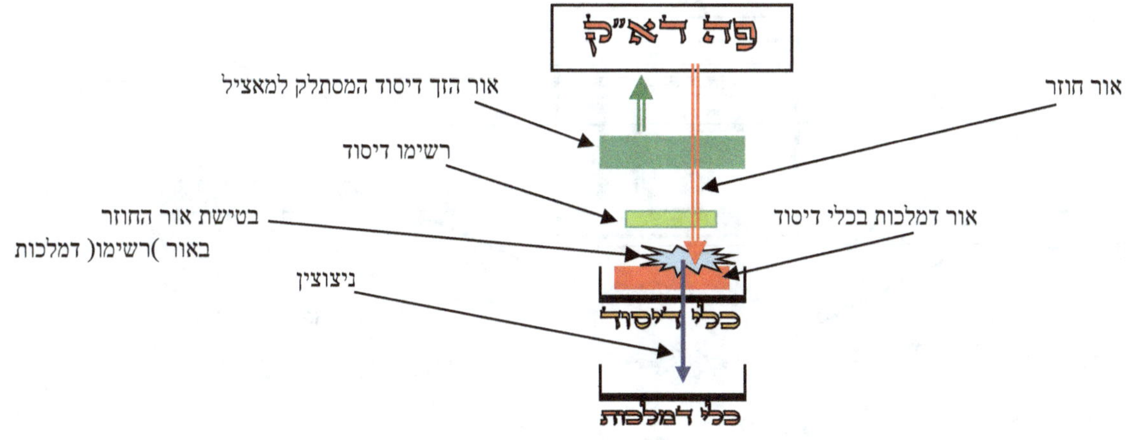

תרשים ה - כ"ו

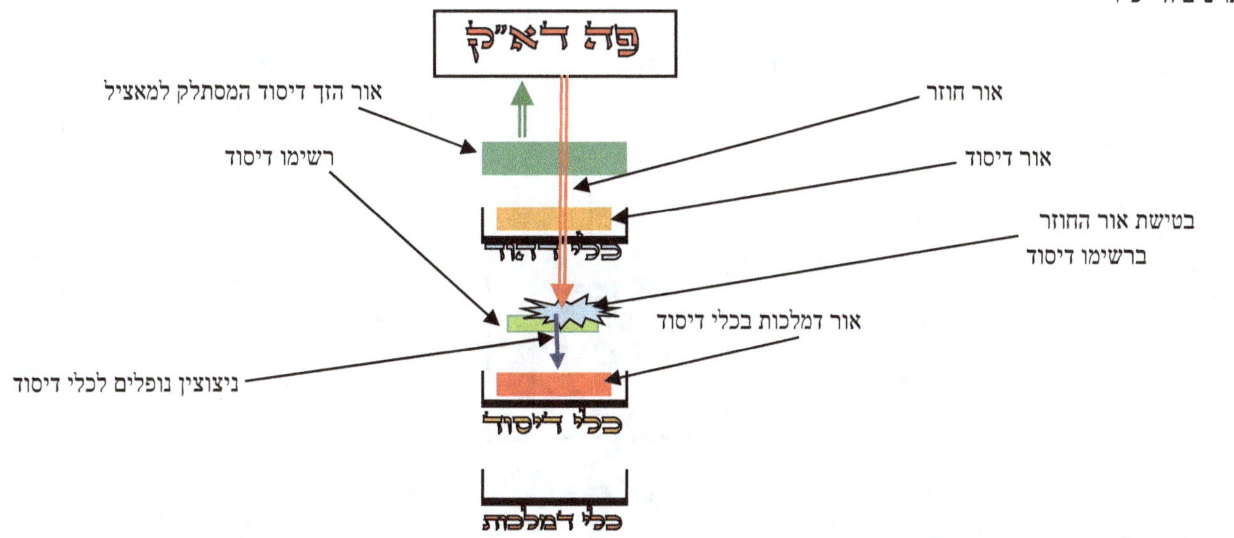

תרשים ה - כ"ז

תרשימים שער ו' פרק ה'

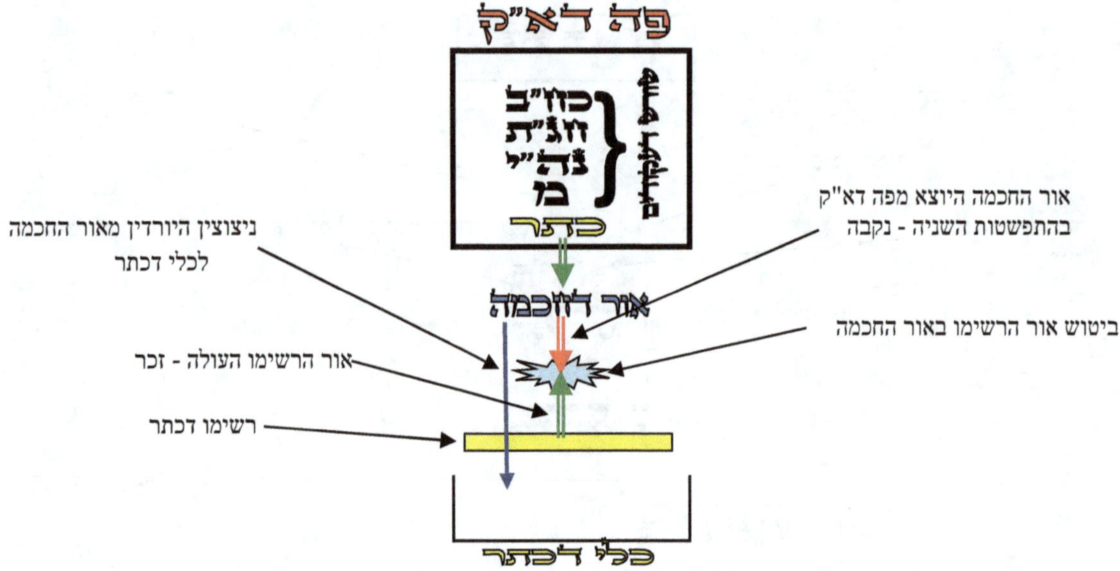

אור החכמה היוצא מפה דא"ק
בהתפשטות השניה - נקבה

ניצוצין היורדין מאור החכמה
לכלי דכתר

ביטוש אור הרשימו באור החכמה

אור הרשימו העולה - זכר

רשימו דכתר

אור החכמה

כלי דכתר

תרשים ה - כ"ט

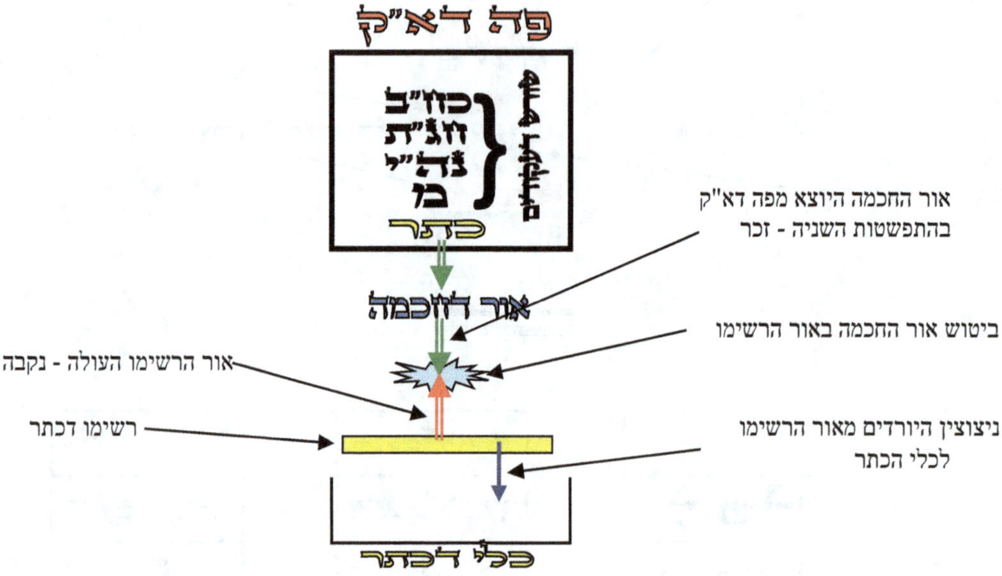

פה דא"ק
נ כחו"ב חג"ת נה"י מ
שעם לשמור
כתר

אור החכמה היוצא מפה דא"ק
בהתפשטות השניה - זכר

ביטוש אור החכמה באור הרשימו

אור הרשימו העולה - נקבה

ניצוצין היורדים מאור הרשימו
לכלי הכתר

רשימו דכתר

אור החכמה

כלי דכתר

תרשים ה - ל'

ניצוצין היורדים מביטוש אור החכמה
באור הרשימו ועושים כלי לאור הרשימו

ניצוצין היורדים מביטוש אור הרשימו
באור החכמה ועושים כלי לאור החכמה

כלי הכתר הנעשה מהאור העב והגס

אור
כלי הרשימו

אור
כלי החכמה

כלי דכתר

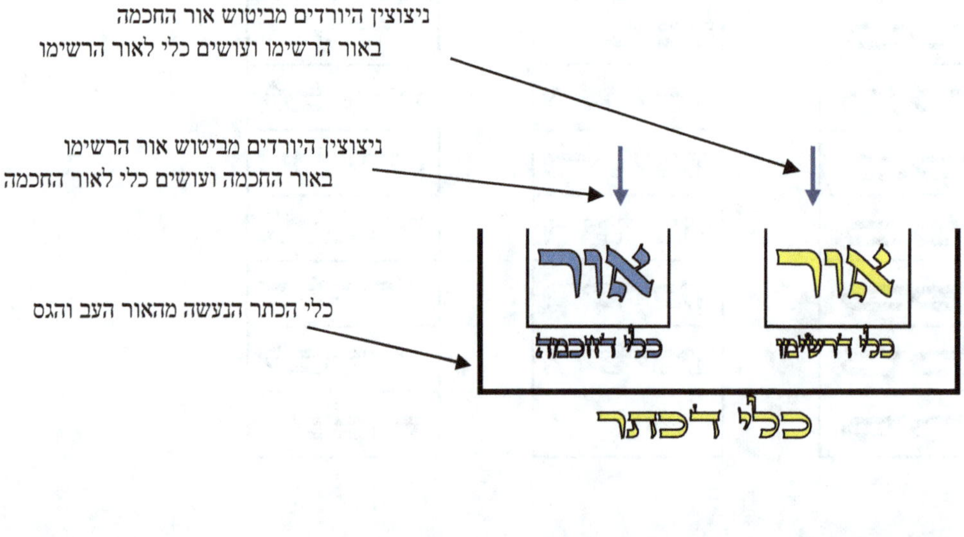

מ"ה

מלכות	יסוד	הוד	נצח	תפארת	גבורה	חסד	בינה	חכמה	כתר
כתר	כתר	כתר	כתר	כתר	כתר	כתר	כתר	כתר	כתר
חכמה	חכמה	חכמה	חכמה	חכמה	חכמה	חכמה	חכמה	חכמה	חכמה
בינה	בינה	בינה	בינה	בינה	בינה	בינה	בינה	בינה	בינה
חסד	חסד	חסד	חסד	חסד	חסד	חסד	חסד	חסד	חסד
גבורה	גבורה	גבורה	גבורה	גבורה	גבורה	גבורה	גבורה	גבורה	גבורה
תפארת	תפארת	תפארת	תפארת	תפארת	תפארת	תפארת	תפארת	תפארת	תפארת
נצח	נצח	נצח	נצח	נצח	נצח	נצח	נצח	נצח	נצח
הוד	הוד	הוד	הוד	הוד	הוד	הוד	הוד	הוד	הוד
יסוד	יסוד	יסוד	יסוד	יסוד	יסוד	יסוד	יסוד	יסוד	יסוד
מלכות	מלכות	מלכות	מלכות	מלכות	מלכות	מלכות	מלכות	מלכות	מלכות

ב"ן

מלכות	יסוד	הוד	נצח	תפארת	גבורה	חסד	בינה	חכמה	כתר
כתר	כתר	כתר	כתר	כתר	כתר	כתר	כתר	כתר	כתר
חכמה	חכמה	חכמה	חכמה	חכמה	חכמה	חכמה	חכמה	חכמה	חכמה
בינה	בינה	בינה	בינה	בינה	בינה	בינה	בינה	בינה	בינה
חסד	חסד	חסד	חסד	חסד	חסד	חסד	חסד	חסד	חסד
גבורה	גבורה	גבורה	גבורה	גבורה	גבורה	גבורה	גבורה	גבורה	גבורה
תפארת	תפארת	תפארת	תפארת	תפארת	תפארת	תפארת	תפארת	תפארת	תפארת
נצח	נצח	נצח	נצח	נצח	נצח	נצח	נצח	נצח	נצח
הוד	הוד	הוד	הוד	הוד	הוד	הוד	הוד	הוד	הוד
יסוד	יסוד	יסוד	יסוד	יסוד	יסוד	יסוד	יסוד	יסוד	יסוד
מלכות	מלכות	מלכות	מלכות	מלכות	מלכות	מלכות	מלכות	מלכות	מלכות

חלקי מ"ה וב"ן דא"א

מ"ה   ב"ן

ב"ן		מ"ה
ה"ר דכתר דב"ן, ג"ר דחכמה, וד"א דבינה, וז' כתרים דז' תחתונות	**עתיק**	י' ספירות דכתר דמ"ה
ה"ת דכתר דב"ן	**אריך**	י' ספירות דחכמה דמ"ה
ז"ת דחכמה דב"ן	**חכמה**	ה"ר דבינה דמ"ה
ו"ת דבינה דמ"ה	**בינה**	ה"ת דבינה דמ"ה
כללות ט"ס תחתונות דו"ק דב"ן	**ז"א**	כללות ו"ק דמ"ה
ט' ספירות תחתונות דמלכות דב"ן	**מלכות**	י' ספירות דמלכות דמ"ה

תרשׁימים שׁעׂר ו' פּרק ה'

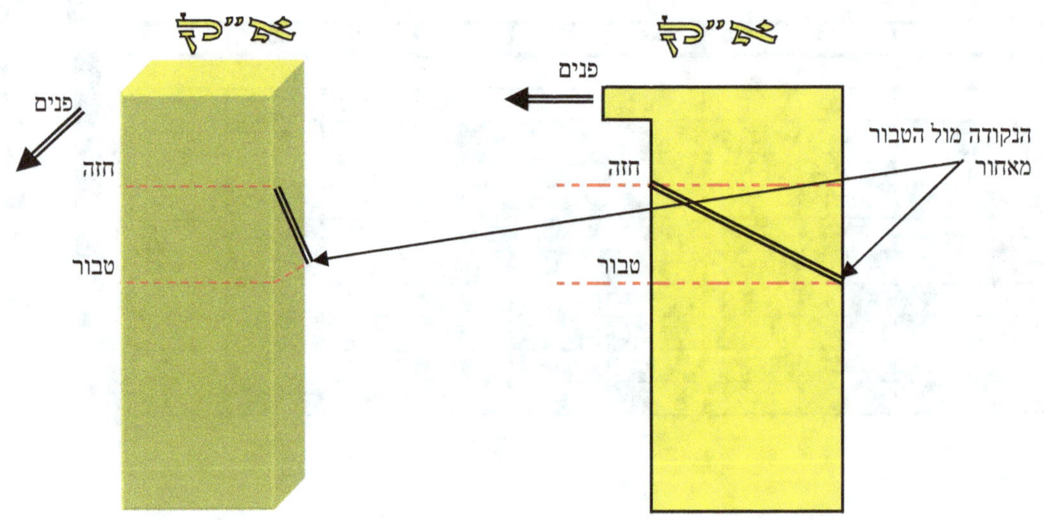

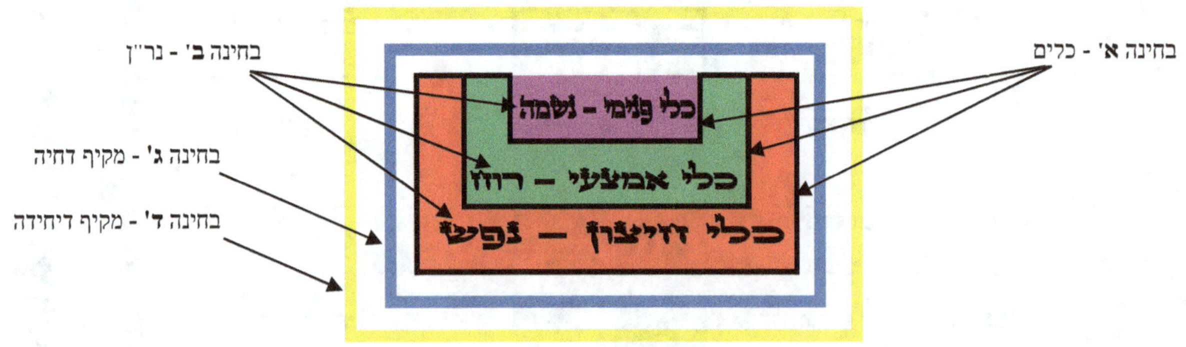

תרשימים שער ו' פרק ה'

תרשים ה - ל"ה

יחידה	מוח שבעצמות
חיה	עצמות
נשמה	גידין
רוח	בשר
נפש	עור

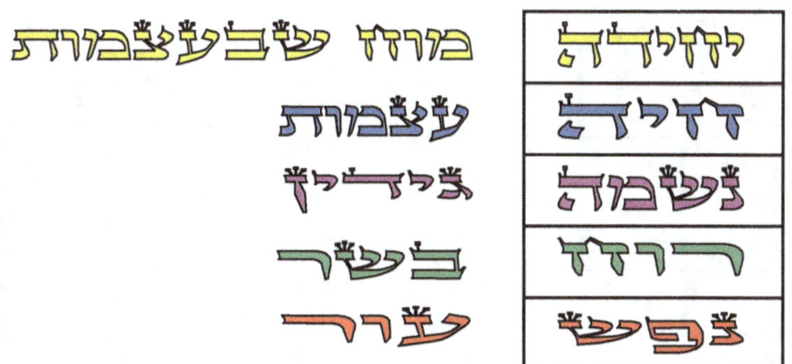

תרשים ה - ל"ו

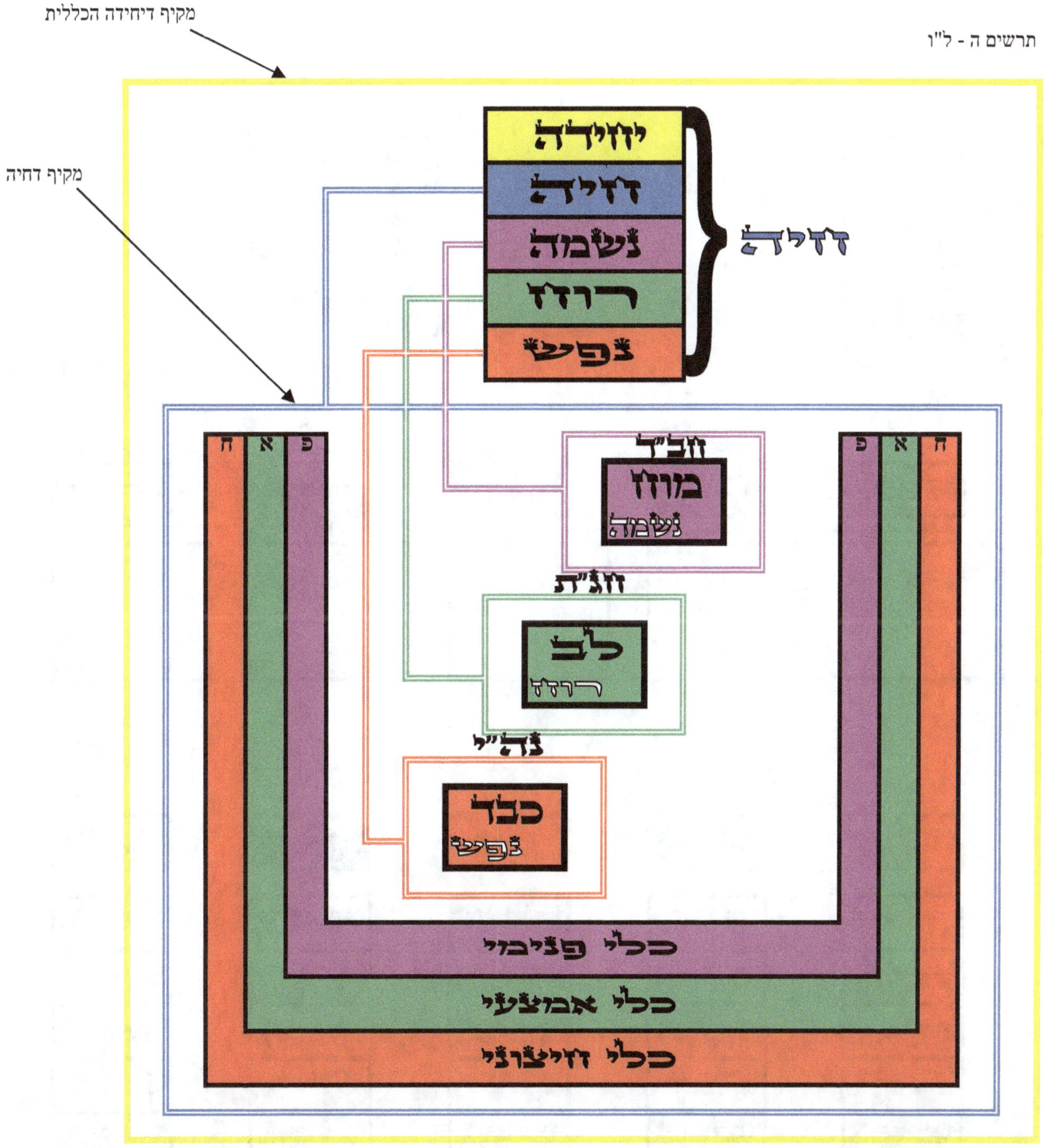

תרשים ה - ל"ז

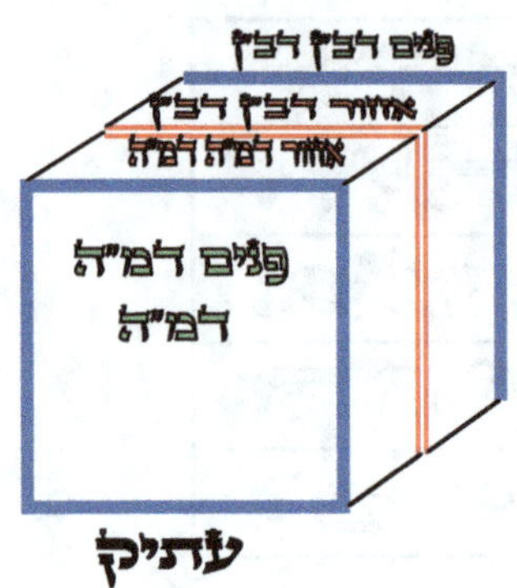

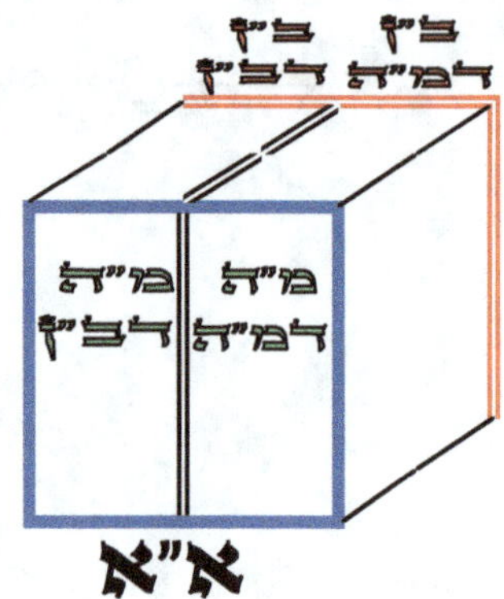

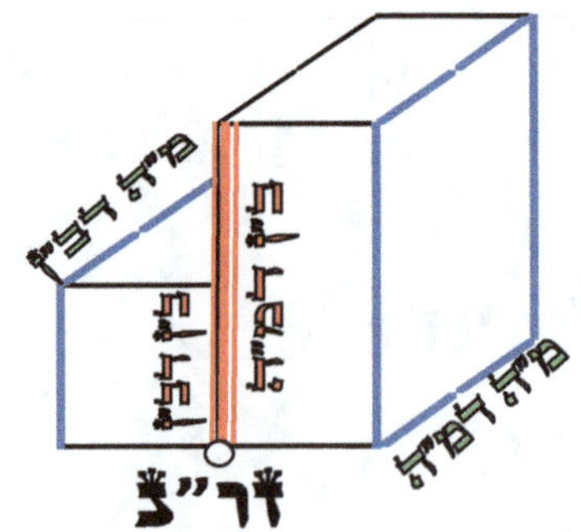

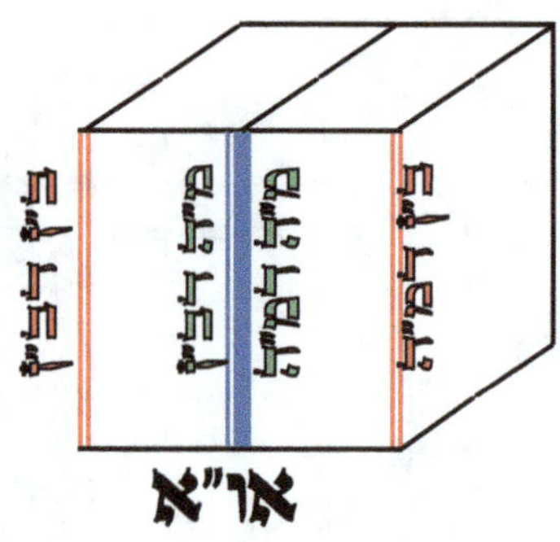

תרשים ה - ל"ח

תרשים ה - ט"ל

לפני החילוף

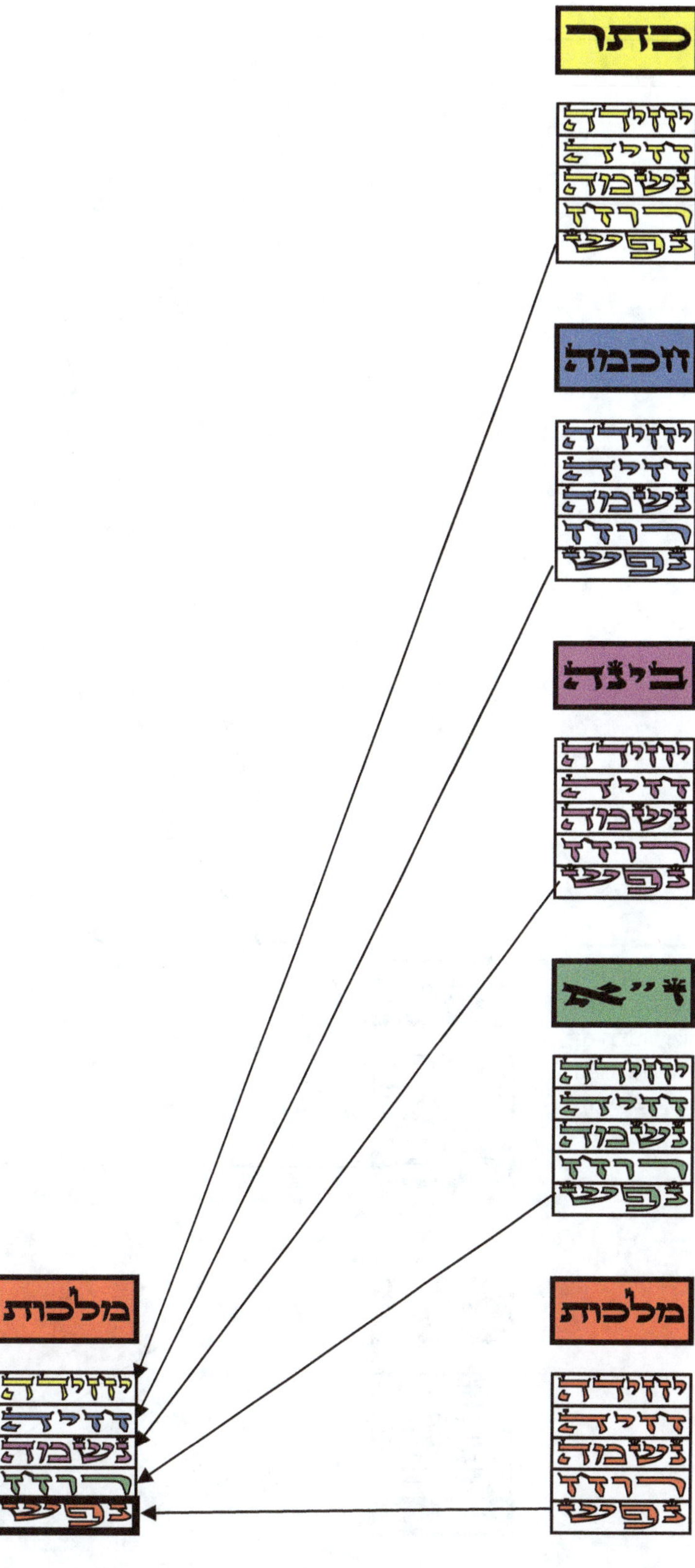

נפש דכתר נעשית יחידה דמלכות
נפש דחכמה נעשית חיה דמלכות
נפש דבינה נעשית נשמה דמלכות
נפש דרוח נעשית רוח דמלכות
נפש דמלכות היא נפש דליה

רוח דכתר נעשה יחידה דז"א
רוח דחכמה נעשה חיה דז"א
רוח דבינה נעשה נשמה דז"א
רוח דז"א הוא רוח דליה
רוח דמלכות נעשה נפש דז"א

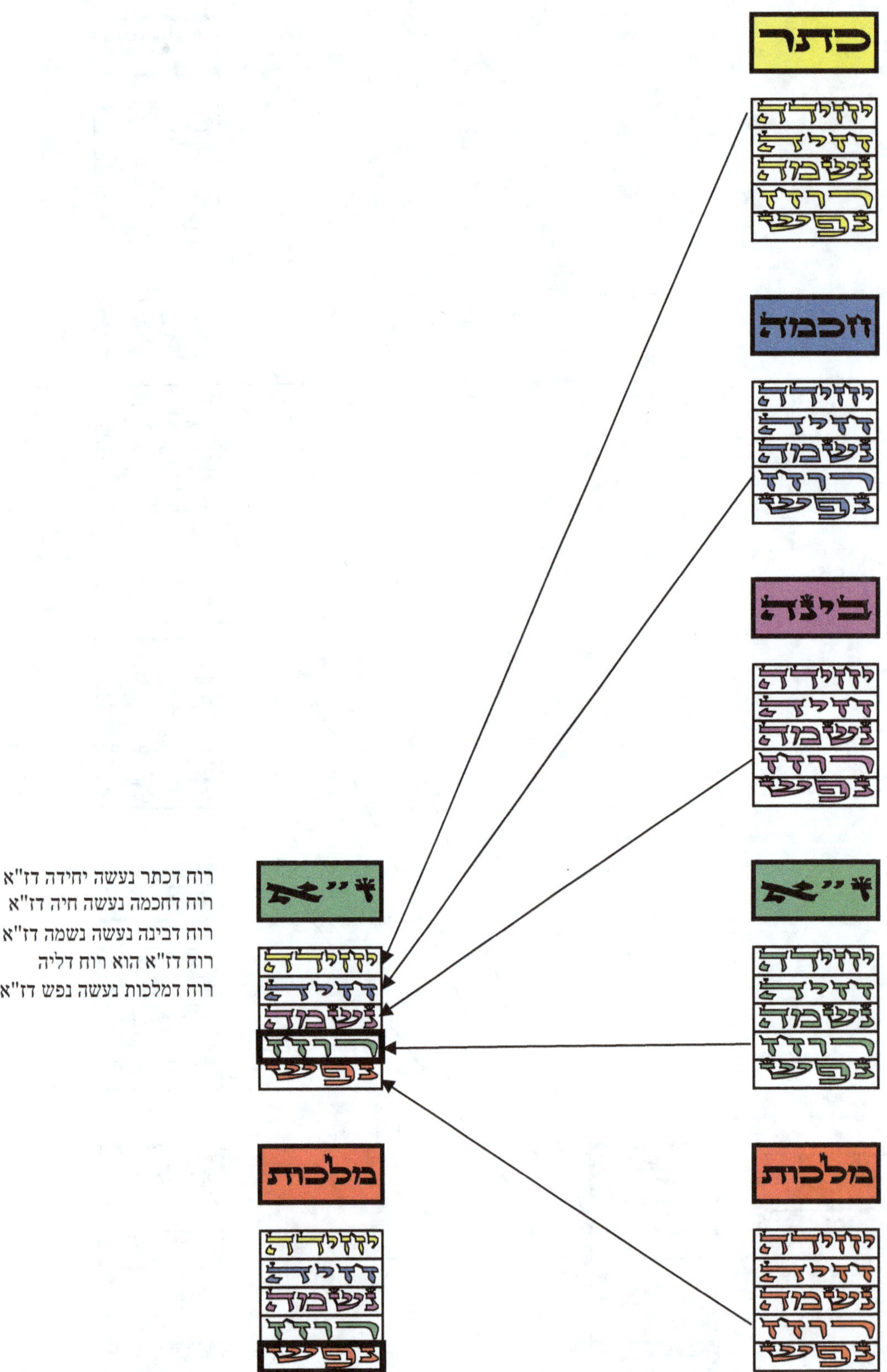

נשמה דכתר נעשית יחידה דבינה
נשמה דחכמה נעשית חיה דבינה
נשמה דבינה היא נשמה דליה
נשמה דז"א נעשית רוח דבינה
נשמה דמלכות העשית נפש דליה

חיה דכתר נעשית יחידה דחכמה
חיה דחכמה היא חיה דליה
חיה דבינה נעשית נשמה דחכמה
חיה דז"א נעשית רוח דחכמה
חיה דמלכות נעשית נפש דחכמה

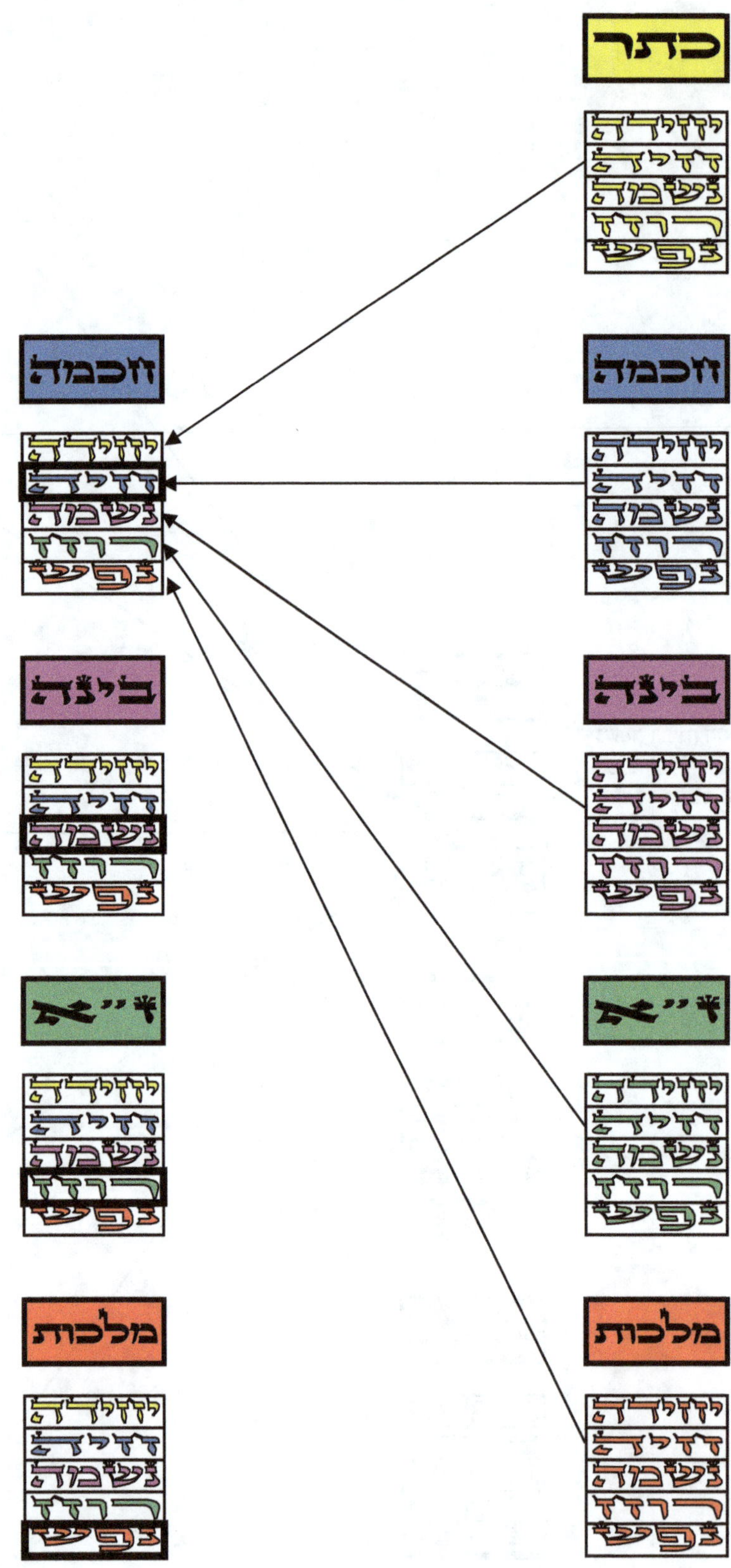

יחידה דכתר היא יחידה דליה
יחידה דחכמה נעשית חיה דכתר
יחידה דבינה נעשית נשמה דכתר
יחידה דז"א נעשית רוח דכתר
יחידה דמלכות נעשית נפש דכתר

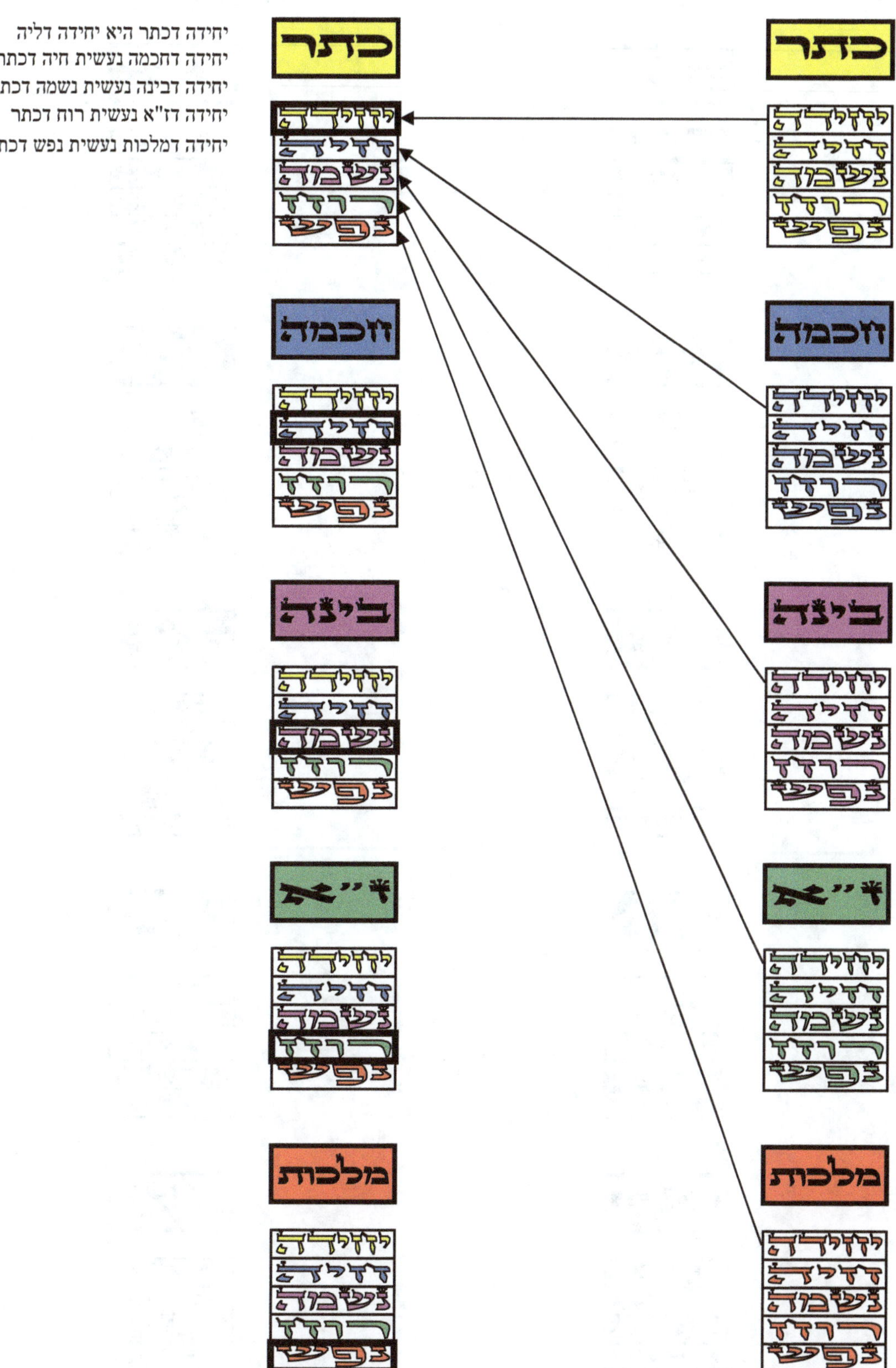

עולמות

<table>
<tr><td>אחרי החילוף</td><td>לפני החילוף</td></tr>
</table>

פרצופים

אחרי החילוף   **לפני החילוף**

תרשימים שער ו' פרק ה'

תרשים ה - מ"ז

ספירות

לפני החילוף | אחרי החילוף

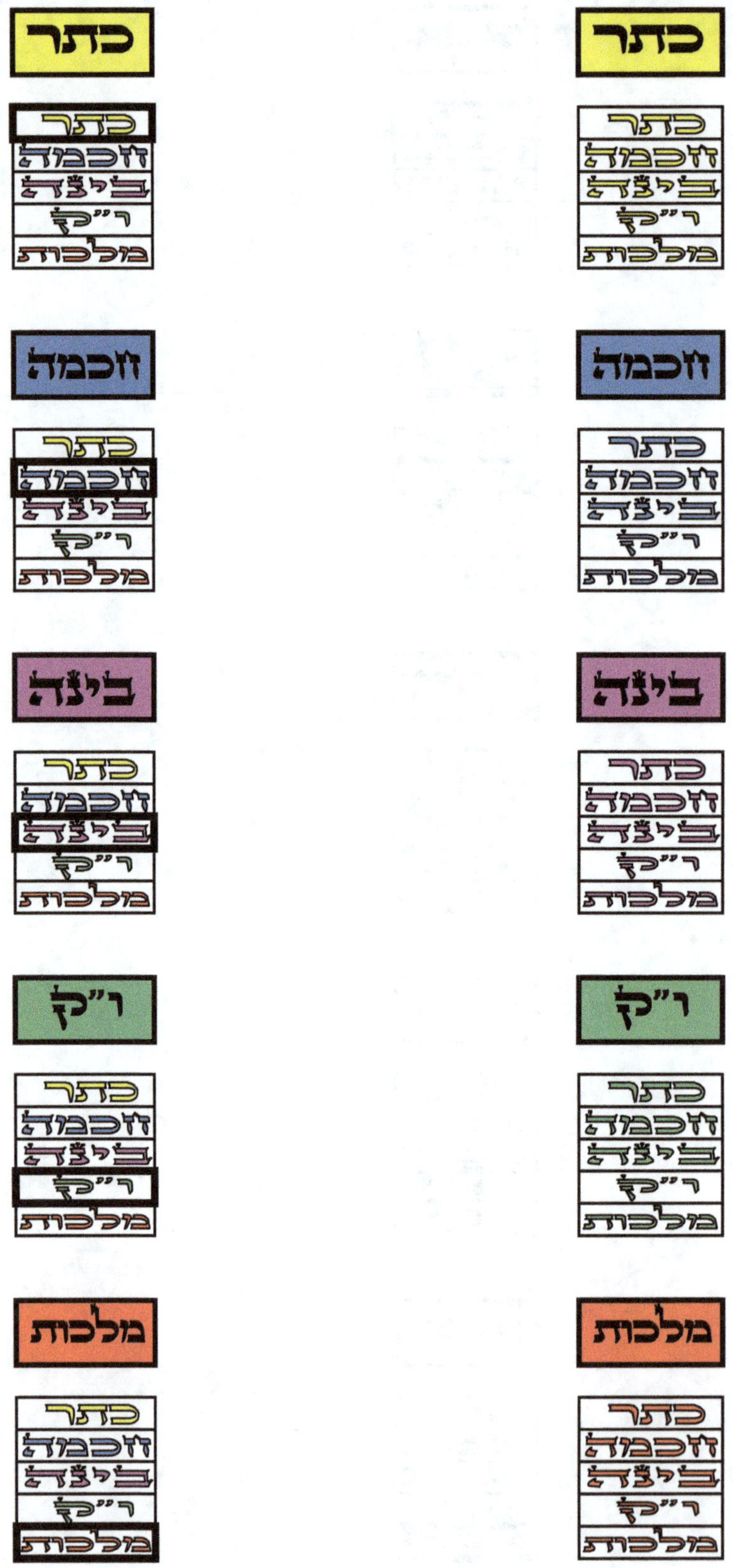

תרשימים שער ו' פרק ה'

תרשים ה - מ"ח

נרנח"י

לפני החילוף | אחרי החילוף

יחידה
חיה
נשמה
רוח
נפש

סנג"לה

אחרי החילוף		לפני החילוף

שורש

| שורש |
| נשמה |
| גוף |
| לבוש |
| היכל |

נשמה

| שורש |
| נשמה |
| גוף |
| לבוש |
| היכל |

גוף

| שורש |
| נשמה |
| גוף |
| לבוש |
| היכל |

לבוש

| שורש |
| נשמה |
| גוף |
| לבוש |
| היכל |

היכל

| שורש |
| נשמה |
| גוף |
| לבוש |
| היכל |

תרשים ה - נ

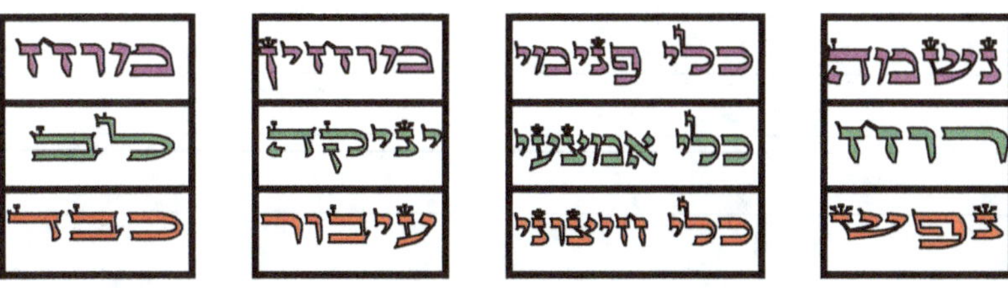

תרשים ה - נ"א

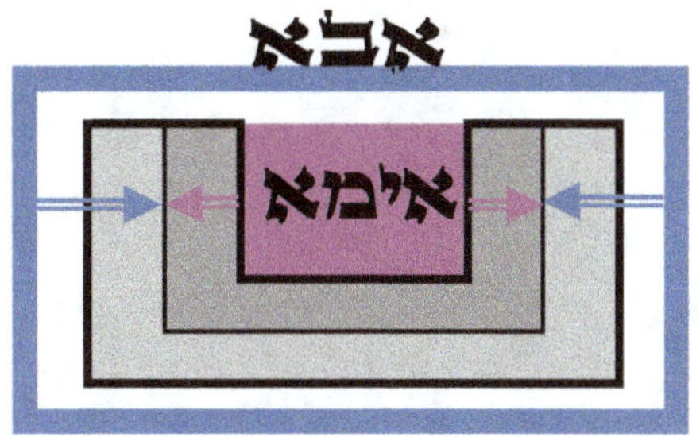

תרשים ה - נ"ב

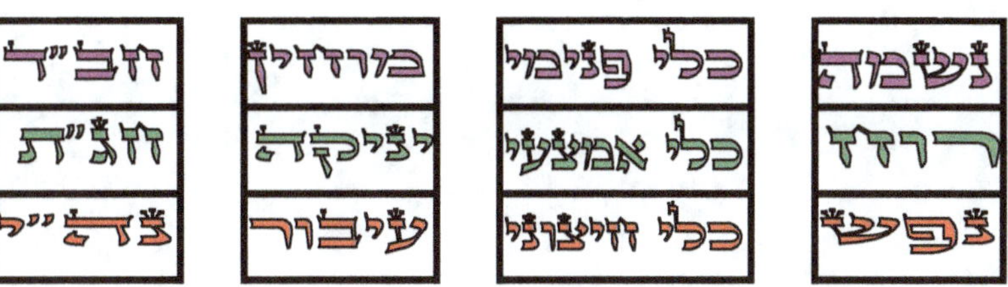

תרשים ה - נ"ג

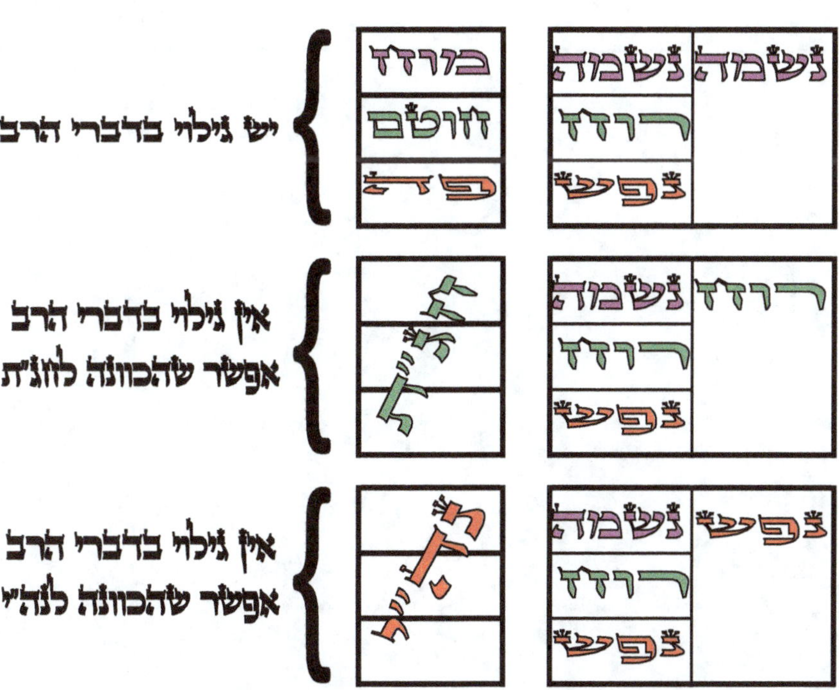